L'INSTABILITÉ
MENTALE

ESSAI

SUR LES

DONNÉES DE LA PSYCHO-PATHOLOGIE

THÈSE POUR LE DOCTORAT ÈS LETTRES

présentée à la Faculté des Lettres de l'Université de Paris.

PAR

G.-L. DUPRAT

Professeur de Philosophie,
Ancien boursier d'Agrégation près l'Université de Bordeaux.

PARIS

ANCIENNE LIBRAIRIE GERMER BAILLIÈRE ET Cie

FÉLIX ALCAN, ÉDITEUR

108, BOULEVARD SAINT-GERMAIN, 108

1898

L'INSTABILITÉ MENTALE

L'INSTABILITÉ
MENTALE

ESSAI

SUR LES

DONNÉES DE LA PSYCHO-PATHOLOGIE

THÈSE POUR LE DOCTORAT ÈS LETTRES

présentée à la Faculté des Lettres de l'Université de Paris.

PAR

G.-L. DUPRAT

Professeur de Philosophie,
Ancien boursier d'Agrégation près l'Université de Bordeaux.

PARIS

ANCIENNE LIBRAIRIE GERMER BAILLIÈRE ET Cⁱᵉ

FÉLIX ALCAN, ÉDITEUR

108, BOULEVARD SAINT-GERMAIN, 108

1898

A MES MAITRES

DE L'UNIVERSITÉ DE BORDEAUX

M. A. ESPINAS, Doyen honoraire

ET

M. O. HAMELIN

Hommage d'affectueuse reconnaissance.

« L'esprit a ses maladies, comme le corps; il a besoin tout autant que le corps de précautions, de soins, de régime, et sa santé n'est pas moins fragile. »

(P. FLOURENS. *Essai physiologique sur la folie*, p. 124.)

« Pour ne pas douter que les éléments de la folie existent chez tous les hommes, il suffit d'observer les phénomènes du sommeil, les effets de quelques passions (la jalousie, la colère), quoique momentanés, enfin les *séries représentatives* produites quand l'ingestion des spiritueux ou des narcotiques suspend la puissance de réfléchir. »

(RENOUVIER. *Psychologie rationnelle*, 2ᵉ édit., t. II, p. 16.)

L'INSTABILITÉ MENTALE

INTRODUCTION

On serait déçu si l'on espérait trouver sous ce titre *l'Instabilité mentale* plus qu'un essai philosophique. Notre rôle n'est pas tant de faire œuvre de science que de critiquer les résultats scientifiques et d'examiner les principes premiers de chaque science particulière pour lui donner un fondement philosophique.

Des médecins et des psychologues se livrent concurremment à l'étude des phénomènes psycho-pathologiques ; il appartient au philosophe de rechercher si la biologie et la psychologie ont des droits égaux sur ces phénomènes et si l'étude des maladies mentales ne relève pas primitivement de la psychologie. Parmi les savants, quelques physiologistes sont disposés à reconnaître le caractère foncièrement psychologique de certains troubles ; d'autres estiment que toutes les maladies mentales sont sous la dépendance de l'organisme, et affirment que l'opinion contraire constitue « une hérésie biologique [1] » ; les avis des psychologues sont aussi partagés. Nous avons essayé d'établir la priorité des droits qu'a incontestablement la psychologie à l'étude des troubles de l'esprit.

Les médecins désignent fréquemment par les mots *instabilité mentale* une psychopathie mal étudiée quoique fort

---

(1) Féré. *Pathologie des émotions*, 1ʳᵉ éd., 1893, p 163. Paris, F. Alcan.

répandue, qui ne serait qu'une « forme larvaire » de troubles mieux déterminés et plus connus. Pour eux, les instables sont des êtres aux confins de la santé et de la maladie, dont l'état morbide se traduit simplement par de brusques variations d'humeur; des gens qui, par exemple, « se plaisent ici aujourd'hui, demain désirent être ailleurs et changent sans cesse de profession [1] »; des dégénérés « excentriques » à fugues, à manies, à idées fixes, mais sans tare névropathique bien déterminée, et ne présentant aucun des traits caractéristiques d'une maladie dont le type soit établi ou même susceptible d'être établi.

L'instabilité mentale ainsi entendue semble trop, à notre avis, n'être qu'une espèce dans le genre qni comprendrait aussi l'hystérie et la neurasthénie. Nous nous proposons, au contraire, d'en faire la *caractéristique du genre entier*, dont les psychopathies actuellement distinguées par les médecins et les psychologues constitueraient les diverses espèces. Nous donnons donc au terme « instabilité » une aussi grande extension que celle qu'ont coutume de lui donner des philosophes, tels que M. Ribot lorsqu'il écrit [2] : « L'instabilité est un fait... Les désordres de la sensibilité et de la motilité tiennent l'organisme en état perpétuel d'équilibre instable, et le caractère... varie de même. » Mais, pour nous, le caractère ne se borne pas à refléter l'état de l'organisme; nous essayons de montrer que l'instabilité psychologique peut être primitive et engendrer les désordres de la sensilité et de la motilité au lieu d'être engendrée par eux.

« Notre moi, dit M. Lachelier, peut cesser de nous paraître le même si, par suite de quelque accident externe

---

(1) Boulanger. *Thèse de médecine*, Paris, 1892.— Cf. Séglas. *Annales médico-psychol.*, 1894, t. II, p. 15. « Des malades se plaignent de ne plus pouvoir penser à rien de suivi, d'être continuellement distraits de leurs idées habituelles par un courant d'idées qui leur semblent étrangères et contradictoires. »

(2) *Revue philosophique*, 1883.

ou de quelque crise organique, nos perceptions et surtout nos affections présentes n'ont plus aucun rapport avec nos perceptions et nos affections passées [1]. » Mais ce n'est pas seulement par suite d'un accident externe ou d'une crise organique que les psychopathies naissent, c'est aussi à cause de la faiblesse du caractère. L'étude de leur base pathologique relève beaucoup plutôt de la psychologie que de la biologie : c'est ce que nous nous sommes efforcé d'établir. Loin même d'avoir à expliquer l'instabilité d'un esprit par la « désagrégation psychologique », ou par le « dédoublement de la personnalité », ou simplement par une tendance prédominante à l'association par contiguïté ou contraste (comme semble vouloir le faire M. Paulhan [2]), nous croyons que l'*instabilité est première*, qu'elle s'explique immédiatement par notre constitution mentale.

Car « le fait [3] » pour nous se rattache à une loi, qui tout d'abord est une loi de la vie psychique normale. *La pensée tend à varier sans cesse.* Il s'ensuit qu'en l'absence d'un principe constant de systématisation, la pensée tend à la discontinuité, les constructions mentales diverses tendent à se succéder, les unes apparaissant avant que les autres soient achevées, et, à leur tour, disparaissant avant d'être complètes. — En d'autres termes, aucun processus mental ne peut s'effectuer normalement s'il n'existe pas un principe directeur de l'évolution mentale, qui, par sa permanence, fasse obstacle à l'instabilité naturelle de l'esprit. Plus ce principe est faible, plus le mal est grand.

Telle est, à notre avis, la loi fondamentale de la psychopathologie. Une étude du devenir normal était nécessaire

---

(1) *Psychologie et métaphysique. Fondement de l'Induction*, 2ᵉ éd., p. 141.

(2) Voir *Les types intellectuels. Esprits logiques et esprits faux*, p. 189, 234, et 2ᵉ partie. Paris, F. Alcan.

(3) La désagrégation mentale ne peut être qu'un fait; l'instabilité mentale est un fait rattaché à une loi.

pour établir la nature de la « continuité mentale », puisque
c'est par opposition avec elle que l'instabilité mentale est
définie ; pour établir aussi le principe de ce devenir, — car
il nous importe de savoir s'il est entièrement subordonné
au devenir biologique, et s'il faut considérer la conscience
comme unité ou pluralité, « CHOSE » divisible ou « ACTE INDIVIS ».
Quelques considérations plutôt philosophiques que psychologiques devaient donc précéder notre examen des faits.
Cet examen seul est d'ailleurs probant ; les considérations
générales ne sont que d'indispensables préliminaires à une
consultation méthodique de l'expérience.

Nous aurions estimé insuffisant notre contrôle par les faits
si nous avions simplement rapporté quelques observations
faites spécialement en vue de la vérification de notre thèse.
Pour pouvoir tirer de l'examen des faits anormaux des conclusions légitimes, il faut d'abord s'armer de défiance.
Dans l'hypnotisme ou le somnambulisme et par la suggestion, on obtient trop aisément les résultats que l'on souhaite ; les sujets se plient avec trop de complaisance aux
exigences de l'expérimentateur dont les idées préconçues
inévitablement triomphent. Trop souvent ce que le « magné-
tiseur » désire se réalise chez des personnes qui, plus ou
moins » soumises à son influence » (une influence qui n'a
rien de mystérieux puisqu'elle repose sur un ascendant
moral et sur les habitudes contractées [1]), n'attendent qu'un
signal, inconsciemment donné par lui, pour se transformer
à son gré.

Nous avons recueilli le plus grand nombre possible d'observations, faites par des médecins ou des psychologues de
différents pays, surtout dans ces dix dernières années, et
non seulement sur l'hystérie, le somnambulisme, l'hypnotisme, mais encore sur les différentes sortes d'aliénation

---

(1) Cf. Pierre Janet. *Le besoin de direction chez les hystériques.* Revue
philosophique, 1897, et *Névroses et idées fixes*, Paris, F. Alcan, 1898.

mentale. Le domaine de la névrose n'est pas, à notre avis,. nettement distinct de celui de la folie : la psychopathie la. plus légère et la démence la plus complète ne doivent pas. à priori être considérées autrement que comme des variétés. éloignées d'une même forme morbide [1].

Sans doute, toutes les observations ne sont pas prises. avec la même perspicacité et la même circonspection : il est des médecins psychologues qui s'arrêtent aux apparences,. aux caractères superficiels ; mais les apparences elles-mêmes. doivent pouvoir se concilier avec une vérité générale. C'est pourquoi nous n'avons tenu pour vérifiée notre hypothèse. primitive qu'après avoir constaté l'appui que lui prêtent les. observations venues de toutes parts, aussi bien que nos. propres expériences [2].

Notre étude a des rapports de parenté avec l'ouvrage de. M. le docteur Pierre Janet, *l'Automatisme psychologique*, qui fut pour beaucoup de psychologues et de médecins. comme une révélation des services que peuvent se rendre. mutuellement la psychologie et la pathologie associées. Le. besoin que les psychiâtres éprouvent de recourir à une vue. philosophique s'est manifesté clairement dans l'empressement. qu'ont mis la plupart d'entre eux à accueillir les idées fon-. damentales de cette remarquable thèse. Mais la doctrine de. la « désagrégation mentale » a été diversement interprétée. et son véritable sens a besoin d'être éclairci ; il importe. d'examiner s'il ne conviendrait pas de distinguer la disso-. ciation des centres nerveux de la désagrégation mentale

(1) M. Marillier, dans un article de la *Revue philosophique* (1893, t. II, p. 366, sq.), a bien montré l'insuffisance des investigations qui portent seulement sur quelques formes morbides telles que l'hystérie ou la neurasthénie.

(2) Toutes les observations qui sont rapportées au cours de cette étude sans indication d'origine ont été prises par nous, ou bien dans notre entourage, ou bien dans la clientèle de médecins, nos amis, ou bien à l'hospice des aliénés de Cadillac et dans les hôpitaux et cliniques de Bordeaux.

proprement dite, qui est peut-être impossible au sens où beaucoup l'entendent.

En outre, les théories récemment émises par M. Bergson, dans deux ouvrages de la plus haute importance malgré leur brièveté (*les Données immédiates de la conscience* et *Matière et mémoire*), nous ont paru exiger une nouvelle position du problème fondamental de la psycho-pathologie [1].

En donnant une solution à ce problème, nous n'avons pas eu le dessein de tenter l'explication complète de la plus simple des maladies mentales, mais celui d'établir un principe général psycho-pathologique qui se retrouvât nécessairement dans toutes les explications particulières ; il nous suffira donc de parcourir les observations médico-psychologiques faites sur les diverses formes de la pathologie mentale et de retrouver en chacune de ces formes un fond d'instabilité psychologique pour estimer avoir rempli la partie la plus importante de notre tâche. Nous aurons ainsi montré la nécessité de rendre à la psychologie ce qui lui appartient vraiment : l'étude de certains faits, de certaines maladies que la biologie seule ne permet pas de comprendre [2].

(1) En 1892, nous avons commencé l'examen des faits et doctrines psycho-pathologiques, aidé par nos maîtres de la Faculté de médecine de Bordeaux, MM. Pitres, Sabrazès, Régis, Bitot. (Cf. nos études dans la *Gazette hebdomadaire des sciences médicales*, Bordeaux, de 1892 à 1897, sous le titre *les Données de la psycho-pathologie*). L'essai que nous présentons aujourd'hui relève surtout de l'expérience ; mais les pensées de MM. Wundt, Ribot, Espinas, Renouvier, Pierre Janet, Bergson, Hamelin et Paulhan y trouvent nécessairement un écho plus ou moins fidèle.

(2) La bibliographie même de cet ouvrage montre combien sont rares les philosophes, combien sont nombreux les médecins qui ont traité des psychopathies ; on peut voir par là dans quel esprit est abordée d'ordinaire l'étude des faits psychiques morbides.

PREMIÈRE PARTIE

NORMAL ET PATHOLOGIQUE

CHAPITRE PREMIER

SIMULTANÉITÉ ET DEVENIR

I. De l'explication biologique des troubles psychiques. L'absence de lésions anatomiques n'entraîne pas l'absence de perturbations physiologiques telles que réactions chimiques, interposition transitoire de névroglie entre les neurones (Cajal). Il est impossible de nier l'existence de troubles biologiques sous les troubles psychiques ; il est même plus philosophique de les supposer. Mais il peut y avoir des causes purement psychologiques de psychopathies. Les centres biologiques sont aussi des centres psychiques.

II. La subordination constante des centres psycho-physiologiques les uns aux autres et à un centre unique fait l'unité de l'individu. La psychologie traite généralement des états de ce centre supérieur en qui tous les centres subordonnés viennent retentir. Tout état de conscience est une synthèse irréductible à des éléments communs ou susceptibles de subsister par soi : c'est un « acte indivis ». Critique de l'associationnisme. La synthèse et ses éléments s'impliquent réciproquement. Perception et aperception : diversité et hétérogénéité relative des éléments simultanés, constitutifs d'un état de conscience.

III. La succession des états de conscience présente une multiplicité de moments relativement distincts. Critique de la théorie qui fait de la durée une pure hétérogénéité en même temps qu'une pure continuité. Tout état de conscience a une durée et des limites. Le temps est un facteur de la réalité.

I

Après les remarquables travaux des physiologistes sur les localisations cérébrales, il sembla que désormais l'explication des troubles de l'esprit viendrait de la découverte de lésions correspondantes dans le système nerveux. Mais, malgré bien des efforts, on n'est pas encore parvenu à établir, chez beaucoup de sujets atteints d'une maladie mentale, l'existence de ces lésions réputées seules explicatives. L'hystérie et la neurasthénie, par exemple, sont fréquemment considérées comme des psychopathies *sine materia*. A défaut de lésions, on a eu recours à des « incapacités fonctionnelles », à des troubles physiologiques : intoxication, vaso-constriction, vaso-dilatation, hyperglobulie ou hypoglobulie, etc. Les recherches se poursuivent dans un esprit de plus en plus large; mais toujours, semble-t il, avec l'espoir d'expliquer les faits psychiques par des faits biologiques.

Mais, alors même qu'on pourrait, dans tous les cas psycho-pathologiques, constater une lésion, un trouble de l'organisme, quelle serait la portée de cette constatation? Si l'on est décidé à faire de la conscience un épiphénomène ou à considérer tous les faits psychiques comme la prise de conscience de modifications biologiques, on peut estimer qu'en signalant la disparition du substrat corporel on a suffisamment expliqué la disparition de la fonction mentale. Mais on a dit avec raison[1] que « l'hypothèse matérialiste de la conscience épiphénomène » est une des moins défendables en psychologie ; car on ne voit pas d'où vient « ce singulier privilège » conféré aux faits biologiques de se doubler, on ne sait comment, d'un système de représentations foncièrement superflu.

Si la pensée n'est qu'une phosphorescence ou une sécrétion du cerveau, on doit simplement s'attendre, lors de la destruction de certaines cellules cérébrales, à une diminution de la puissance générale de se représenter. Pourquoi alors un certain ordre de représentations est-il seul aboli ?

---

(1) Cf. Bergson. *Matière et mémoire.* Paris, F. Alcan, 1896, p. 13.

Ceux qui admettent une correspondance exacte entre les modes de la pensée et les modes de l'étendue savent-ils si c'est la disparition du mode de l'étendue qui a causé la disparition du mode de la pensée, ou si l'inverse n'a pas eu lieu ? S'il y a pure correspondance et point du tout causalité, pourquoi préférer l'investigation biologique à l'investigation psychologique ? Sans doute, la première est plus aisée, mais la seconde a ses avantages : elle ne fait pas passer d'un genre à l'autre, elle n'oblige pas à parler de cellules quand on veut traiter des souvenirs.

Pourquoi d'ailleurs substituer, juxtaposer ou opposer le biologique au psychologique? pourquoi séparer « l'âme » du « corps » ? De même que la physique ne s'oppose pas aux mathématiques et les implique plutôt dans une synthèse nouvelle; de même la psychologie tout en restant distincte de la biologie n'y trouve-t-elle pas sa condition nécessaire? Comment comprendre l'esprit sans connaître le corps ? La moindre de nos pensées implique des modifications biologiques qu'il faut étudier si l'on veut avoir une idée complète et juste de cette pensée. Une science bien faite suppose la connaissance des conditions et des conséquences immédiates de tout ordre, des phénomènes que l'on examine.

Les éléments de notre personnalité que l'on considère comme purement biologiques, pour l'être assurément beaucoup plus qu'ils ne sont psychologiques, ont cependant tous un rôle mental, quelques relations constitutives de nature mentale. Ils ne doivent donc pas être opposés à la conscience supérieure.

On a trop souvent parlé de l'influence exercée sur l'esprit par le corps, considéré comme un système de fonctions simplement biologiques : entre l'esprit et le corps ainsi conçu il ne saurait y avoir que des relations d'abstraction à abstraction. Les cellules, en effet, auxquelles on ramène un être organisé sont des abstractions ; abstractions aussi,

les mouvements auxquels une doctrine récente[1] semble
ramener les fonctions biologiques (quelque différence qu'il
y ait entre ces mouvements si hétérogènes et les mouvements homogènes de la mécanique pure). Il y a divers degrés
d'abstraction, et nous ne voulons pas dire que la cellule
soit une abstraction au même titre que le carré et la
circonférence ou même la chaleur et l'atome. Mais le physiologiste qui étudie la cellule où ses derniers éléments y
néglige les phénomènes psychiques pour n'y étudier que
les phénomènes vitaux. *La cellule sans la fonction représentative n'est pas un tout naturel qui se suffise à lui-même.*
Pour parler le langage de M. Renouvier, elle est un repré-
senté, mais n'est pas un représentatif; elle est un objet de
notre pensée, mais elle n'est pas un *sujet* pour soi : elle ne
subsiste pas en soi. Pour notre esprit qui se la représente,
elle se résout ou peut se résoudre (grâce aux progrès de la
science qui tend à tout rendre intelligible) en relations distinctes, en concepts. Admettons que ce soient des concepts
de mouvements hétérogènes, de changements qualitatifs :
ces qualités seront l'objet de notre représentation, elles ne
seront pas en elles-mêmes. Pour être des sujets il faut
qu'elles soient aussi des *qualités pour soi*, des consciences
(aussi obscures, aussi engourdies qu'on le voudra), des unités
psychiques en même temps que biologiques.

II

L'élément psycho-physiologique le plus pauvre, le plus
humble, est encore la synthèse d'une multiplicité de relations (relations de nombre, de temps, de position, de
mouvement, de qualité, d'altération (ou devenir qualitatif),
de causalité, de finalité). Ce sont ses diverses relations

(1) Celle de M. Bergson, dans *Matière et mémoire*, Paris, F. Alcan, 1896.

avec les autres sujets qui constituent un sujet en soi, et c'est
la conscience que la synthèse de ces diverses relations prend
d'elles-mêmes avec plus ou moins de clarté et d'étendue,
qui constitue ce sujet pour soi. Chaque unité psycho-
physiologique est ainsi une pensée vivante, ou si l'on veut,
un mouvement concret qui se pense lui-même, plus une
qualité, une force, une tendance, des relations en un mot,
qui se pensent elles-mêmes plus ou moins confusément.
Mouvement, qualité, force, tendance, conscience sont inséparables dans la réalité. Il ne s'agit pas d'un mouvement
en général, auquel tous les autres mouvements ressemblent,
d'une qualité commune, d'une force homogène à toutes les
forces, d'une tendance susceptible de se retrouver identique
en d'autres sujets, d'une conscience d'éléments communs ;
mais de relations concrètes particulières, spéciales à *ce*
moment de l'existence de *ce* sujet déterminé. On ne résout
pas une unité réelle en termes généraux ; et c'est pourquoi
elle est un individu auquel aucun autre individu ne peut
être identique.

Notre conception diffère du monadisme leibnizien en ce
qu'elle ne traite pas les rapports d'espace, de temps, de
mouvement comme des visions confuses. Pourquoi ne
seraient-ils pas réels au même titre que les rapports de qualité ou de causalité ? Ce sont des produits nécessaires de
notre pensée : ils ont donc une existence objective. Entre
deux éléments derniers, qu'on les appelle atomes ou
monades, il y a un intervalle limité par ces éléments
mêmes, qui varie selon les couples, tantôt plus grand,
tantôt moindre, selon la puissance d'attraction ou de
répulsion de chacun des éléments dans certaines circonstances.

Il n'est pas nécessaire de distinguer, comme on l'a fait
dans un ouvrage récent, l'étendue réelle de l'espace homogène, sous prétexte que « l'espace homogène ne serait ni une

propriété des choses, ni une condition essentielle de notre
faculté de les connaître ; qu'il exprimerait sous une forme
abstraite le travail de solidification que nous faisons subir
à la *continuité mouvante du réel* pour nous y assurer des
points d'appui, pour nous y fixer des centres d'opération...[1]».
Nous ne saurions admettre que le réel ait une continuité
absolue. Naguère on réfutait la théorie qui fait de la continuité *homogène* une réalité : on montrait que, parce qu'elle
entraîne la divisibilité à l'infini et par conséquent l'absence
d'éléments derniers, de sujets ultimes, elle est inacceptable.
Pouvons-nous maintenant ne pas réfuter de même la théorie
qui fait de la continuité *hétérogène*, de l'*hétérogénéité pure*
toute la réalité ?

Mais la position prise par les théoriciens de ce continu
qualitatif est, en un certain sens, inexpugnable. Ils se
réfugient dans une prétendue réalité voilée aux regards des
profanes, accessible seulement à une sorte d'intelligence
quintessenciée. Ils vont « chercher l'expérience à sa source,
ou plutôt au-dessus de ce *tournant* décisif où, s'infléchissant
dans le sens de notre utilité, elle devient proprement l'expérience humaine[2] ». Ce que Kant a pris pour « la structure
fondamentale de notre esprit » n'est pour eux qu'un
ensemble « d'habitudes superficielles et acquises, forme
contingente que notre esprit tient de nos fonctions corporelles et de nos besoins inférieurs ». — Ils se mettent donc
au-dessus de l'expérience proprement dite et de la critique
adaptée à cette expérience. C'est chez eux, à la suite de
Leibniz, un parti pris manifeste d'éliminer du réel les conditions et rapports quantitatifs. Or nous ne pouvons nous
opposer à eux qu'en *prenant le parti* de faire de la quantité
le support indispensable de la qualité, qu'en pensant l'hétérogénéité comme une multiplicité, qu'en soumettant la

(1) Bergson. *Op. cit.*, p. 235.
(2) Id., ibid., p. 203.

réalité à la loi de notre pensée qui veut que partout où l'on trouve du divers se trouve la multiplicité et qu'une multiplicité implique des unités. Cette loi que nous reconnaissons comme nécessaire[1], que nous postulons en vertu d'un besoin de notre constitution mentale, les partisans de la pure hétérogénéité la repoussent. Comment dès lors discuter avec eux ? Nous ne nous entendons pas sur le principe fondamental.

Du moins nous pouvons indiquer une conséquence, à notre avis inacceptable, de leur théorie. Quoi qu'on en dise, elle ne nous permet pas de distinguer les êtres réels les uns des autres. « Qu'il y ait, en un certain sens, des objets multiples, qu'un homme se distingue d'un autre homme, un arbre d'un arbre, une pierre d'une pierre, c'est incontestable, puisque chacun de ces êtres, chacune de ces choses a des propriétés caractéristiques et obéit à une loi déterminée d'évolution. Mais, dit-on, la séparation entre la chose et son entourage ne peut être absolument tranchée; on passe par gradations insensibles de l'une à l'autre; l'étroite solidarité qui lie tous les objets de l'univers matériel, la perpétuité de leurs actions et réactions réciproques, prouve assez qu'ils n'ont pas les limites précises que nous leur attribuons[2]...»: c'est pourquoi l'on prétend que la réalité, l'étendue concrète, c'est « la continuité des qualités sensibles ».

Que tous les êtres de la nature, et à plus forte raison toutes les parties d'un corps, toutes les fonctions d'une âme soient solidaires; qu'en les isolant les uns des autres nous les comprenions imparfaitement, puisque nous ne saisissons pas la totalité de leurs relations et par conséquent la totalité de leur être, c'est incontestable, dirons-nous à notre tour. Mais peut-on en conclure qu'il n'y a pas différents

[1] On verra plus loin comment avec la loi du temps elle entraîne la loi d'instabilité mentale.

[2] Bergson. *Op. cit*, p. 233.

noyaux, divers centres auxquels se rapportent les relations ? des centres obéissant chacun « à sa loi déterminée d'évolution », détruisant par conséquent la continuité qui s'établirait si toutes les relations de l'univers formaient un tout idéal rattaché à un centre unique ?...

Puisqu'on admet des actions réciproques, ne faut-il pas admettre des sujets entre lesquels elles s'exercent[1] ? Si non, toutes les qualités de l'univers ne se confondraient-elles pas en une seule résultante, comme les rayons diversement colorés se confondent en donnant la lumière blanche ? Sans doute les qualités semblent pouvoir exercer une action les unes sur les autres ; mais encore ne les distinguerions-nous qu'arbitrairement, car nous ne saurions les réaliser séparément. Il est donc indispensable de les rapporter à des objets particuliers, de concevoir différentes synthèses qui viennent rompre la continuité en créant une multiplicité de centres. Sans doute ces centres tiennent tout leur être des relations qu'ils ont entre eux, mais ils n'ont de rapports réciproques qu'autant qu'ils se distinguent les uns des autres ; sans doute ils déteignent plus ou moins les uns sur les autres, leur solidarité est ici plus étroite et là plus relâchée ; mais de cette diversité précisément naît la nécessité de penser des relations variables de position, de concevoir un espace.

Ce qui ne veut pas dire que l'espace est une chose en soi, car il est simplement le système des relations de position actuelles et possibles, en tant que ces relations comportent du plus ou du moins. On peut en un sens dire que les unités dernières constitutives de notre être sont étendues, car elles ont chacune une sphère propre de laquelle est exclue toute activité, toute présence autre que la sienne.

---

[1] Ne faut-il pas admettre en un individu une multiplicité de centres et non pas un continu matériel ou qualitatif ? Notre corps avec ses multiples fonctions exige qu'une multitude de centres distincts agissent et réagissent les uns sur les autres.

Mais en un autre sens on peut dire que, chacune prise isolément, en tant qu'elle est une synthèse de qualités qui se compénètrent, est inétendue. Son extension résulte donc de ses rapports avec les autres unités. Ainsi elle correspond exactement à l'atome; mais elle est bien plus réelle que lui, puisqu'elle est l'être concret tandis qu'il n'est que l'abstraction avec quelque chose de vicieux : l'étendue concrétée.

Le physiologiste ne voit dans l'animal que des milliers de cellules, de « plastides », eux-mêmes composés d'atomes [1]. De même que les groupes de plastides différenciés [2] sont incapables de subsister seuls et restent nécessairement solidaires les uns des autres, de même nos groupes d'éléments psycho-biologiques, tous différents les uns des autres, doivent à leur mutuel concours leur subsistance. On nous dit qu'un groupe de plastides faisant fonction d'organe tactile, un autre faisant fonction de muscle, un troisième sert nécessairement d'intermédiaire et fait fonction de nerf; qu'un système est ainsi constitué, tel que, si l'un des éléments manque, les autres s'atrophient et ne tardent pas à disparaître : — mais n'est-il pas plus aisé de comprendre ce système quand on se dit que chaque élément est une conscience représentative d'autrui? On parle de réflexes élémentaires ; mais le réflexe implique au premier moment sensibilité, conscience : le groupe de plastides « faisant fonction d'organe tactile » a surtout pour rôle d'éprouver d'obscures sensations, le nerf a surtout pour rôle de les répercuter et de faire naître dans les éléments qui constituent le muscle des représentations rudimentaires accompagnées de modifications locales (contraction ou expansion). La solidarité des plastides ne se comprend bien que par l'harmonie des consciences élémentaires ; l'acte réflexe est aussi bien un fait psychologique qu'un fait biologique.

(1) Voir la *Théorie nouvelle de la vie* de M. Le Dantec, Paris, F. Alcan.
(2) Ou *Métazoaires* d'après M. Le Dantec.

On parle de centres nerveux : ce sont aussi des centres psychiques où la représentation, engendrée par un fait extérieur dans les organes des sens, engendre à son tour une représentation qui modifie les muscles. La hiérarchie des centres nerveux est, dans une théorie purement physiologique, radicalement incompréhensible. Pour en avoir une idée nette, il faut concevoir la hiérarchie des centres psychiques, fondée sur la clarté et la complexité variables des représentations : un centre qui conçoit clairement un acte complexe dirige les autres centres qui n'ont que des conceptions plus obscures et plus simples ; il leur impose sa domination, comme dans la société les esprits vigoureux imposent la leur aux esprits faibles.

S'il est pour les physiologistes un centre suprême, il en est un aussi pour le psychologue. C'est la conscience qui a le plus de clarté et le plus de complexité en même temps, celle dont l'éclat surpasse celui de toutes les autres à tel point qu'elle les dirige toutes et qu'elle peut dire : « Moi », « je pense », « je suis », et de toutes celles auxquelles elle commande : « Mon corps ».

Donc, loin d'entrer en conflit avec la biologie, nous la suivons pas à pas, ajoutant sans cesse aux considérations biologiques les considérations psychologiques et donnant à l'œuvre scientifique des physiologistes un complément indispensable.

Nous sommes ainsi amenés à concevoir l'être vivant, comme un système de synthèses concrètes, comme un tout complexe de relations si variées, si nombreuses que notre débile intelligence doit renoncer à les embrasser toutes. Le dualisme vulgaire ne saurait prévaloir contre la conception philosophique d'une identité foncière du « corps » et de « l'âme ». « Dans la première hypothèse, dit M. Bergson, corps et esprit sont comme deux voies ferrées qui se couperaient à angle droit ; dans la seconde, les rails se raccordent selon une courbe, de sorte qu'on passe insensiblement d'une voie sur l'autre [1]. » Il faut dire plus : dans la seconde hypothèse, l'esprit et le corps sont comme les rails et les traverses qui les supportent.

L'âme n'est pour nous que le centre psychologique suprême dans le système que constitue le corps entier. Ce système peut être à son tour subordonné à d'autres systèmes ou bien s'en subordonner d'autres ; mais de tels rapports seront accidentels ou du moins très variables [2] ; ils seront soumis à des conditions elles-mêmes très variables ; tandis que les rapports des éléments d'un même corps les uns avec les autres et avec le centre supérieur resteront constamment enfermés, quant à leur variation, dans des limites étroites ; et le rapport général de subordination sera lui-même à peu près constant, sauf amputation de l'un des membres ou accident analogue. D'une façon permanente et nécessaire, chaque élément dernier du corps a son retentissement dans « l'âme » ; il concourt à l'état psychique de ce centre ; et réciproquement l'état de ce centre dominateur a son retentissement dans chaque élément du corps. Plus ou moins vaguement, chaque synthèse élémentaire a conscience de sa relation avec le tout dont elle fait partie, et avec une clarté variable, susceptible de descendre aux degrés extrêmes de la confusion, tout centre se représente les autres centres avec lesquels il est spécialement uni. L'union n'est pas accidentelle ; elle est nécessaire, rationnelle, puisqu'elle a pour principe la constitution d'un système déterminé. *Le corps concourt donc nécessairement à la nature, à l'état et au devenir de l'âme ;* mais celle-ci ne saurait être simplement une résultante, elle est à son tour un centre,

(1) *Op. cit.*, p. 248.

(2) Tandis que le système qui constitue un individu a une existence nécessaire. L'individuation est une nécessité, car elle est le seul moyen de réaliser le système cosmique.

une force, une appétition; par conséquent elle exerce une réaction légitime sur tous les centres dont elle subit l'action.

En tant que résultante, elle est le reflet des états propres aux centres inférieurs ; en tant que principe, elle a son reflet en eux ; en tant que résultante et principe à la fois, elle est pour le psychologue la partie la plus importante du système. C'est pourquoi la psychologie n'est pas définie à tort l'étude de l'âme ; mais il ne faut pas oublier que toute étude de l'âme est indirectement une étude du corps, et que si l'on considère la conscience supérieure seule, à part de ses rapports avec tout l'organisme auquel elle emprunte sa signification et la majeure partie de son essence, on n'étudie rien de réel. Elle n'a d'effets propres qu'autant qu'un corps les manifeste par la production ou l'inhibition de mouvements, par ses modifications plus ou moins apparentes. Si l'âme est en quelque sorte le miroir du corps, le corps est à plus forte raison, si on le prend dans son ensemble, le miroir de l'âme, puisque chacune de ses parties reçoit l'impulsion venue de l'organe central. L'âme est comme serait une lentille qui, après avoir condensé en elle un grand nombre de faibles rayons, enverrait, par un miracle d'optique, un rayon unique de lumière concentrée et renforcée sur chacun de ces petits foyers lumineux dont émanaient les premières lueurs.

L'âme n'est pas pour nous une substance simple. Rien n'est absolument simple dans la réalité. L'âme est une forme qui embrasse sous son unité une multiplicité de relations elles-mêmes très complexes. Tout état de conscience est à la fois un et plusieurs. Nous avons déjà dit que les éléments constitutifs de tout centre psychologique ne sont pas des qualités communes, susceptibles d'être désignées en toute rigueur par des termes généraux et d'être exprimées adéquatement par des noms abstraits. Sans doute « quand il s'agit de nos états de conscience, nous avons tout intérêt

à entretenir l'illusion par laquelle nous les faisons partici-
per à l'extériorité réciproque des choses extérieures, parce
que cette distinction et en même temps cette solidification
nous permettent de leur donner des noms distincts... malgré leur pénétration mutuelle[1] » ; et cette remarque vaut
surtout pour les éléments qui constituent un même état de
conscience. Rien n'est plus commode que de parler d'une
image, d'une idée comme d'une *chose* commune qui pourrait
trouver place dans tel esprit aussi bien que dans tel autre ;
qui serait transportable, maniable comme des caractères
d'imprimerie qu'on compose à volonté. On sent bien ainsi
l'hétérogénéité des éléments qui constituent un état de conscience, mais on ne voit pas assez leur caractéristique commune. On en vient à croire que les éléments distincts précèdent dans l'ordre chronologique le tout qui les embrasse.

Mais les éléments psychiques sont plutôt des « réqui-
sits » que des principes ; chacun d'eux est en fonction de
l'état total qui est *un état unique, destiné à ne plus se
reproduire jamais ;* non seulement ils déteignent tous les
uns sur les autres, mais chacun porte la marque du tout
qui, appelé à être par l'état antérieur, cependant ne serait
rien sans les éléments composants. Ceux-ci ont entre eux
une solidarité si étroite, par suite de leur commune dépendance à l'égard d'un même principe, qu'aucun ne peut être
modifié sans que tous les autres le soient. C'est que l'état
de conscience n'est pas un total formé par juxtaposition,
mais une synthèse originale par compénétration des relations qui la constituent. Et c'est pourquoi tout état de conscience, ainsi que l'a vu William James, est un *acte indivis*[2] ;

(1) Bergson. *Essai sur les données immédiates de la conscience,* p. 175,
Paris, F. Alcan.

(2) « However numerous the things, they can only be known *in a
single pulse of consciousness* for which they form *one complex object,* so
that... there is before the mind *at no time a plurality of ideas, properly
so called...* » W. James, *Pr. of ps.* t. 1er, ch. xi.

il a comme une teinte unique. Le retentissement de tous les centres inférieurs dans le centre supérieur n'y vient pas produire autant de représentations différentes qu'il y a d'agents pour l'effet total ; une résultante unique s'ensuit à chaque instant. Ce qui détermine la teinte commune, c'est l'impression prédominante à ce moment, et l'impression qui prédomine est celle à laquelle l'esprit, libre ou contraint, accorde la faveur de son attention. Ainsi dans un mélange de couleurs c'est la couleur privilégiée qui détermine la nuance de la teinte unique obtenue.

« Recomposer artificiellement » cette synthèse originale, unique, qu'est un état de conscience déterminé, est impossible ; il faudrait, comme on l'a montré, pouvoir recommencer le devenir d'une conscience, d'une personnalité elle-même originale, unique, telle qu'elle ne se retrouvera plus jamais.

Quant à décomposer en éléments derniers pleinement intelligibles un état de conscience, c'est chose également impossible à une pensée qui ne conçoit clairement que le plus abstrait et le plus général. Car ces éléments derniers existent par rapport à une multitude d'états psychiques produits simultanément et antérieurement : de sorte qu'une intelligence adéquate du monde entier, considéré dans le passé et le présent, pourrait seule nous permettre d'effectuer l'analyse de ce fait (un état de conscience) si simple cependant aux yeux de certains psychologues qui le réduisent à un groupe peu complexe de sensations ou d'éléments communs associés.

L'idée, l'image, le sentiment, en un sens principes constitutifs de la conscience, sont aussi des produits de l'activité mentale, des actes d'un sujet pensant, des modes de la personnalité vue seulement sous l'un de ses aspects. M. Paulhan reconnaît que « nos jugements, nos opinions, nos croyances ne sont que les manifestations » d'une sorte de « pouvoir personnel »; « qu'ils résultent de sa réaction contre le fait nouveau[1] ». A fortiori, nos sensations, nos sentiments sont-ils des réactions de la personnalité, qu'ils concourent à constituer bien qu'elle les ait pour ainsi dire engendrés. Tous ces produits simultanés qui entrent dans un même état de conscience ne peuvent manquer d'avoir un même « air de famille » qui les distingue dans la multitude des autres produits du même genre. Et comment établir entre eux des séparations nettes ? comment en faire des éléments distincts, maniables, s'associant ou se dissociant comme les lettres mobiles d'un alphabet entre les mains du typographe, sans les défigurer, sans les transformer en abstractions, en entités, sans s'éloigner de toute réalité ?

C'est cependant le fait de la plupart des théoriciens de l'association mentale. Ils prennent un état de conscience passé, y aperçoivent, par exemple, une sensation de chaleur, plus une ou plusieurs sensations visuelles, plus un sentiment de douleur, plus un désir de se retirer suivi d'action conforme, et ils croient non seulement avoir analysé cet état de conscience, mais encore pouvoir expliquer sa genèse par la juxtaposition des prétendus éléments découverts. En réalité, ils n'ont fait que désigner par des termes abstraits quelques-unes des nombreuses relations ou qualités concrètes qui composent un état mental véritable; ils n'ont donc saisi ni la totalité des éléments ni aucun élément réel.

Dire que les représentations s'attirent ou se repoussent à cause de leur ressemblance ou de leur contraste, de leur contiguïté antérieure ou de leur tendance à entrer dans un système (association et inhibition systématique de M. Paulhan), c'est d'abord produire l'illusion de connaître les éléments psychiques et leurs affinités; ensuite, c'est porter à

_____

(1) *Les types intellectuels*, p. 247. Paris, F. Alcan.

croire que ces éléments sont doués de vie, d'énergie, d'indépendance, comme s'ils étaient des sujets conscients ; c'est enfin supposer que les relations que l'on découvre entre les faits de conscience passés ont préexisté à elles-mêmes, ont été causes d'elles-mêmes.

L'expérience nous donne des états de conscience « associés », mais non des éléments conscients s'associant. Les différentes parties d'une statuette en plâtre n'ont de rapports entre elles que lorsque l'ouvrier les a créées, en même temps qu'il les juxtaposait : il en est de même des éléments d'une construction mentale ; l'esprit crée à la fois les représentations et leurs rapports.

Si un tout implique toujours des parties, il est des cas où l'existence de chaque partie implique celle du tout et où sa propre nature est déterminée par la nature de ce tout. Dans la conscience, quand le tout n'est pas encore, la partie ne saurait exister, et quand le tout cesse d'être la partie ne saurait subsister. Tout état de conscience est donc vraiment un composé indissoluble en même temps qu'une synthèse originale, unique.

Cependant on y aperçoit des oppositions. M. Paulhan a montré[1] combien sont rares les caractères exempts de contradictions : au même moment, il y a dans la conscience des tendances qui semblent ne pas s'accorder, des idées qui semblent s'exclure, des systèmes divers dont l'unification logique n'est pas faite. Ne s'ensuit-il pas qu'il y a dans l'état mental à un moment donné une pluralité d'éléments sans parenté entre eux ?

Mais si deux jugements nettement contradictoires, dont la contradiction est aperçue par l'intelligence, ne peuvent pas être simultanément l'objet d'une affirmation, d'une adhésion du même esprit, il n'en est pas de même de deux

---

(1) *Op. cit.*, liv. II.

dispositions mentales qui coexistent comme l'idée de la thèse et celle de l'antithèse dans la pensée de celui qui en opère la synthèse. Si tous les éléments constitutifs d'un état de conscience étaient clairs et distincts, l'unité synthétique de l'esprit exigerait qu'ils fussent tous conciliables dans un même *système logique*. Mais s'il y a des degrés dans la clarté consciente, il n'est pas étonnant qu'un système obscurément conçu n'entre pas en conflit avec un autre système clairement compris, et qu'au contraire tous les deux coexistent dans un *système psychologique* assez compréhensif pour embrasser des oppositions dont les deux termes sont l'un « en acte », l'autre « en puissance », l'un pleinement réalisé, ou près de l'être, l'autre à peine en voie de devenir, d'actualisation progressive. Bien plus, ce sont ces différences profondes entre l'actuel et le potentiel, coexistant dans un même état de conscience, qui assurent la vitalité de la pensée, le progrès de l'esprit, comme M. Paulhan l'a indiqué en maint passage de son livre. La plus grande diversité possible est donc désirable sous l'unité synthétique de la conscience, prise à un moment unique de son existence.

Nous avons déjà fait entrevoir que, dans la détermination de la « teinte » commune à tous les éléments d'un même état de conscience, les qualités composantes ne font pas tout : la prédominance de l'une d'entre elles ne vient pas d'une intensité qui lui serait inhérente. Au contraire, l'intensité que nous lui attribuons vient de sa prédominance sur un nombre plus ou moins grand d'éléments que nous concevons subordonnés à elle ; et cette prédominance, notre attention la lui donne (ou plutôt notre personnalité en tant qu'elle fait attention). Dans chaque état de conscience on trouve, si l'on peut comparer avec la plupart des psychologues cet état à un *champ*, un point central où la clarté est à son maximum et tout autour des zones qui vont s'obscurcissant par degrés insensibles, qui par une dégradation quasi-continue atteigrent l'obscurité. (Une telle obscurité n'est cependant pas le néant de conscience.) L'*aperception*[1] correspond à la zone centrale, et son maximum au centre même. On ne peut réduire l'aperception à la clarté singulière d'un élément simple, car nous aurions alors une véritable scission entre une partie et le tout qu'est l'état de conscience : de même qu'on ne peut pas projeter un faisceau de rayons lumineux sur un objet aux multiples contours sans éclairer les objets environnants, de même l'aperception ne peut se porter sur une relation sans mettre en lumière les éléments connexes. Entre la zone d'aperception et les zones de *perception simple* il n'y a pas de ligne précise de séparation. L'aperception n'est que le maximum de conscience ou de perception : comme le dit Wundt[2], « la conscience n'a nullement présente à chaque instant et d'une manière égale la connexion des représentations, mais elle est tournée vers certaines à un plus haut degré que vers d'autres. » Quelquefois l'aperception porte à peu près également sur plusieurs éléments : « par exemple, en présence d'une page imprimée qu'il s'agit seulement de lire, on peut connaître à la fois plusieurs mots. Mais veut-on connaître la forme exacte d'une lettre isolée; les autres lettres du même mot sont alors dans une demi-obscurité[3] ».

Le champ de l'aperception, pour user encore d'une métaphore commode, est donc susceptible de se dilater ou de se rétrécir, selon l'effort dont nous sommes capables. Cet effort signalé par Fechner et Wundt[4], nous en avons le sentiment comme d'une tension, non seulement des muscles et

---

(1) Nous employons ce mot en lui donnant le sens que lui donne Wundt, sens assez éloigné de celui que lui donnait Leibniz. Cf. Wundt, *Psychol. physiol.*, t. II, trad. Rouvier, p. 231 sq.

(2) Wundt. *Psychologie physiologique*, trad. Rouvier, t. II, p. 231-232, Paris, F. Alcan.

(3) *Ibid.*

(4) *Loc. cit.*, II, p. 231.

des organes, mais encore de l'esprit[1]. Il a pour effet une sorte de polarisation, une systématisation de la conscience entière au profit tantôt d'un souvenir, tantôt d'un sentiment ou d'un désir ou d'une action. Tout ce qui n'a pas un rapport immédiat avec cet élément de l'état conscient reste dans l'ombre ; les centres psychiques qui ne sont pas intéressés n'ont alors que le plus faible retentissement : comme des parents pauvres dans certaines familles, ils font sentir discrètement leur existence ; on en ressent quelque gêne, leur présence influe légèrement sur l'humeur du maître de la maison, mais on n'en fait point de cas.

III

Nous avons parlé jusqu'ici de « centres psychiques » sans préciser davantage, et cela à dessein. En employant le terme « monade », si commode cependant pour désigner l'unité dernière, nous eussions craint l'équivoque, les monades de Leibniz et les monades telles que les conçoit M. Renouvier étant bien différentes les unes des autres. En outre, nous voudrions marquer avec netteté que les « centres » conçus par nous sont des synthèses de relations, qu'en dehors de ces relations il n'y a pas de substance qui demeure, pas de *chose figée*, rien que des lois en vertu desquelles aux relations synthétisées en un instant succède nécessairement une autre synthèse de relations. On est toujours trop tenté de faire des concessions au préjugé réaliste, et on imagine trop volontiers la monade comme une réalité substantielle dont les modes varient tandis que la substance en reste identique à elle-même.

---

(1) C'est pourquoi M. Renouvier estime qu'un paralytique qui ferait effort pour penser, pour synthétiser le plus clairement possible ses idées et ses sentiments, aurait encore par ce fait seul une notion expérimentale de l'action volontaire.

Pour nous, tout, dans la synthèse qui constitue un élément dernier de notre être, est ou puissance ou acte, la puissance n'étant que ce que l'acte donné appelle en vertu des lois de la nature. On voit combien il est dès lors urgent de passer du point de vue statique au point de vue dynamique, et, en conséquence, des considérations sur l'espace aux considérations sur le temps.

M. Bergson est l'auteur d'une théorie de la durée consciente, théorie qui considère comme seule réelle une vie intérieure « dont les états, à la fois *indistincts et instables,* ne sauraient se dissocier sans changer de nature, ni se fixer ou s'exprimer sans tomber dans le domaine commun[1] ». A ce temps réel, pure hétérogénéité dont les moments se pénètrent sans se distinguer, s'opposerait le temps homogène, tel que l'a conçu Kant, « dont les moments s'alignent dans l'espace », où l'on substitue « à la pénétration intime des états psychiques, à leur multiplicité toute qualitative, une pluralité numérique de termes qui se distinguent, se juxtaposent et s'expriment par des mots ».

Nous avons déjà rencontré la théorie du « continu hétérogène » quand nous avons dû étudier le corps et sa diversité de centres psycho-physiologiques. De même que nous avons cru impossible d'admettre une hétérogénéité sans pluralité de centres et d'éléments, de même (et encore parce que la diversité qualitative implique pour nous la multiplicité quantitative) nous nous refusons à admettre une durée mentale identique à une pure hétérogénéité, qui serait une multiplicité sans unités, un devenir sans moments divers.

Comment concevoir le passage d'une conscience de l'état A (initial) à l'état C (final), en supposant que l'état B doive être traversé pour atteindre C, sans admettre nécessairement qu'à un certain moment l'état de cette conscience

(1) *Données immédiates de la conscience,* p. 170. Paris, F. Alcan.

était B, n'était plus A et n'était pas encore C. La transition
de A à B peut se faire insensiblement par Am, An, Ao, Ap,
Bo, Bn, Bm..., avec une aussi petite différence que l'on
voudra entre Ap, dernier moment de la série des A, et Bo,
premier moment de la série des B ; mais il est toujours
contradictoire d'admettre que A existait encore quand B
existait déjà (si ce n'est en puissance). Que l'intervalle
Ap — Bo soit franchi comme d'un bond, par un acte unique,
indivis [1], voilà ce qui s'impose à l'esprit ; et il est aisé de
comprendre qu'en général une conscience passe de l'état N à
l'état P par un acte unique accompli dans une durée indivise,
bien que toujours divisible en puissance. Donc, si la durée
abstraite est un continu homogène, la durée concrète est
faite de durées hétérogènes les unes aux autres : la durée
totale nécessaire au passage de l'état A à l'état C comprend
les durées partielles A — B et B — C.

Mais M. Bergson ne nous permettrait pas sans doute de
raisonner comme nous venons de le faire, car il nous ôterait
au préalable la possibilité de distinguer A de B et de C. Seul
le langage, nous dirait-il, vous permet de séparer l'un de
l'autre deux termes comme A et C ; en fait, les divers états
de conscience n'existent qu'en fonction de l'existence entière, comme les divers éléments d'un état de conscience
n'existent qu'en fonction du tout, et, s'impliquant mutuellement, sont posés simultanément. La vie psychique n'est pas
une juxtaposition d'états de conscience séparés ; c'est un progrès au sein duquel fusionnent les moments hétérogènes,
comme les qualités hétérogènes fusionnent dans le même
moment.

Mais dans l'état de conscience il entre des éléments compatibles, susceptibles de coexister, de fusionner, tandis que

[1] Le véritable nom de cet acte, comme on le verra plus loin, est altération et le concept d'altération ou devenir qualitatif est une des catégories de notre pensée.

la vie consciente est faite de moments qui ne peuvent
coexister, précisément parce qu'ils sont incompatibles, parce
qu'en un certain sens, ils s'opposent les uns aux autres, se
nient réciproquement. Comment ne pas les distinguer le
plus nettement possible [1]? Nous le pouvons grâce aux appli-
cations du concept de temps.

Ce concept nous oblige à admettre que tout état de conscience a une durée, c'est-à-dire qu'il occupe un laps de
temps délimité par deux instants. Le laps de temps s'enfle ou
se raccourcit selon les exigences : considéré in abstracto, un
laps de temps quelconque est divisible en durées moindres,
et sa divisibilité est même indéfinie ; mais il ne s'ensuit
pas que l'état de conscience, bien qu'il ait une durée, soit
divisible en durées moindres ou en petits états de cons-

(1) « N'est-on pas dupe d'une métaphore, se demande M. Jacob (dans
la *Revue de métaphysique et de morale*, 1898, p. 194), lorsque, pour exclure
toute idée de distinction et de nombre, on affirme que chaque état de
conscience réfléchit ceux qui précèdent et par suite ne s'en isole que par
une illégitime abstraction? Ce qui est vrai, c'est qu'un fait intérieur quelconque est déterminé dans sa nature par les faits antécédents ; mais cette
détermination ne suppose nullement l'indistinction des phénomènes
psychologiques successifs. » Après avoir éprouvé une vive inquiétude,
j'éprouve une joie profonde ; « cette joie revêt un caractère particulier qui
ne l'aurait point marquée en l'absence de l'inquiétude antécédente...
Est-ce à dire qu'elle ne soit pas un phénomène distinct de l'état émotionnel tout à l'heure éprouvé? Tout au contraire, par une intuition spontanée et que n'a altérée aucun artifice d'analyse, je sens très nettement
qu'une émotion en a chassé une autre et que mon état présent ne continue pas mon état antérieur, mais qu'il lui succède et s'en distingue... Le
dernier fait psychologique ne contient pas ses antécédents, il se borne à
témoigner par ce qu'il est de ce qu'ils furent... Au surplus, si la théorie
était vraie selon laquelle nos états de conscience se pénètrent et se fondent
sans jamais s'extérioriser les uns par rapport aux autres, comment
s'expliquerait-on ces altérations et scissions de la personnalité que la
pathologie mentale nous révèle? Si la solidarité indistincte des phénomènes psychologiques est l'essence même de la vie intérieure, d'où vient
que cette solidarité se brise parfois et que tout un groupe d'états se détache
de l'ensemble pour constituer une vie mentale autonome ?... »
M. Jacob ne répond pas à cette question ; il estime inutile de recourir
à la psycho-pathologie, attendu que les faits de mémoire montrent assez
l'opposition du moi passé au moi présent pour prouver que nos états de
conscience sont distincts les uns des autres. « Loin d'être toujours une
donnée sensible, l'unité de notre moi est souvent une conquête labo-
rieuse de notre entendement, une conquête qui, comme les autres, ne
va pas sans violence. »

cience, et qu'il y ait en définitive un minimum de durée
consciente, une unité de temps psychique. De même qu'un
bond n'est pas réductible à plusieurs bonds, de même un
acte conscient n'est pas réductible à des actes de moindre
durée. L'acte est indivisible dans le temps comme dans l'espace.

Il n'est donc pas de limite assignée a priori à la durée
relative des états de conscience. Dans un laps de temps
très long ou très court relativement à la durée d'autres
faits de la nature, peu ou beaucoup d'actes psychiques
divers peuvent se produire[1]. Ce qui est nécessaire, c'est que
chaque moment de notre vie mentale ait une durée, c'est-à-
dire ne soit pas considéré comme un simple instant, car
l'instant n'est que la limite de la durée : ainsi il n'y aura
point d'hiatus incompréhensible entre les états de conscience
successifs et séparés.

La psychométrie, en tant qu'elle est la mesure de la durée
moyenne nécessaire à une opération mentale (en général,
telle qu'une « association d'idées simples »), a donc un fondement philosophique. Mais il serait illusoire de prétendre à
quelque rigueur dans ses résultats. Le temps nécessaire à
l'un de nous pour effectuer une opération dans des circonstances déterminées peut être bien supérieur au temps indispensable à un autre pour effectuer une opération mentale
à peu près semblable (mais jamais identique) dans des
conditions analogues (mais qui ne sauraient être absolument
les mêmes). On peut donc seulement établir, grâce à un
grand nombre de statistiques sur une multitude de cas
observés, des moyennes approximatives.

Ces moyennes toutefois ont leur utilité. Il peut nous
importer de savoir, même très grossièrement, quelle durée

---

(1) C'est ainsi que, dans un péril extrême, on conçoit très rapidement
les phases les plus importantes de sa vie passée, tandis que, dans un
moment de laisser-aller, le défilé des images est excessivement lent.
Cf. *Le moi des mourants*, de M. Egger (Revue philos., 1896).

est indispensable au commun des hommes, dans des circonstances ordinaires, pour accomplir les actes psychiques les plus simples. L'aperception, parce qu'elle est une tension de l'esprit et du corps, exige une durée minimum. « Chaque représentation, dit Wundt, a besoin d'un certain temps pour pénétrer au point de regard de la conscience : un temps assez long est toujours nécessaire pour que l'innervation puisse atteindre un pareil degré [1]... » On sait que la durée nécessaire à l'aperception est considérablement réduite si l'attention est éveillée à l'avance, si l'adaptation des organes des sens est commencée avant l'apparition de l'objet, si le cours des pensées est déjà dirigé dans le même sens que la représentation à mettre en lumière [2]. Plus la préparation est complète, moindre est le temps indispensable ; plus la période préparatoire a été coupée d'excitations hétérogènes faisant diversion, et plus s'accroît la durée de l'acte. Enfin, plus les interruptions sont hétérogènes les unes aux autres et plus les conditions sont défavorables à la rapidité de l'opération. Dans de mauvaises conditions, une demi-seconde devient nécessaire à la plus simple aperception.

Les considérations les plus précises sur la durée des faits psychiques seraient donc pour nous du plus haut intérêt [3]. Le défaut de durée peut être souvent la raison immédiate de l'imperfection d'une construction mentale.

Car le *temps est*, comme on l'a dit [4], un « facteur de la

(1) *Op. cit.*, II, p. 231-236.

(2) Cf. Wundt. *Ibid.*, p. 268.

(3) Th. Ziehen a publié (*Neurol. Centralblatt*, XV, 1896) le résultat d'expériences de psychométrie faites sur les aliénés. Mais il a cherché surtout à voir comment un même individu réagissait aux excitations et avec quelle rapidité plus ou moins grande il effectuait des associations en diverses circonstances et selon les différents moments de sa psychose. Il a trouvé que les associations sont plus rapides dans l'état d'excitation, plus lentes dans l'état de dépression. Ce qu'il nous importe de retenir, c'est que toujours dans la débilité mentale les associations complexes sont effectuées plus difficilement et plus lentement.

(4) M. Hamelin. Cours inédit. Bordeaux, 1895.

réalité ». Les relations de temps sont constitutives de tout sujet. Or, elles impliquent essentiellement distinction, opposition, puisqu'elles reposent sur l'antithèse de l'avant et de l'après. Si la forme du temps s'applique nécessairement à la conscience, elle exige que des états se distinguent et s'opposent en se juxtaposant. Elle met donc à la base de la vie psychique une discontinuité foncière, une *instabilité* radicale. Une des premières lois psychologiques peut être formulée ainsi : Les productions conscientes sont foncièrement discontinues. Et puisqu'une certaine durée est indispensable à tout acte psychique pour qu'il s'accompagne d'aperception [1], puisque à une durée moindre que la durée exigée correspond un acte sans aperception, puisque enfin les interruptions hétérogènes augmentent la durée indispensable à une aperception à cause de la *discontinuité* qu'elles créent, on peut affirmer dès à présent que la vie consciente discontinue admet, dès que le temps fait défaut, des actes psychiques sans aperception d'autant plus nombreux que la discontinuité est plus grande et que le temps est moindre.

Un double problème se pose donc : Comment diminuer la discontinuité mentale ? Comment faire durer aussi longtemps qu'il le faut les actes psychiques ?

---

(1) Le temps nécessaire à la simple perception est beaucoup plus court. « Je puis, en quelques secondes, dit M. Egger (*Revue philosophique*, 1895, t. II), constater et comprendre les huit ou dix gravures juxtaposées sur deux pages d'un journal illustré. » Leur aperception exigerait beaucoup plus de durée et par conséquent d'efforts.

CHAPITRE II

LE DEVENIR MENTAL ET LE CARACTÈRE

I. Le concept de durée appelle le concept de devenir qui permet d'é-
tablir un lien entre les diverses durées. Le devenir est inséparable de
l'appétition et de la finalité ; la réalisation d'un système personnel est
la fin du devenir mental. Le déterminisme leibnitzien veut que le
moment antécédent soit toujours cause du moment suivant ; si l'on
admet quelque contingence dans la nature humaine il peut survenir
des solutions de continuité dans la série. Mais ces solutions de
continuité sont plutôt dans la série des aperceptions : jamais la
discontinuité mentale ne peut être radicale. — II. Définition de la
vie psychique normale. Le devenir mental constitue une sorte de
progression suivie de régression. L'épanouissement de l'âge mûr doit
être précédé par la jeunesse : il ne s'obtient qu'après avoir traversé
différents stades dont chacun a son principe directeur particulier ;
mais chacun de ces différents principes subsiste sous celui qui le
suit ; parce qu'il est enveloppé par celui-ci qui était en puissance
dans le premier. Dans la vieillesse, les principes directeurs qui se
succèdent sont de moins en moins complexes et correspondent, en
sens inverse, aux principes directeurs de la jeunesse. La formule
d'une personnalité devient ainsi de moins en moins féconde après
avoir été de plus en plus puissante et complexe. La « capacité mentale » se mesure aux aptitudes qui sont de plus en plus grandes
quand sans cesse on tend vers un stade supérieur comme dans la jeunesse, moindres quand on tend vers un stade inférieur, comme dans
la vieillesse. — III. Le devenir ne consiste pas en un progrès ou
une régression uniformément rapides. La veille appelle le sommeil
qui la prolonge en la contrariant et qui, né d'elle, prépare la veille
suivante. — IV. Le travail appelle de même le repos. Ni le repos ni le
sommeil ne constituent des solutions de continuité. — V. La plupart
des opérations mentales doivent être coupées de repos ; l'attention
subit un rythme, la volonté ne peut persister dans une affirmation
identique. Mais la continuité de la vie mentale existe pourvu que
tous les états tendent à la réalisation d'un système unique.

I

La forme du temps n'entraîne point une liaison entre les durées successives [1]. C'est pourquoi il a paru dangereux aux théoriciens de la continuité mentale de l'admettre à la base de la réalité. Ils n'ont pas vu que la discontinuité des moments peut être immédiatement corrigée par l'application d'un concept que le concept de durée appelle : celui de *devenir*. Un devenir peut se composer de plusieurs durées relativement hétérogènes, relativement distinctes, auxquelles s'impose une loi commune ; un devenir peut embrasser plusieurs évolutions dont chacune est à son tour un devenir, et ainsi une altération radicale peut s'effectuer à travers plusieurs altérations moins sensibles (toute altération étant en définitive un acte sui generis).

Mais le devenir qualitatif implique la durée comme le mouvement abstrait implique le temps abstrait. Le concept de succession est enveloppé dans le concept de changement; toutefois, la succession de moments hétérogènes serait une série de destructions et de recommencements s'il ne subsistait pas une relation supérieure aux relations qui meurent. Les états de conscience A, B, C disparaissent successivement, mais la relation entre A, B, C subsiste ; entre A et B l'état de conscience est constitué par le rapport complexe A-B qui n'est ni A, ni B, mais le passage de A en B, l'altération proprement dite.

Leibniz attribuait à sa monade l'appétition, c'est-à-dire la conscience plus ou moins claire d'un rapport entre l'état présent A, et l'état futur B, posé comme devant se réaliser, en vertu de la loi d'évolution propre à un tel être. Il ne

[1] Elle ne fait que se prêter à une divisibilité indéfinie de la durée consciente et à une hétérogénéité illimitée.

séparait pas le concept de finalité de celui de devenir. Il donnait à la loi préétablie d'une personnalité, pour champ la vie entière, et comme moyen de se manifester chaque moment de cette vie. Réaliser sa loi propre, telle était pour lui la fin de la monade, et les moyens appropriés s'ensuivaient nécessairement ; chacun devenait fin à son tour, l'état postérieur était la fin, la véritable raison d'être de l'état antérieur.

Conformément à ces vues, il nous est permis de poser dans A une tendance vers B, et dans B la conscience d'un rapport avec A ; ainsi le rapport A-B existe dans l'état A et dans l'état B aussi bien que dans leur intervalle ; au point de vue de la simple intelligence, en A il est prévision de B, en B il est mémoire de A ; au point de vue de l'action, en A il est mouvement commencé, en B il est achèvement ou évolution entravée ; au point de vue enfin de la pure sensibilité, en A il est tendance, en B il est plaisir ou peine. En d'autres termes B est en puissance dans A ; et un déterminisme rigoureux, exige que B s'actualise après A, que par conséquent A soit en un sens *cause de B*. Leibniz a considéré le développement de sa monade comme soustrait à toute influence extérieure (bien qu'il soit étroitement lié au devenir cosmique total); son déterminisme universel bannit les modifications accidentelles du milieu aussi bien que celles du sujet. La prescience divine a adapté à l'avance le devenir individuel au devenir total. Mais le dogme de la prescience divine est une conception théologique qu'on peut ne pas adopter. L'expérience montre en effet la fréquence de l'accidentel dans le monde. Nous pouvons admettre des futurs contingents sans avoir à entrer dans les discussions entre partisans de la liberté et du déterminisme.

Il nous faut opter entre l'évolution fatale et l'évolution contingente. Ou bien le monde entier et, comme lui, l'individu réalisent fatalement un projet divin, un plan éternel;

ou bien ils tendent simplement à réaliser un système rationnel à travers les erreurs, les reculs, les accidents. Ou bien
c'est une force supérieure, Dieu ou Nature, en un seul mot
Destin, qui nous contraint à un devenir auquel nous ne
pouvons rien changer ; ou bien c'est la Raison, c'est une
tendance commune à tous les agents de la nature qui plus
ou moins ouvertement les guide vers une fin désirable pour
tous, réalisable par plusieurs moyens : l'existence d'un
système de systèmes. Comment ne pas opter pour le rationnel contre l'omnipotence arbitraire ou aveugle ?

Nous postulons donc la contingence du devenir mental ;
mais une contingence qui se meut dans d'étroites limites, se
heurte bien vite à la nécessité qui de toutes parts l'enserre.

Tout être a une nature qu'il ne s'est point donnée et qui
le distingue de tous les autres : c'est son caractère propre.
Il ne peut le modifier que très lentement et jamais complètement, car il n'a pour cela d'autre moyen que l'habitude.
On a, il est vrai, prétendu que le caractère est un faisceau
d'habitudes et rien de plus ; mais l'habitude implique une
nature puisqu'elle en est la modification ou la confirmation ;
en outre, peut-on admettre que l'enfant naissant n'ait hérité
de ses parents d'aucune tendance, qu'il ne soit mû tout
d'abord par aucun appétit qui ne lui soit propre et inné ?

Ce qui détermine surtout la nature d'un être, ce sont les
fins qu'il doit poursuivre, depuis la simple adaptation à son
milieu jusqu'au bien moral le plus élevé. Il lui faut réaliser
le type dont il relève, et cela d'une certaine façon, de sorte
qu'il lui est proposé à l'avance comme une formule d'existence, de devenir mental, de personnalité. Cette formule
devient de plus en plus complexe à mesure que l'être grandit, que l'âge amène un développement plus considérable ;
elle peut se préciser de diverses façons et même changer
d'aspect par suite de l'admission de certaines fins et l'acquisition de certaines habitudes ; mais elle reste foncière-

ment la même chez l'être normal, et chez l'être pathologique elle ne disparaît jamais en entier. Ceci revient,
semble-t-il, à dire que l'on est progressivement ce que
dès la naissance on doit être ; que l'évolution de chaque
personnalité s'effectue par des stades déterminés, nécessaires pour chacune d'elles ; mais ceci n'est vrai qu'en partie, car c'est plutôt le schéma que le plan précis du devenir personnel qui se trouve tracé à l'avance. Le déterminisme
foncier n'exclut pas la contingence plus ou moins superficielle : plusieurs traits du caractère restent indéterminés ;
il appartient au milieu ou à la volonté de déterminer le
choix parmi plusieurs modes possibles. C'est pourquoi le
caractère n'introduit pas le fatalisme dans l'existence tout
en faisant l'unité et l'identité du moi.

On peut admettre, non sans faire quelques réserves sur les
expressions employées, que, comme l'a dit M. Paulhan [1], « le
fond même du caractère (c'est-à-dire les tendances particulières qui constituent la base de la personnalité) se ramène
à des systèmes d'éléments psychiques groupés autour d'un
élément prédominant ». Nous avons vu comment un élément
prédominant sert en effet à réaliser l'unité synthétique de la
conscience ; or, il n'est prédominant que parce qu'il est
caractéristique. Mais il ne suffit pas au caractère d'entraîner « l'association systématique » de tous les éléments
d'un état de conscience ; il faut encore qu'il assure la prépondérance durable de la tendance dominatrice. Comme
l'a indiqué M. Ribot [2], il faut qu'il soit tel qu'on puisse
d'après le présent prévoir ses manifestations futures. En
restant foncièrement identique à lui-même, il fait de la vie
entière la manifestation d'un même principe.

Ce rôle du caractère avait été confusément aperçu par les
métaphysiciens qui concluaient de « l'unité et de l'identité du

(1) *Les Caractères*, 1894.
(2) *Année psychologique*, 1895.

moi » à l'existence d'une âme, sorte d'essence incorruptible, immuable. Mais l'immutabilité de l'âme avait l'inconvénient de ne pas s'accorder aisément avec le fait indéniable du devenir psychologique et des modifications de la personnalité. Ces modifications sont, nous l'avons dit, souvent plus apparentes que profondes. Elles n'atteignent pas généralement les fondements biologiques de notre activité mentale ; aussi ont-elles une influence minime sur le devenir des fonctions psychiques inférieures. Celles-ci témoignent toujours d'une plus grande régularité dans le progrès que les fonctions supérieures : l'appétit sexuel, par exemple, est beaucoup moins instable que le goût esthétique. Mais les plus hautes fonctions de l'activité mentale, celles qui ne dépendent pas directement des propriétés naturelles des tissus nerveux ou des connexions biologiques depuis longtemps établies et fixées par l'hérédité ; celles qui consistent en des modes de pensée complexes et clairement conscients, parfois ne conservent pas, dans la même personnalité, des caractères constants pour une certaine durée [1]. Les aperceptions successives les plus complexes, les plus hautes, n'ont pas nécessairement un caractère commun. Des cas se présentent dans lesquels A au lieu de paraître nettement engendrer ou concourir à engendrer B (état consécutif) semble n'avoir avec lui aucun rapport et tendre à la réalisation d'une tout autre fin. Ainsi se produisent des solutions de continuité dans le devenir aperceptif.

Dans le développement d'une personnalité, les modes les plus simples doivent précéder les plus complexes. Par exemple, avant de montrer son aptitude à construire des concepts aux multiples éléments, l'esprit doit montrer son aptitude à en construire de plus rudimentaires. Mais, en

(1) Elles sont plus aptes à s'adapter aux conditions diverses d'un milieu complexe, à varier avec lui, précisément parce que le déterminisme biologique y est moins rigoureux et parce qu'il est naturel que l'instabilité croisse avec la complexité.

outre, les modes aperceptifs ne peuvent venir qu'après les modes perceptifs d'égale complexité.

Ainsi, la production de concepts abstraits, même aussi pauvres que ceux de *cercle* ou de *matière,* demande un esprit déjà cultivé et beaucoup plus développé que celui qui perçoit un objet doué de qualités nombreuses, elles-mêmes fort riches d'éléments composants. L'enfant qui perçoit tant de choses, d'êtres différents, n'est pas encore capable d'y *apercevoir* clairement une forme définie, d'y distinguer les propriétés mathématiques des propriétés physiques ou chimiques. L'abstraction est une simplifica-tion ; mais c'est une fonction de l'esprit, qui « aperçoit » qui peu à peu s'élève des synthèses aperceptives les plus simples aux synthèses aperceptives les plus complexes. C'est pourquoi on arrive vite à construire des perceptions dont la richesse semble défier l'analyse, tandis que beaucoup plus tard seulement on acquiert la plus pauvre des notions claires et distinctes. Le progrès dans l'ordre des apercep-tions est la marque du progrès mental tout entier ; les solutions de continuité dans cet ordre sont donc de la plus haute importance. Elles sont bien les manifestations les plus claires d'un manque de caractère.

II

Le devenir normal admet-il de telles solutions de conti-nuité ? Pour répondre à cette question, il faut tout d'abord définir le fait normal ou l'état de santé psychologique. On a souvent cité ce jugement de Claude Bernard : « Ce qu'on appelle l'état normal est une pure conception de l'esprit, une forme typique idéale, artificiellement dégagée des mille divergences entre lesquelles flotte incessamment l'orga-nisme au milieu de ses fonctions alternantes et intermittentes. » Le normal, en effet, ne se trouve pas dans la moyenne, dans la généralité ; il est dans l'idéal ; on le conçoit, on ne le constate pas. C'est en définitive ce que pensait Auguste Comte lorsque après Esquirol il définissait la vie psychique normale par la parfaite adaptation de l'esprit à l'ordre extérieur, par la conformité du système de nos pensées au système du monde, considéré lui-même comme un système rationnel. En effet, l'idéal pourrait-il être cherché ailleurs que dans la pleine conformité aux exigences de la Raison, et la première de toutes ces exigences, celle qui résume toutes les autres, n'est-elle pas la réalisation progressive d'un système complet en harmonie avec le système qui l'englobe ? Tous les penseurs sont d'accord pour reconnaître que le normal est entièrement systématique : M. Ribot ne considère comme normal que le caractère dont les éléments sont hiérarchisés sous une tendance unique et stable ; il est superflu de rappeler que M. Paulhan a fait de l'association systématique le type par excellence de la liaison des états psychiques.

Étant donné que la personnalité est un système qui devient, l'expérience permet d'induire la loi générale de son évolution avec une certitude comparable à celle des inductions de la physique.

Il est hors de doute que l'être conforme au type idéal de l'humanité doit effectuer un progrès suivi de régression, doit parvenir par les différents stades de la jeunesse à l'âge mûr pour aboutir par la vieillesse à la mort. Il nous faut donc examiner tout d'abord si les diverses tendances, simples ou complexes, qui successivement dirigent l'évolution mentale type, se juxtaposent sans se lier les unes aux autres.

Dès les premiers moments de son existence, l'enfant [1]

(1) Sur la psychologie de l'enfant et la psychogenèse, voir Preyer. *L'âme de l'enfant ;* B. Pérez. *L'Éducation intellectuelle dès le berceau ; l'Éducation*

éprouve un besoin pressant : celui de se nourrir. L'instinct de la conservation[1] détermine ainsi le jeu de l'instinct de nutrition qui détermine à son tour tout un premier système en donnant aux mouvements impulsifs une coordination, à l'excitabilité diffuse une première détermination. Les joies et les douleurs sont encore vagues, généralisées ; la perception des objets extérieurs n'a de clarté qu'autant qu'il en faut pour servir les desseins si bornés du jeune être.

Ce mode d'existence ne saurait longtemps suffire. Par ce fait seul qu'il associe de plus en plus le plaisir ou la douleur à la perception vague de certains objets, il propose ceux-ci à l'attention ; il en fait des fins désirées ou des objets d'aversion ; il stimule donc à la fois la connaissance, l'émotivité, l'activité qui se développent d'une façon continue sous l'action de l'appétition essentiellement vitale. L'éveil progressif des fonctions cognitives amène un développement de la préhension, de la locomotion, de la motricité intentionnelle en général. Puis viennent des sentiments déjà complexes, mais appelés à un bien plus ample développement, qui s'appellent tous les uns les autres...

Alors, l'enfant imagine[2], construit des représentations et combine des actions en conséquence ; il devient entreprenant ; il sait dissimuler et attendre ; il espère et se défie. Il éprouve du plaisir à être cause ; il exerce sur ses mouve-

morale dès le berceau, Paris, F. Alcan; Kussmaul. *Untersuchungen uber das Seelenleben des neugeborennen menschen* (1859) ; Sigismund. *Kind und Welt* (1856); Darwin. *Biographical sketch of an infant*, in Mind, july 1877; James Sully. *Studies of childhood* (1895). Voir aussi Wundt. Tiedemann et Taine, *passim*. — Munz. *Logique de l'enfant*, Revue philos., 1896, XLII, p. 47, sq.

(1) Cf. Lombroso. *L'instinct de conservation chez les enfants.* (Revue philos., p. 381, t. XLII, 1896.

(2) J. Sully est frappé des aptitudes de l'enfant à imaginer de bonne heure un monde beaucoup plus vivant, beaucoup plus varié que ne l'est la réalité. Il appelle le premier âge, « l'âge de l'imagination ». Mais à l'imagination se joignent l'esprit d'observation et la ténacité de la mémoire (*Studies of childhood*, p. 25-69).

ments comme sur ses tendances une inhibition suffisante pour pouvoir, par exemple, coordonner des gestes, des sons ; il apprend à parler, à jouer, à se mouvoir avec un commencement d'habileté. Le désir d'agir s'ajoute au désir de vivre. Un besoin toujours plus grand de connaître, une avide curiosité se font sentir à mesure que la sphère d'activité s'étend et requiert davantage la prévision de possibilités éloignées. Comme l'a remarqué J. Sully, la pensée s'éveille définitivement avec la comparaison et la généralisation, avec les interrogations. Le langage amène par ses progrès les progrès de la raison : les concepts sont maniés avec plus d'aisance ; les raisonnements se mêlent plus nombreux et plus rapides aux inférences primitives et spontanées ; les perceptions ont plus de clarté, les souvenirs sont plus étendus et plus sûrs ; la mémoire joue le plus grand rôle dans le développement psychique à cette période de la vie. Si l'enfant va à l'école, pendant plusieurs années il est poussé surtout par le *désir d'apprendre* [1]. S'il est sans maître, il observe ce qui l'entoure, cherche à résoudre les problèmes que le milieu propose à sa pensée. En même temps il acquiert de nombreuses habitudes ; il reçoit du dehors les empreintes les plus durables ; il se soumet aux préjugés, dirige son activité selon certain modes qu'il imite intentionnellement [2]. La tendance directrice de son évolution se manifeste alors par sa curiosité ; mais les tendances directrices antérieures sont conservées ; elles ont simplement perdu leur prépondérance.

Il est plus aisé d'acquérir des notions théoriques rudimentaires que de devenir habile dans une pratique déterminée : c'est pourquoi le développement intellectuel précède

---

(1) Les élèves foncièrement paresseux sont peu nombreux ; la plupart de ceux qui paraissent ne suivre les cours que par contrainte et avec ennui, sont des enfants rebutés par une mauvaise méthode pédagogique ou affectés d'une tare névropathique.

(2) Cf. J. Sully. *Op. cit.*, p. 267-298.

l'acquisition d'aptitudes pratiques. Le futur ouvrier s'exerce
à gouverner ses muscles, à diriger avec précision ses mouvements; il lui faut pour cela comprendre et vouloir : comprendre afin qu'une pensée claire le guide, vouloir afin
de produire et d'empêcher, de mesurer et de proportionner
ses efforts au but à atteindre. Le futur médecin, l'ingénieur,
l'avocat, le professeur de demain ont à acquérir une habilité moins manuelle, mais qui exige autant de volonté et
beaucoup plus d'intelligence. Sans cesse, l'apprenti est do-
miné par la préoccupation, tantôt plus vive, tantôt plus
sourde, de se perfectionner dans son métier [1]. En outre,
le jeune homme se sent un être social. Voici que naissent
les inclinations généreuses, les tendances très conscientes
à l'amitié, au désintéressement. L'orgueil grandit, l'exubérance des gestes et de la parole trahit celle de la vie.
L'action l'emporte sur la spéculation ; le besoin de manifester au dehors sa puissance prime le besoin de méditation.

Enfin vient le moment où les aptitudes intellectuelles,
pratiques, sociales, trouvent leur application simultanée :
l'homme vit sa pleine vie ; il fait passer à l'acte le plus
grand nombre possible de puissances. Non seulement il
exerce un métier ; mais tout ce qui l'entoure, il cherche à
le comprendre, le prend en amour ou en aversion, le subit ou
le modifie. Le passé vit en son esprit avec intensité, l'avenir
s'ouvre large devant lui ; il éprouve l'impression d'une
vaste solidarité avec tous les êtres qui l'entourent, et en
même temps il se sent une personnalité, un individu. Son
exubérance juvénile, naguère encore plus ou moins désordonnée, est devenue fécondité réglée, production systématique. C'est l'avènement d'un moi complet avec sa formule
définie, son but posé, ses moyens combinés. Egoïsme et

---

(1) L'amour de son métier est la tendance prédominante, le principe de
liaison des états successifs.

altruïsme se combinent en des sentiments beaucoup plus
complexes, des sentiments esthétiques et moraux, soumis
au contrôle de la raison, fruit de la concentration de l'esprit
sur des principes premiers. La volonté vraie apparaît nettement, celle qui demande une intelligence éclairée et
de l'élévation dans les sentiments ; celle qui ne peut
exister qu'en se subordonnant l'ensemble des actes intentionnels, habituels, réflexes, des pensées, perceptions, souvenirs, émotions, tendances, mouvements. La vie morale
commence alors [1].

Ces quelques considérations nous permettent de concevoir, dans le développement de la personnalité des stades
inférieurs et des stades supérieurs, une hiérarchie dans les
moments successifs de la vie psychique : la notion du progrès
mental est ainsi éclaircie. En outre, nous voyons les principes
de liaison se succéder en se superposant : la tendance à se
nourrir subsiste sous la tendance à éprouver du plaisir, celle-
ci sous la tendance à agir, celle-ci sous la tendance à connaître, celle-ci sous l'amour du métier ; celui-ci enfin sous
la tendance plus complète que manifeste une personnalité
adulte. De sorte que le devenir normal offre, jusqu'à ce
point, une parfaite continuité psychologique, malgré le progrès
en complexité de son principe directeur, unique sous les
formes de plus en plus riches qu'il revêt.

III

Le regressus normal est la vieillesse, sorte de décadence,
généralement beaucoup plus prompte au point de vue phy-

---

(1) Ce qui ne veut pas dire que toute autre vie est immorale ; mais elle
est plus ou moins *amorale*. L'absence de volonté entraîne l'absence de
véritable moralité. L'immoralité, on le verra plus loin, est quelque chose
de positif.

siologique qu'au point vue psychologique. En fait, bien des
vieillards conservent jusqu'au dernier moment de leur existence une intelligence lucide et comme un souvenir de leur
fermeté de caractère : il semble que les fonctions intellectuelles supérieures soient tellement indépendantes de
fonctions somatiques bien déterminées qu'elle puissent survivre quelque temps à la décadence corporelle. C'est qu'on
n'est pas en vain, dans l'âge mûr, un homme d'honneur ou
de science, une personnalité bien affirmée : on conserve
ensuite comme une « vitesse acquise », alors que l'on n'a
plus assez d'énergie pour changer de direction. Par les
habitudes contractées auparavant on s'est assuré un beau
caractère dans la vieillesse et une longue vitalité mentale.
Ainsi on évite de tomber dans certains psychoses, si
communes chez les vieillards que l'on a cru souvent à une
démence sénile engendrée simplement par le grand âge.
Cependant il semble impossible à l'homme d'éviter enfin
un déclin psychologique, nécessairement de plus en plus
accentué.

L'être perd d'abord sa puissance de volonté. Il lui reste
longtemps de la ténacité ; mais il lui devient de plus en
plus malaisé de se déterminer spontanément en subordonnant à sa raison sa sensibilité. Il tend à restreindre la
sphère de son activité, à se gouverner d'après les décisions
prises ; il préfère se répéter qu'innover ; il devient conser-
vateur.

Puis l'activité décroît ; le vieillard commence à sentir ses
forces l'abandonner ; son habileté technique va disparaître ;
il n'exercera plus son métier parce qu'il n'aura plus une
énergie constante. Il deviendra plus égoïste, s'occupant
beaucoup moins du dehors, prompt à s'émouvoir, mais surtout de ce qui le touche ou de ce qui touche ses proches.
Quoique sa mémoire soit affaiblie, ses raisonnements sont
justes ; chez certains vieillards on constate même un goût

plus marqué pour les pensées subtiles, pour la finesse et la délicatesse.

Quand la mémoire devient trop infidèle, la raison commence à s'engourdir, le langage perd de sa facilité, l'égoïsme croît encore. Corrélativement les mouvements de la marche et de la préhension peu à peu manquent de précision, de sûreté, de coordination. L'activité sensorielle diminue en même temps que l'activité musculaire. On dirait que le vieillard « désapprend » d'agir et de penser.

Au dernier stade de l'existence humaine, un rien trouble cet être en qui la vie s'éteint ; bientôt il éprouve plutôt du malaise ou du bien-être que des douleurs ou des joies définies. La tendance la plus rudimentaire à la conservation de la vie reste bientôt l'unique principe directeur ; l'activité psychique ne se rapporte plus qu'à la satisfaction de besoins essentiels ; elle n'a d'importance qu'à un point de vue presque exclusivement biologique. L'instinct de nutrition devient enfin le lien suprême des états de conscience successifs chez le vieillard comme il l'avait été chez le tout jeune enfant. Ainsi, le cours de la vieillesse présente, comme celui de la jeunesse et de l'âge mûr, une continuité fondée sur la constance de quelques principes directeurs ; mais ces principes, au lieu de se compliquer progressivement comme dans la jeunesse, deviennent de plus en plus simples.

Dans l'évolution totale d'une personnalité on voit le caractère croître et décroître en complexité. Mais ainsi que le chêne est en puissance dans le gland, la forme la plus riche est en puissance dans la forme la plus pauvre qui existe au début de la vie, et, dans la forme si appauvrie qui subsiste à la fin de l'existence, on en trouve un écho. On peut dire que le même principe domine le devenir entier d'une personnalité normale ; mais d'abord de plus en plus fécond, il acquiert dans « l'âge mûr » toute sa vigueur, et la perd graduellement dans la suite.

Dans la vieillesse la « capacité mentale », dit-on, diminue : on exprime ainsi, grâce à une image d'ordre spatial, un fait psychologique confusément perçu. L'esprit a bien plutôt des aptitudes qu'une capacité; et ce sont ces aptitudes qui croissent pendant la jeunesse, décroissent peu à peu pendant la vieillesse. Car, dans un devenir réglé, un stade ne se réalise pas sans qu'une tendance à réaliser le stade suivant s'éveille ; quand le stade suivant est supérieur en complexité, les possibles qui, selon le mot de Leibniz, tendent à l'acte, sont plus nombreux, les aptitudes sont donc plus grandes; quand le stade suivant est inférieur, les aptitudes sont moindres : moins de puissances sont susceptibles d'être actualisées.

IV

Le devenir mental ne consiste pas dans un progrès ou une régression uniformément rapide; la nature, qui exige les lentes acquisitions de la jeunesse avant le plein développement de l'âge mûr, et après celui-ci une décadence régulière [1], exige encore au sein de l'activité de tous les instants des périodes de relâchement, de ralentissement. La vie psychique est ralentie dans l'état de repos, elle se relâche dans le sommeil.

Les excitations sensorielles font défaut pour la plupart dans ce dernier état; celles que l'on reçoit relèvent surtout du sens interne et du toucher [2]. Elles retentissent sourdement dans la conscience supérieure, où prédomine à ce moment la fonction d'imagination. La tonicité musculaire est considérablement diminuée, l'excitabilité des nerfs

---

(1) Qui ne se réalise pas toujours en fait, car elle est souvent précipitée par les accidents et abrégée par une mort prématurée.

(2) Le sens interne est ordinairement, à bon droit, confondu avec le sens tactile.

moteurs est amoindrie, comme le montrent les expériences
de Silber : il s'ensuit que les représentations manquent de
clarté, de persistance, d'objectivité. Une personnalité vague
domine les états successifs de la conscience obnubilée. « La
personne s'y retrouverait dans son entier, dit M. Renouvier [1],
n'était l'absence de la libre réflexion. » Mais de cela même
résul un changement considérable : des fonctions différentes ont acquis une prépondérance passagère dans la conscience centrale ; tout ce qu'on a coutume d'appeler les
« fonctions supérieures » a disparu ; ce n'est plus la même
façon de penser et de sentir; le moi qui veut, le moi qui
raisonne n'a pu subsister. Le « moi splanchnique » (ainsi
que certains auteurs [2] le désignent) s'est constitué peu à
peu en passant par une manière d'être indécise, une demi-
somniation [3] où la conscience restait encore claire tandis que
la volonté pratique était abolie.

C'est ce moi splanchnique qui dirige le cours des représentations pendant le sommeil. S'il est affecté par des
impressions douloureuses, il donne à toutes les représentations ou séries de représentations une teinte sombre,
qui, dans certains cas de maladies organiques, peut être
révélatrice d'un état morbide jusqu'alors ignoré. Parce
que les excitations externes font défaut à l'esprit, il exagère
l'importance de celles qu'il reçoit du corps, ou des souvenirs
qui surgissent; il se laisse obséder par une idée ou une image.
Il semble donc hétérogène au moi de la veille. En passant de
l'un à l'autre ne constate-t-on pas une solution de continuité ?
— Mais chez les sujets normaux, les deux *moi* ne sont jamais
en opposition radicale; le moi du sommeil reste comme
l'ombre du moi de la veille, et les habitudes de celui-ci per-

---

(1) *Psychologie rationnelle*, t. Ier, p. 342 (2e *Essai de crit. gén.*, 2e éd.).

(2) Cf. Tissié. *Les Rêves*, 2e éd., 1898, Alcan.

(3) Mayer mentionne (*Jahrbuch. f. psychiat.*, XI, 3, 1894), seize observations de cet état intermédiaire.

sistent en partie dans celui-là. Le rêve est étroitement lié au
sommeil [1], et il est vraisemblable que nous pensons toujours
(si penser c'est avoir des représentations, et non pas seulement
les enchaîner rigoureusement par un lien aperceptif). Or le
rêve ne peut se constituer qu'avec le concours du moi de la
veille. On dit communément qu'en rêve les données antérieures, remémorées, *s'associent* au petit nombre des données sensorielles actuelles le plus souvent pour en dénatu-
rer la portée : de sorte que, pendant le sommeil, la pensée
semble puiser dans les trésors amassés par la veille. Il vaudrait mieux dire que la construction mentale, soit dans la
veille, soit dans le sommeil, dépend des aptitudes acquises
antérieurement et des dispositions dans lesquelles on s'est
trouvé auparavant. L'homme endormi en effet construit
des représentations comme l'homme éveillé : les expériences
de J. Mourly-Vold [2] contribuent à prouver l'identité foncière

(1) On est loin d'être d'accord sur la nature du rêve, sur ses causes et ses
rapports avec la veille. D'après Maudsley, les rêves seraient dus à des
circulations locales très actives dans le cerveau pendant le sommeil ;
d'après Wundt, à « l'irritation automatique persistante » et à l'excitation
des parties sensorielles et motrices du cerveau. Murray croit que les rêves
gustatifs (dont le nombre est d'ailleurs très restreint) sont dus à l'état de
la bouche et du tube digestif pendant le sommeil ; Tissié admet que tous
nos rêves sont provoqués par une impression sensorielle.
Maudsley et Renouvier toutefois s'accordent à voir dans la personne qui
rêve un moi privé des fonctions volontaires. J. Sully reconnaît que la conscience personnelle ne subsiste que confusément. A cause de l'automatisme
psychologique les conceptions des rêves prennent un caractère dramatique
(Maudsley), « d'excessivité et d'énormité » (J. Le Lorrain); cependant il y a
des rêves logiques (cérébration inconsciente), aussi bien que des rêves
contradictoires. Max Giessler distingue les rêves qui répètent les événements de la veille de ceux qui groupent des éléments différents ou qui
généralisent une idée particulière de la veille.
Sur les rêves, voir Egger (Rev. phil., 1895, t. II); Bradley (Mind, july 1894).
Bouillier (Rev. phil., 1883) ; Max Giessler (Rev. phil., 1889) ; Artigues. *Essai
sur la valeur séméiologique du rêve* (thèse Paris, 1884) ; Le Lorrain (Rev.
phil., 1895, t. II, p. 63); Maudsley. *Pathologie de l'esprit* (traduction française, p. 8, 16, 21) ; Murray. *Proceed. of Amer. psych assoc.*, p. 20 ; Maury.
Le sommeil et les rêves (Annales méd. psy., 1853-1857) ; Renouvier. *Psychologie rat.* (t. Ier, p. 342); J. Sully. *Outlines of psych.*, II, 314; Tissié. *Les
Rêves*, Alcan, 2e éd., 1898.
(2) Cf. *Année psychologique*, 3e année, p. 637.

des processus psychiques dans l'état de sommeil et dans l'état de veille [1]. T... trouvait dans ses rêves de la nuit les meilleures solutions aux problèmes pratiques qui se présentaient à lui dans la journée. On a de nombreux exemples d'élèves qui élaborent pendant leur sommeil des travaux scolaires complexes. Les observations prises par Weed, Florence Hallam et Phinney (*American Journal of psychology*, août 1896) « tendent à prouver, écrit M. Binet, que la vie psychique dans le rêve est plus complexe et plus variée qu'on ne le pense; il y a 84 p. 100 d'images visuelles, 68 p. 100 d'images auditives, 10 p. 100 d'images tactiles, 6 p. 100 d'images gustatives et 7 p. 100 d'images olfactives. Les exemples de mémoire, d'imagination et de raisonnement abondent dans le rêve ». Les deux personnalités ne sont donc pas foncièrement différentes [2] : elles peuvent par conséquent hériter l'une de l'autre. Non seulement nous rêvons pendant la nuit des faits qui nous ont le plus vivement frappés pendant la journée, mais nous sommes souvent pendant la veille influencés par nos rêves, sans nous en apercevoir. Les observations faites sur les fous et les hystériques mêmes démontrent cette continuité de la vie mentale : L... retombe dans ses accès de mélancolie quand ses visions nocturnes lui sont obscurément remémorées; c'est de la même façon que M... change de personnalité. Le moi acquis pendant la veille détermine le moi que l'on acquiert pendant le sommeil, qui à son tour contribue à déterminer le moi de la veille consécutive, bien que son influence soit le plus souvent très atténuée par l'action antagoniste de la réflexion et de la volonté.

Dans les théories du sommeil on a trop généralement

---

(1) « Le rêve, dit M. Bouillier, est un enfant de la veille. » Mais la pensée de la veille est aussi quelquefois un enfant du rêve.

(2) M. Egger conteste qu'il y ait « dans la conscience du rêveur un rythme extravagant, une vitesse d'imagination telle que nous ne pourrions la suivre si elle était présente à notre attention d'homme éveillé ». (Rev. Philos., II, 1895, p. 46.) Cf. Clavière. *La rapidité de la pensée et le rêve.* Rev. Phil., 1897, XLIII, p. 507.

omis les facteurs psychologiques pour insister sur des causes physiologiques dont l'importance est d'ailleurs indiscutable. Sans doute, « l'accumulation des produits d'oxydation » dans le cerveau anémié, l'intoxication passagère de certaines parties du système nerveux, la contraction des prolongements nerveux [1], dans l'hypothèse des neurones, et l'accumulation des résidus entre les éléments cérébraux [2], sont des conditions de l'obnubilation mentale complète; mais elles ne sont pas les premières des conditions puisqu'elles n'apparaissent qu'alors que le sujet est déjà entré dans la voie du sommeil. Si d'ailleurs le sommeil était dû seulement à une intoxication ou à l'usure cérébrale, pourquoi ne se produirait-il pas toujours dès que le degré convenable d'intoxication ou d'usure serait atteint? Comment la volonté pourrait-elle tenir en échec des causes physiologiques que l'on suppose capables de déterminer à elles seules précisément une impuissance volontaire? Ne faut-il donc pas voir dans le sommeil plutôt une conséquence des lois psychologiques qu'un fait physiologique anormal : intoxication, anémie, syncope ou même épilepsie, comme l'ont prétendu Brown-Séquard et Tarchanoff [3] ?

(1) Théorie de MM. Lépine et Mathias Duval.

(2) Théorie de Cajal.

(3) Sur le sommeil, voir : Bradley. *Absence de mouvement dans le sommeil et le rêve* (Mind, t. III, nᵒ 2); Math. Duval. *Hypothèse sur la physiologie des centres nerveux; théorie histologique du sommeil* (Société de biologie, séance du 2 février 1895); Dugas (Rev. philos., 1893, t. XLIII, p. 410); Charma. *Du sommeil* (Hachette, 1851); Lélut, Charma, Macario et Maury (Revue des Deux Mondes, II, 1858), *Derniers travaux sur le sommeil et le somnambulisme*; Lemoine. *Du sommeil au point de vue psychol. et physiol.* Paris, 1855; Lélut (Ann. méd. psych., 1852-1855); Lasègue. *Le sommeil*. Paris, 1881; Liébault. *Du sommeil et des états analogues*; Laupts. *Le fonctionnement cérébral pendant le rêve et le sommeil hypnotique* (Annales médico-psych., 1895, t. II); Mac Nish. *Philosophy of Sleep* (Glasgow, 1815); Marandou de Montyel (Annales méd.-psych., 1894); Maury. *Le sommeil et les rêves* (Annales méd.-psych., 1853-1857); Maudsley. *Path. de l'esprit* (au début); Mayer (Jahrb. f. psych., XI, 3, 1894); Levêque. *Du sommeil et du somnambulisme au point de vue psychologique*, 1855; Weir Mitchell. *Some disorders of Sleep* (Trans. of the assoc. of Amer. physic., t. V, 1890; Renouvier. *Psychologie rationnelle*, t. Iᵉʳ, p. 330); Tarchanoff. *Quelques observations sur le sommeil normal* (Arch. ital. de biologie, t. XXI, fasc. 2.)

Il est normal que la veille appelle son contraire [1] ou que le sommeil prolonge la veille en la contrariant, que le devenir d'une personnalité s'effectue, comme tant d'autres devenir dans la nature, selon la loi fondamentale du rythme [2]. Le sommeil d'un être normal est l'unique moyen de réaliser la continuité psychologique en empêchant la ruine des forces mentales, en remédiant sans cesse à l' « usure cérébrale », sans que l'activité de l'esprit soit interrompue.

Mᵐᵉ de Manacéine définit le sommeil : « le temps de repos de notre conscience ». Comme le fait remarquer M. Binet [3], l'ambiguïté du terme « conscience » peut enlever toute précision à la définition ; mais celle-ci dénote du moins une excellente tendance à recourir dans l'explication du sommeil à un principe psychologique et à un fait mental sans lequel les phénomènes d'intoxication, d'anémie cérébrale, de diminution d'excitabilité nerveuse, etc., ne se produiraient pas. Ces phénomènes ne sont peut-être même que des causes auxiliaires qui rendent le sommeil assez profond pour donner à l'esprit et au corps un repos réparateur. On pourrait en dire autant des faits opposés et surtout de cette « accumulation de l'énergie nerveuse » dont parle Maudsley [4] comme cause du réveil. Si elle était la condition suffisante de ce dernier phénomène, le dormeur devrait s'éveiller brusquement au moment où une certaine quantité d'énergie se trouverait accumulée. Or le réveil (et il s'agit ici du rappel à l'activité des diverses fonctions mentales) s'effectue lentement, par des intermédiaires con-

---

(1) En fait, l'insomnie est pernicieuse à tout animal et surtout à l'homme chez qui elle amène de graves troubles psychiques.

(2) Bechterew a constaté que les processus psychiques fonctionnent plus lentement le matin, plus rapidement le soir. M. Higier trouve que la rapidité des processus va croissant pendant toute la matinée et, après avoir diminué de midi à 5 heures, se relève un peu pour baisser de plus en plus jusqu'au sommeil.

(3) *Troisième année psychol.*, p. 636.

(4) *Pathologie de l'esprit.* Traduction française, p. 5.

venables, quand la personnalité achève d'accomplir l'évolution qui consiste à passer de la veille à la veille par son
contraire.

Le sommeil normal ne crée donc pas de solution de continuité dans le devenir psychologique [1]. Il n'est pas discontinu
lui-même; toutefois il comprend, comme la vie totale, un
progrès et une régression ; mais ici la régression précède
le progrès. S'il est un moment précis où le changement
s'opère, c'est sans doute celui où le sommeil est le plus
profond. Michels et Kolschutter ont cru établir qu'il atteint
sa profondeur maxima à la fin de la première heure; mais
ils ont simplement cherché à quel moment le bruit le plus
intense devient nécessaire pour réveiller le dormeur. C'est
d'après des observations du même genre que le vulgaire
croit à l'exceptionnelle profondeur du « premier sommeil ».
Or il est des bruits très intenses qui à toute heure de la nuit,
ne nous réveillent pas, tandis que des bruits bien moindres
(une porte qui s'ouvre en grinçant à peine, le vagissement
d'un enfant, le cri d'un oiseau nocturne) suffisent pour que
notre repos soit interrompu, quel que soit le moment de la

(1) Le sommeil n'est ni un fait pathologique, ni la conséquence de faits
pathologiques. Nous trouvons dans une étude de M. Dugas (*Revue philosophique*, 1897, t. XLII, p. 410-421, *Le sommeil et la cérébration inconsciente*)
la confirmation de la plupart des opinions émises par nous sur l'activité
mentale dans le sommeil. M. Dugas constate qu'il n'y a pas de marque
affective ou qualitative propre, soit à la veille, soit au sommeil, et susceptible de les faire distinguer l'un de l'autre par la conscience ; mais pendant le sommeil les fonctions mentales sont abandonnées à leur automatisme, de sorte que toute l'activité psychique est altérée. Toutefois la
continuité normale de la vie mentale apparaît : 1° dans la « cérébration
inconsciente » dont Condillac et Franklin ont rapporté des cas person-
nels, que Cabanis, puis Maine de Biran et, de nos jours, M. Ribot ont
étudiée (Cf. *Nouvelles considérations sur le sommeil*, œuvres de Maine
de Biran, éd. Cousin, 3° partie, II° vol., p. 270 ; *Maladies de la personnalité*, p. 11-12), et qui n'est autre chose que l'achèvement ou le perfec-
tionnement d'un travail mental, logique, rationnel, commencé pendant la
veille ; 2° dans les états de demi-somniation (qui se produisent surtout
quand le sommeil est interrompu avant que l'évolution du processus de
repos soit complète) où l'on constate que les sensations réelles et les
hallucinations chevauchent les unes sur les autres pour produire des
conceptions parfois fantastiques telles que le célèbre rêve de décapitation
de Maury.

nuit. D'ailleurs une impression très vive peut nous faire
sursauter sans nous réveiller cependant; nous retombons
promptement dans un sommeil profond jusqu'au moment
où notre conscience s'ouvre aux représentations plus complexes et plus suivies. L'intensité du sommeil ne peut se
mesurer qu'à la réceptivité aux impressions : plus le sommeil est profond, plus les impressions, pour parvenir à
notre esprit, doivent être simples et communes, et nous
intéresser particulièrement. Car, dans le sommeil comme
dans la veille, l'intelligence ne s'attache qu'aux excitations
qui ont quelque intérêt pour elle. Ce qui intéresse le plus
le moi du sommeil, c'est ce qui vient du corps, ce sont
les sensations organiques, viscérales : aussi, au moment du
plus profond sommeil, l'esprit est-il fermé aux excitations
du dehors ; il se replie un instant sur celles du dedans
pour recommencer bientôt à construire des représentations de plus en plus objectives. Il est impossible d'assi-
gner une heure précise à ce moment de l'évolution de chaque individu, parce qu'à chaque personnalité correspond
un mode particulier de sommeil, d'une durée variable : tel
dort plus profondément et moins longtemps, tel autre moins
profondément et plus longtemps, de même que certains
pensent avec plus de complexité et de rapidité et d'autres à
la fois plus simplement et plus lentement. Les processus du
sommeil comme ceux de la veille expriment donc le caractère particulier du sujet.

Tous les êtres doivent ainsi accomplir une certaine évolution : ils doivent progressivement accorder le repos aux différentes fonctions actives et intellectuelles de leur esprit
quand elles se sont exercées. Si le repos est chose rationnelle, s'il est une conséquence naturelle du travail, loin
d'être en radicale opposition avec lui, le sommeil n'est pas
en opposition radicale avec la veille et ne forme pas avec elle
deux moments hétérogènes du devenir mental.

V

La fatigue accompagnerait l'effort continu, si un repos relatif ne survenait constamment. Il est impossible à un être vivant de développer et d'exercer uniquement l'une de ses facultés sans tomber bientôt dans un état morbide analogue à celui que produit l'insomnie prolongée. Dans une même journée, on passe par différents moments qui font tour à tour prédominer sur tous les autres soit le mode affectif, soit le mode intellectuel, soit le mode volontaire ; dans le même mode s'observe également une succession d'états différents qui sont les uns pour les autres en quelque sorte des négations : quand la mémoire s'exerce, la raison se repose.

Obliger au repos, ce n'est pas absolument exclure. L'activité sensorielle n'exclut pas l'activité conceptuelle, l'émotion n'exclut pas l'intelligence ; mais l'activité sensorielle relègue au second plan l'activité conceptuelle et l'émotion obscurcit l'intelligence. Des diverses fonctions, les unes s'actualisent tandis que les autres restent de pures puissances. Chacune, après avoir prédominé pendant quelques instants, laisse ainsi la prédominance à une autre. Si celle-ci exige l'exercice d'un plus grand nombre de fonctions subordonnées, si c'est une activité d'un ordre supérieur, il y a passage du repos au travail ; dans le cas contraire, on dit qu'il y a repos.

On voit par là combien le repos est relatif. Les fantaisies de l'imagination constituent une activité mentale d'ordre inférieur : l'état de rêve dans lequel ces fantaisies se produisent est donc pour tous un délassement ; n'avoir d'autres sentiments que ceux qu'éveillent en notre âme les centres inférieurs, c'est avoir une vie psychique beaucoup plus ralentie que si l'on percevait les plus simples objets :

or, c'est, comme nous l'avons vu, pendant le plus profond sommeil que l'on a de tels sentiments : c'est pourquoi l'état de repos par excellence est le sommeil le plus profond.

Le repos n'est pas plus un néant que l'être en puissance; c'est l'état où les aptitudes prêtes à passer à l'acte sont plus nombreuses que les actes. Ceux-ci, surtout lorsqu'ils ont été des aperceptions, ont laissé des dispositions particulières, virtualités d'autant plus aisément réalisables à nouveau qu'elles ont été plus fréquemment actualisées auparavant. On peut dire en ce sens que rien n'est détruit de ce qui fut nous-même ; qu'aucun des faits psychiques passés ne disparaît complètement; et cela parce que tous ces faits sont des actes, et que des actes analogues sont toujours susceptibles d'être reproduits par celui qui a accompli les premiers, à la condition qu'il soit en progrès ou qu'il se maintienne égal à lui-même. Nos facultés d'ailleurs, comme l'avait bien vu Leibniz, ne seraient rien sans une tendance permanente à actualiser des puissances déterminées. Notre repos est donc fait en grande partie de virtualités ; entre le travail et le repos il n'y a pas plus de différence qu'entre l'énergie vive et l'énergie latente ; ils ne sont pas hétérogènes l'un à l'autre : ils peuvent par conséquent naître l'un de l'autre.

Le repos en effet est dans sa nature comme dans sa durée, déterminé par le travail antécédent et actuel. Comme le sommeil, il varie selon les personnes : chacun se repose à sa façon et conformément à sa loi propre d'évolution. Sans solution de continuité, le devenir normal s'effectue de telle façon que tel travail amène tel repos qui à son tour va permettre tel autre travail. Le progrès est au prix de cette apparente instabilité. Rien ne dure en notre esprit qu'à la condition de se diversifier : la volonté ne saurait persister dans une affirmation identique, ce qui équivaudrait pour elle à l'inertie. L'important est qu'elle persiste dans l'affirmation progressive d'une même formule de devenir.

VI

On peut abandonner un mode mental déterminé pour y revenir le plus tôt possible, après un si court intervalle qu'il semble, malgré l'oscillation réelle de la pensée, que l'on n'ait point varié. Ces retours répétés parfois ne sont qu'imitation : tel est le cas de l'enfant qui prend plaisir à reproduire indéfiniment le même mot. Mais un retour sans progrès sur le même sujet serait encore la négation du devenir psychique ; il est normal qu'à toute tentative de répétition s'ajoute une tendance à développer la donnée primitive, à y ajouter de nouveaux éléments, à poursuivre la synthèse commencée. (Toute synthèse aperceptive peut généralement se poursuivre au delà des limites où nous la poursuivons effectivement : on n'épuise jamais en fait les possibilités de construire de claires synthèses.)

La perception attentive d'un objet ne s'effectue que par une série de retours de l'esprit à l'impression confuse qui fut la première. Peut-être tout acte important de notre vie mentale doit-il être considéré comme une reprise à plusieurs intervalles d'un même travail qui ne se poursuit et ne s'achève qu'en dehors de repos réitérés. L'attention, au lieu d'être simplement le maintien des fonctions psychiques sur leur objet pendant une durée variable, est sans doute aussi et surtout la puissance de ramener la personnalité entière vers un même ordre de représentations, à plusieurs reprises, et malgré les diversions, les excitations contraires. Une attention continue et prolongée semble en effet impossible. Neumann a constaté que l'observateur attentif d'un bruit monotone, le plus continu possible, y croit remarquer, au bout de quelques

instants, un rythme, des variations, des divisions. Le section-
nement par périodes est l'œuvre de l'attention qui alternativement faiblit et se relève. Il n'y a donc guère d'aperceptions complexes, guère de devenir aperceptifs qui ne soient
coupés de repos. Comme la persévérance n'est qu'une série
d'efforts qui se répètent, de même bien des cas de persistance apparente sont des séries de recommencements ; mais
à chaque reprise un pas nouveau est fait. Chaque effort
succédant au repos, chaque veille nouvelle succédant au
sommeil est une reprise d'autant plus aisée qu'elle était
mieux préparée par le repos ou le sommeil immédiatement
antérieur.

Nous pouvons continuer à dire que le devenir normal
offre une réelle continuité psychologique. Toutefois nous
savons ce que cette continuité suppose de contrariétés relatives. L'évolution d'un esprit présente un progrès ou une
régression et dans ce progrès ou cette régression un rythme.
Elle est donc le passage graduel, par *intermédiaires convenables*, d'un état à un autre plus complexe ou moins
complexe. Comment déterminer ces intermédiaires convenables que constituent un repos, un sommeil, un devenir ?
N'y a-t-il pas plusieurs façons de passer normalement d'un
état à un autre ? Nous l'avons déjà plusieurs fois indiqué :
chacun de nous a une manière de devenir mental qui lui
est propre ; mais cela n'empêche pas la succession donnée
d'être pleinement intelligible, c'est-à-dire de se justifier en
chacun de ses moments pour quiconque en pourrait connaître
toutes les conditions.

On a dit que le devenir mental est une succession indéter-
minable à l'avance, susceptible d'amener les états de conscience les plus inattendus. Cette négation de tout déterminisme serait aussi néfaste à notre projet que le fatalisme. S'il
nous fallait adopter l'une ou l'autre de ces deux thèses radi-

calement opposées, nous ne saurions plus où nous rejeter pour distinguer le pathologique du normal : ni une personnalité indivisible, sans multiplicité dans l'espace et dans le temps ; ni une personnalité qui est nécessairement ce qu'elle est, ni une personnalité qui ne *doit* pas être ceci plutôt que cela, ne peuvent être malades. Pour que le pathologique se distingue du normal, il faut que ce qui doit être puisse ne être ou que puisse être ce qui ne devrait pas être. Or cela pas seul doit être, à un moment donné, qui peut former avec ce qui précède et ce qui suit un tout systématique. L'évolution totale d'une conscience normale admet des devenir multiples, mais naissant tous les uns des autres (quoiqu'ils s'adaptent aux exigences variables du dehors), soumis chacun à un principe directeur d'autant plus complexe que l'évolution est plus avancée ; et dans ces « devenir » partiels, des intervalles de repos qui ne créent pas de solutions de continuité parce qu'ils naissent des moments antérieurs, les prolongent en les contrariant, et préparent les moments suivants.

Nos états psychiques s'appellent les uns les autres parce qu'ils tendent tous à la réalisation d'une même fin : une personnalité déterminée, caractérisée par des traits permanents, quelle que soit la diversité des milieux auxquels successivement elle s'adapte.

CHAPITRE III

DÉFINITION DU FAIT PSYCHO-PATHOLOGIQUE

I. Le fait pathologique n'est caractérisé suffisamment ni par l'état pénible, ni par le caractère accidentel ou exceptionnel. Il est asystématique. — II. Un système peut être formé de parties juxtaposées, comme une machine : d'où l'hypothèse de la « désagrégation mentale », l'explication par dissociation d'éléments psychiques, par dédoublement de la personnalité, par incapacité synthétique. Erreur capitale de l'associationnisme. Difficultés de la théorie des subconsciences ; théories des neurones et de l'automatisme psychologique. — III. Un système peut être formé de moments distincts successifs. Théorie du « vertige mental ». La contingence dans le devenir d'une personnalité et la loi d'instabilité mentale. — IV. Le fait pathologique crée une solution de continuité dans le devenir normal. D'où nouveau sens à donner aux termes d'automatisme, d'incapacité synthétique, de désagrégation. L'automatisme des centres inférieurs, la « désagrégation physiologique » sont les conséquences de l'instabilité mentale.

I

Nous avons tenté, dans le chapitre précédent, de montrer en quoi consiste le devenir normal ; nous l'avons reconnu exempt de véritables solutions de continuité. Il convient maintenant de se demander à quels signes on reconnaît un fait psycho-pathologique.

Les physiologistes éprouvent quelque appréhension à définir la maladie. Quand ils avancent qu'elle consiste « en un trouble survenu dans la constitution, les fonctions et l'évolution normales de l'organisme » ou plus simplement « en un dérangement de la vie normale », ils n'oublient pas géné-

ralement que de cette vie normale, en fonction de laquelle
ils conçoivent la maladie, ils n'ont donné aucune définition.

Or, en l'absence d'une conception nette du fait morbide
en général, ils se bornent à dresser empiriquement la table
des accidents qui sont une cause de ruine, lente ou subite,
pour l'organisme entier ou pour l'une de ses parties. Quoique leur œuvre soit d'un grand intérêt pratique, elle est d'une
faible valeur théorique. Elle accrédite ce principe : qu'on
ne peut reconnaître un fait morbide qu'à ses conséquences
funestes. Tant d'empirisme ne satisfait guère le philosophe,
et d'ailleurs, le psychologue ne peut s'en contenter.

Il semble que l'être ou l'organe le plus pathologique doive
être le plus vite détruit ; mais faut-il attendre la constatation soit de la ruine complète, soit simplement de la décadence d'un organisme pour reconnaître que le mal existe
vraiment ? D'abord il semble que certains états morbides
s'aggravent sans cesse tandis que les autres s'atténuent sans
cesse et que d'autres enfin tantôt s'aggravent et tantôt s'atténuent : donc l'état de santé, six mois ou un an après le
début de la maladie, la mort ou la guérison, le mode de
terminaison en général ne fournit aucune indication précise
sur la nature et le degré de gravité de l'affection aux différents moments de son évolution. En outre, des maladies
psychiques se présentent qui n'exercent sur les fonctions
vitales qu'une faible influence, dont la nocivité est contestée,
qui ne causent aucun sentiment pénible : telles, certaines
anesthésies dont le sujet est si peu incommodé qu'il n'en
soupçonne même pas l'existence. « La dissolution de certains
organes essentiels à la vie est souvent presque indolore...
La douleur, cette « sentinelle vigilante » des causes finales,
reste muette ou ne nous informe que quand le mal est de
longue date, profond, irrémédiable [1]. » Dans certains cas, au

_____

(1) Ribot. *Psychologie des sentiments*, p. 90. Paris, F. Alcan.

contraire, l'intensité de la douleur est hors de proportion avec le mal. D'ailleurs, pour apprécier le dommage causé à un organisme, pour savoir s'il est réel, ne faut-il pas au préalable bien connaître quel serait l'état régulier ? Certaines crises, en apparence néfastes, sont peut-être salutaires et impliquées par la formule de l'évolution totale d'un être normal.

Il semble que le pathologique doive se distinguer du normal comme le fait accidentel du fait constant. Mais faut-il entendre par là que le phénomène morbide n'obéit à aucune loi, est foncièrement irrationnel ? Si oui, nous devons nous borner à le constater quand il apparaît et perdre tout espoir d'éviter la maladie ou de la guérir. Mais nous postulons que la maladie a ses lois comme la santé ; et quand un phénomène psycho-pathologique se produit, nous sommes convaincus qu'il a sa raison d'être assignable.

On pourrait alors penser que le fait normal appartient au type commun de l'espèce, et que le fait morbide se rattache aux caractères exceptionnels. Mais la différence est grande entre le type commun, sorte de moyenne[1] obtenue par des procédés empiriques, et le type normal, conforme à un concept rationnel. Le mode de penser, de sentir et d'agir le plus répandu n'est pas nécessairement le plus essentiel à l'humanité. En outre, si l'exceptionnel se confond avec le morbide, le génie se confond avec la folie. C'est une conséquence devant laquelle ne reculent pas nombre de psychologues[2] : persuadés que la maladie n'est qu'une *exagération* des fonctions normales, ils constatent cette exagération de part et d'autre. De plus, ils citent de fréquents indices de

(1) Comme les images génériques de Galton.
(2) Lélut, en 1830, montra, dans son *Démon de Socrate*, que ce sage présentait des phénomènes morbides cérébraux; Lombroso dans « *l'Homme de génie* » a essayé d'établir la parenté du génie et de l'épilepsie ; Moreau de Tours a déclaré que le «génie est une névrose» ; Roncoroni (*Genio et Pazzia in Torquato Tasso*, Turin 1896), disciple de Lombroso, a pris le Tasse pour exemple : le génie serait étroitement lié à la paranoïa, « l'épilepsie les réunissait chez le Tasse ».

névrose profonde, observés chez les poètes, les artistes de tous les temps; et ils proclament la parenté indubitable de la « dégénérescence géniale » et de l'insanité. — On peut toutefois se demander si les manifestations du génie, loin d'être un effet de l'état psychopathique, n'en sont pas plutôt les causes directes ou indirectes; si la fatigue qu'entraîne dans la personnalité entière l'activité d'un esprit parfois « surmené », ne suffit pas à expliquer l'apparente dégénérescence.

Les anthropologistes italiens prétendent, il est vrai, que le génie implique une altération des « centres les plus élevés » et par conséquent l'absence de sentiments supérieurs, de puissance inhibitrice. Seuls les « centres à l'aide desquels sont compris les rapports entre les sons et les formes, ou les paroles, les faits, les sentiments, les idées » seraient développés et leurs fonctions seraient exagérées, anormales; bref, le génie serait une « exaltation fonctionnelle » de certaines facultés d'ordre relativement inférieur, à dire le mot, un *délire* du genre paranoïa.

Mais il n'y a qu'une analogie trompeuse entre le délire parfois très systématique des esprits cultivés atteints de paranoïa et l'exaltation des facultés mentales, non seulement de l'imagination, mais souvent de la raison et de la volonté chez l'homme de génie. Quoi qu'il en soit sur d'autres points, on ne peut nier qu'entre le génie et la folie il n'y ait la même distance qu'entre la féconde harmonie et l'agitation improductive. D'un côté est la systématisation foncière avec un désordre accidentel; de l'autre, comme nous le verrons mieux, une systématisation accidentelle avec un désordre foncier. Il n'est donc pas prouvé que l'on soit malade parce qu'on s'élève au-dessus de la médiocrité, parce qu'on devance l'évolution générale des esprits et des mœurs [1].

(1) Voir Joly. *La genèse des grands hommes*, Revue philos., 1895, t. XLII, p. 480.

Dirons-nous enfin que cela seul est pathologique qui porte
en lui un germe de contradiction ? Mais le critère est insuffisant : un organisme peut être constitué par des éléments
qui ne se contrarient pas les uns les autres, et n'être pas
cependant un organisme sain, car il faut, en outre, que ses
éléments constitutifs concourent à une fin commune. L'absence de contradiction interne n'est qu'une condition négative de la santé. — Et d'ailleurs une conscience ne contient-
elle pas en germe la négation de son état présent? Il est
vrai que nier son passé, ce n'est pas se contredire ; mais,
dans certains cas, la contrariété, l'opposition logique de deux
moments de conscience successifs peut être la marque d'un
caractère qui évolue normalement, et dans d'autres cas elle
peut déceler un caractère morbide.

Nous avons reconnu plus haut que le normal est essentiellement systématique. De cette première conception très
générale du normal nous tirons une première définition du
pathologique : *est morbide tout ce qui est asystématique.*
Mais nous ne pouvons nous arrêter à une notion aussi vague.
Nous savons quel système constituent les faits psychologiques ; il semble donc qu'il nous sera aisé de définir la nature
psycho-pathologique par opposition à la nature psychologique normale.

II

Mais le système mental doit-il être considéré dans l'espace
ou dans le temps? De la réponse à cette question dépend la
nature de l'explication psychologique des faits morbides et
normaux.

Nous avons vu que la personnalité est composée de
centres d'activité mentale qui s'exercent simultanément;
d'autre part, chaque centre est soumis à un devenir formé de

durées successives, qu'une loi commune rattache normalement les unes aux autres. Dans le temps comme dans l'espace, il y a pluralité; il nous faut donc admettre une double
systématisation d'états actuels et d'états successifs.

Le mot système éveille tout d'abord la conception de
parties coexistantes et coordonnées comme les diverses
pièces d'une machine. Dès que le lien tout intelligible, qui
unit les différents éléments en vue d'une activité commune,
se relâche, il y a désagrégation : certaines activités partielles
acquièrent une sorte d'autonomie; la synthèse totale détruite,
il reste des synthèses particulières, qui à leur tour peut-être
se résoudront en des combinaisons plus élémentaires. —
On peut croire que, comme l'activité d'une machine, « la
conscience est une activité de synthèse [1] »; qu'il y a dans la
personnalité « des degrés d'organisation et de synthèse de
plus en plus complexes ». Les petites synthèses élémentaires,
« sans cesse répétées, dit M. Pierre Janet, deviennent les
éléments d'autres synthèses supérieures... Chaque sensation
est ainsi un tout, un composé... Les sensations à leur tour
s'organisent en des états plus complexes que l'on peut
appeler des émotions générales; celles-ci s'unifient et forment à chaque moment une unité particulière qu'on appelle
l'idée de la personnalité, tandis que d'autres combinaisons
formeront les différentes perceptions du monde extérieur...

« Quand l'esprit est normal, il n'abandonne à l'automatisme
que certains actes inférieurs qui, les conditions étant restées
les mêmes, peuvent sans inconvénient se répéter... Mais que
l'activité créatrice cesse tout d'un coup d'agir et se repose
avant la fin, l'esprit est alors entièrement déséquilibré. Les
phénomènes qui surgissent ne sont plus réunis dans de
nouvelles synthèses, ils ne sont plus saisis pour former à
chaque moment de la vie la conscience personnelle de l'indi-

(1) Pierre Janet. L'automatisme psychologique, p. 484, Paris, F. Alcan.

vidu. » Il se forme des subconsciences. Les psychopathies sont les conséquences de cette désagrégation mentale ; elles sont toutes dues à l'insuffisance de la fonction synthétique, qui est l'essence même du « moi », pour M. Janet comme pour Kant.

Telle est dans ses traits essentiels la théorie de la « désagrégation mentale ». Elle admet l'hypothèse fondamentale des associationnistes et semble même douer de vie les abstractions qu'ils réalisent sous les noms de sensation, souvenir, idée, etc. Pour eux, nous l'avons déjà indiqué, l'esprit est comme un récipient où des données arrivent et reviennent, et d'où elles s'en vont. Plus la conscience est capable d'en recevoir (les Kantiens diraient : d'en synthétiser simultanément en les subsumant sous des formes a priori), plus elle leur paraît avoir un « champ » étendu ; quand « le champ de la conscience » est trop « rétréci » pour recevoir simultanément toutes les données des sens et de l'imagination, les représentations s'en vont se grouper ailleurs et y former une ou plusieurs subconsciences qui agissent chacune pour son propre compte, en attendant que la conscience supérieure les force à reprendre la vie commune.

On a déjà montré [1] que le vice capital de l'associationnisme est de considérer les éléments d'un état de conscience comme autant d'entités disti.\,ctes subsistant par soi, indifférentes aux combinaisons dans lesquelles on les fait entrer. L'association des idées implique l'existence de ces idées antérieurement à toute association : nous avons indiqué comment tout état de conscience est un acte indivis, où les éléments et leur synthèse sont posés simultanément, et ne peuvent exister les uns sans l'autre, les uns avant ou après l'autre. Si donc on se représente la désagrégation mentale comme une dispersion d'idées auparavant réunies en un même lieu, on n'a dans l'esprit rien qui puisse correspondre à la réalité.

D'après M. Pierre Janet[1] « l'expression de la « désagrégation « mentale » est simplement la description, le résumé de faits incontestables; cette expression constate seulement que les pensées humaines, quelle qu'en soit l'origine profonde, peuvent se séparer les unes des autres de manière à former des groupes plus ou moins cohérents et plus ou moins distincts ».

C'est cette séparation d'*actes* (pris pour des *choses* séparables, et non pour des modes du moi, aussi peu séparables de ce moi à un moment donné que l'empreinte l'est de la cire) que nous ne pouvons concevoir. Nous nous demandons si l'on peut, sans réaliser des abstractions (telles que des sensations ou des images), admettre qu'il y a en nous une seule activité mentale formant tantôt une synthèse, et tantôt plusieurs, indépendantes les unes des autres ? Nous croyons conforme aux faits non pas d'admettre que soudain naissent des subconsciences, l'un devenant mystérieusement plusieurs ; mais de suivre les indications de la biologie, qui reconnaît un grand nombre de centres nerveux, tantôt tous réunis les uns aux autres pour ne former qu'un système, tantôt séparés les uns des autres et déterminant chacun automatiquement les phénomènes que le centre supérieur détermine d'ordinaire par leur intermédiaire.

Les plus récentes théories physiologiques, en effet, supposent que le système nerveux est composé de « neurones ». Dès 1887, Forel substituait à la conception de la *continuité* dans les rapports des fibres et cellules nerveuses celle de la *contiguïté*. Ilis, Ramon y Cajal, Kölliker, van Gehuchten, Obersteiner, Tanzi, Lugaro, ont depuis complété la théorie[2]. Malgré de nombreux dissentiments, il semble acquis à la

---

(1) *Névroses et idées fixes*, 1re éd., Paris, F. Alcan, 1898, p. 305.
(2) Cf. Soury. *Revue philos.*, t. II, p. 201. Azoulay. *Année psychol.*, 1895.

science que les éléments nerveux communiquent par le simple contact de leurs prolongements (les terminaisons cylindraxiles venant envelopper les prolongements protoplasmiques). Ainsi s'établissent des associations biologiques qui peuvent être détruites provisoirement ou définitivement. Il peut donc arriver que des neurones ordinairement unis soient complètement séparés; la connexion générale des éléments nerveux est alors remplacée par des connexions partielles. Il semble résulter des théories émises par Kölliker, Ruckardt, Lépine et Mathias Duval que la fatigue entraîne une auto-intoxication de la cellule; les modifications chimiques entraînent des modifications physiques : « le corps des neurones se ratatine, la tension diminue, les prolongements se retirent; » plus ils sont éloignés les uns des autres, plus la transmission de l'énergie nerveuse est difficile : on rend compte ainsi du défaut d'activité mentale dans le sommeil, et tous les phénomènes psycho-pathologiques s'expliquent d'une façon analogue. Des dissociations de neurones associés à l'état normal, des associations d'éléments qui ne sont pas associés d'ordinaire, sont aisées puisque les connexions entre cellules, loin d'être immuables comme le seraient des fibres permanentes d'union, sont plutôt essentiellement transitoires. Des dissociations subites expliqueraient les paralysies soudaines, les anesthésies psychiques parfois si promptes; des associations subites expliqueraient les brusques retours à l'état normal; de rapides alternatives d'expansion et de contraction dans les neurones et leurs prolongements, expliqueraient les troubles les plus variables, et si l'on y ajoute des contacts inusités, les désordres de l'action comme ceux de la représentation. Bref, la désagrégation du système serait ainsi à chaque instant possible et s'expliquerait par de simples modifications chimiques des éléments nerveux.

D'après Ramon y Cajal la névroglie jouerait dans le tissu

nerveux le rôle d'isolateur et d'interrupteur des courants, en se contractant sous l'influence de la volonté et de l'irrigation sanguine. Donc sans cesse, dans notre système nerveux, des associations de neurones pourraient être volontairement supprimées ou rétablies; mais Cajal n'explique pas autrement la puissance de la volonté, et nous en sommes réduits avec lui, comme avec Kölliker, Duval, Lépine et Ruckardt, à des associations ou dissociations purement biologiques.

Or, le neurone ne peut être, comme la cellule, qu'une abstraction correspondant au fondement biologique de l'être concret; à chaque neurone doit s'ajouter une conscience. La connexion des neurones est la base physiologique de la communication des consciences, mais elle n'en constitue pas l'essentiel. La communication réelle et complète est établie seulement, comme on l'a déjà vu, par la représentation que chaque centre psycho-physiologique a plus ou moins confusément d'abord de ceux qui sont proches, ensuite de tous ceux qui se trouvent dans le même individu que lui. Toutefois, la notion que les consciences élémentaires ont les unes des autres est naturellement d'autant plus claire qu'elles sont plus rapprochées, que les conditions spatiales sont plus favorables. Si donc la physiologie parvient à montrer comment les rapports des cellules peuvent varier du contact à l'isolement, elle rendra à la psychologie le service d'expliquer par des variations locales comment le retentissement que chaque partie du corps doit avoir dans la conscience supérieure est tantôt moindre, tantôt plus grand. Ce que ferait une mutilation, ou l'ablation d'une partie du corps ou une lésion cérébrale, la contraction d'un prolongement nerveux ou l'interposition de névroglie peut le faire : « l'âme » peut être ainsi privée des impressions qui d'ordinaire lui venaient d'un des membres, d'un des organes ; ce membre, cet organe, peut être privé de la direction qui lui venait de l'âme. Supposons l'isolement moins radical : le centre supérieur ne reçoit que des impressions plus faibles et plus tardives de la partie du corps dont les neurones se sont contractés, et cette partie ne subit plus aussi promptement, aussi aisément la domination de l'âme. De là naissent certains troubles (pas tous cependant) de la représentation et de l'action. Le retentissement de centres inférieurs dont l'importance était considérable devient presque nul : l'apparence du « moi » est modifiée en conséquence ; comme si l'être était incomplet, l'activité mentale est imparfaite.

Mais comment de tels faits nous ramèneraient-ils à une désagrégation psychologique [1] ? La conscience ne se désagrège pas parce que quelques-unes de ses données habituelles lui font défaut ; ses représentations confuses ne vont pas former une subconscience ; elles sont seulement beaucoup moins près de devenir objet d'aperception. Il n'y a donc essentiellement que *désagrégation physiologique*. Quand le lien est nettement rompu entre un groupe de centres psycho-physiques et le reste de l'individu, ce groupe n'intéresse plus le centre supérieur : qu'une conscience autrefois inférieure y devienne prédominante, que la vie psychique se manifeste en cette partie du corps comme en un individu nouveau, peu importe à l'ancien moi. Ou bien il n'y a aucun retentissement, des centres isolés dans la conscience supérieure, et alors celle-ci n'a point à s'occuper d'eux, à se partager, à se désagréger ; elle a simplement perdu, avec certaines relations, certains pouvoirs ; ou bien il y a un retentissement, quelque faible, quelque tardif qu'il soit, et alors, si la nature de la conscience personnelle est modifiée, du moins son unité n'est pas détruite.

Sans doute, le groupe de centres sur lequel l'âme n'a plus

(1) Ils nous rapprochent bien plutôt de la conception « polyzoïste » de Durand de Gros.

qu'une faible influence tend à agir avec indépendance, et
c'est pourquoi l'automatisme physiologique est un fait réel.
Mais la conscience supérieure est beaucoup moins indépendante à l'égard des consciences inférieures que celles-ci ne
le sont à son propre endroit : elle ne cesse pas d'en subir les
impressions alors même qu'elles n'obéissent plus à sa direction. Les actions d'un individu peuvent émaner de plusieurs
principes relativement autonomes sans qu'il y ait désagrégation de sa conscience, répartition des représentations de
cette conscience entre plusieurs subconsciences. « Ce qui
est certain, dit M. Binet (*Rev. Phil.*, 1889), c'est qu'il n'existe
aucune proportion entre le degré de l'anesthésie et le développement des mouvements inconscients » (automatiques).

M. le Dr Grasset cependant semble réduire tout trouble
mental à l'automatisme, à « la mise en activité de centres
cérébraux inférieurs, réunis les uns aux autres par des fibres
d'association et formant un polygone, qui se suffit à lui-
même pour recevoir les impressions, les conserver, les
élaborer et produire des actes, des actions combinées d'une
manière intelligente. Le polygone est supposé réuni en outre
chez l'individu normal à un centre O, centre supérieur qui
est le siège de la perception consciente et personnelle, de
la raison, de la volonté libre et de la responsabilité
humaine. » Dans les actes automatiques, « le polygone
jouerait sans subir le contrôle du centre O [1] ». « Quand
Archimède, dit M. Grasset, sort dans la rue en son costume
de bain, criant « Euréka », il marche avec son polygone et
pense à son problème avec le centre O. » Les mouvements
par lesquels on fait tourner les tables, osciller le pendule
explorateur, seraient des mouvements polygonaux. La catalepsie, l'anesthésie, s'expliqueraient par la dissociation du
polygone et du centre O. Dès que cette dissociation se pro-

(1) Analyse de M. Binet.

duil, la vie normale est suspendue : il y a dédoublement, non pas de la conscience, mais de la personnalité entière en tant qu'elle est composée essentiellement de deux groupes de fonctions, appelées ici par métaphore polygone et centre O. Le polygone correspond à l'ensemble des facultés motrices, réflexes ou habituelles, au système moteur de la personnalité; le centre O aux fonctions intellectuelles supérieures. Mais la dissociation du polygone et du centre O n'est qu'un cas particulier de la désagrégation physiologique; et combien rare est précisément ce cas qui réaliserait séparément les deux vieilles conceptions métaphysiques du corps et de l'âme. En général, l'automatisme ne porte que sur quelques éléments du système moteur, sur une partie du polygone. Que devient alors la conception de M. Grasset ? De quelle utilité est sa métaphore ? En outre, on ne peut pas ramener tous les troubles de l'esprit à l'automatisme, car d'abord on constate des faits pathologiques sans automatisme, et ensuite il est un automatisme normal : celui qui vient compléter l'activité nettement consciente engendrée par les décisions volontaires. Nous possédons, en quelque sorte, des mécanismes tout prêts à fonctionner au moindre signal, qui entrent en jeu indépendamment de notre vouloir : quand ils contrarient nos desseins, leur activité est pathologique, l'automatisme est morbide; mais quand au contraire ils les servent, on ne saurait parler de psychopathies. Nous le verrons plus loin à propos de l'écriture automatique : écrire automatiquement est, suivant les cas, normal ou morbide.

« Il n'y a point, dit M. Binet [1], de séparation nette entre la vie automatique et la vie psychique supérieure. » Salomons et Gert. Stein [2] ont même montré l'existence de faits

(1) *Troisième année psychologique*, p. 613.
(2) Psychol. Review. New-York, septembre 1896. *Normal motor automatism.*

d'automatisme capables de servir de transition entre l'activité supérieure et l'activité psychologique inférieure. Il faut donc chercher ailleurs que dans la désagrégation psychologique (qui est impossible) et dans l'automatisme (qui peut être normal) une marque de la nature morbide de certains faits psychologiques.

Examinons maintenant le système psychologique au point de vue du temps.

III

On sait que M. Bergson a poussé peut-être plus loin que personne la doctrine de la continuité mentale. Cependant il semble admettre des éléments isolés (tels que les suggestions qui « flottent » en « végétations indépendantes »), « qui n'arrivent jamais à se fondre parfaitement dans la masse compacte du moi », formant « au sein même du moi fondamental un moi parasite qui empiétera continuellement sur l'autre [1] ».

Toutefois, ceci n'est vrai « qu'en tant que le moi perçoit un espace homogène et présente une certaine surface », ce qui revient à dire que pour M. Bergson, c'est d'une vérité bien relative. Puisque le moi est d'après lui indivis aussi bien dans son devenir que dans son état présent, rien ne peut l'entamer, pas plus que rien ne peut s'en détacher; le « moi fondamental » ne peut admettre de « moi parasite ».

Mais si nous croyons avec M. Bergson à l'indivision de l'état présent, nous avons déjà indiqué comment la série des devenir partiels, qui constituent l'évolution totale d'une personnalité, peut admettre des solutions de continuité relatives. Un moi morbide peut alors prendre pour quelque temps la place du moi normal et substituer le désordre

(1) *Données immédiates de la conscience*, p. 127.

mental, le vertige, à la succession rationnelle des aperceptions.

D'après M. Renouvier [1], le « vertige » est au fond de
tous les troubles psychiques : le fait morbide premier, c'est
l'absence d'esprit critique, de réflexion, de volonté raisonnable. Comment la volonté est-elle nécessaire au développement normal d'une personnalité ? Comment, si le manque
de volonté chez un homme est le point de départ des maladies mentales, pourrait-il en être de même chez l'enfant qui
n'a pas encore de volonté, chez le vieillard qui n'en a plus ?
L'enfant et le vieillard sont-ils donc des malades ?

La volonté est nécessaire à l'homme adulte, car, par suite
de la contingence dans le devenir, cet être peut changer
à un moment donné la direction jusqu'alors suivie par lui ;
rompant partiellement avec son passé, il peut adopter certaines tendances d'un nouvel ordre. Or la série ainsi inau-
gurée par un adulte raisonnable doit se poursuivre grâce à
un enchaînement de tendances naissant toutes les unes des
autres. Pour qu'il en soit ainsi, une volonté stable, la volonté vraie, qui persiste dans les décisions prises, est indispensable. Le déterminisme est nécessairement l'auxiliaire
de la liberté : l'être qui n'a pas de volonté abuse de la contingence naturelle ; il détruit une détermination qui est en
partie son œuvre, il renie sa tendance caractéristique, seule
capable de systématiser son existence. Dès lors mille solli-
citations l'assaillent et il ne sait point se défendre contre
elles : en s'efforçant d'y répondre successivement malgré
leur diversité, il se perd dans son propre désordre ; il ne
peut plus coordonner ses pensées, maîtriser ses passions,
régler ses mouvements. C'est pourquoi M. Renouvier dit
qu'il est en proie au vertige.

Mais avant que la volonté apparaisse nettement, il y a
comme un substitut du vouloir : la tendance prépondérante,
l'idée directrice du devenir partiel. Cette tendance, cette

idée, prend avec chacun un aspect particulier, la teinte de
la personnalité. Elle persiste, comme nous l'avons vu, sous
celle qui lui succède et toutes portent la même marque:
« Un caractère vrai, dit M. Ribot, est réductible à une
marque, à une tendance prépondérante qui en fait l'unité
et la stabilité pendant la vie entière [1]... » — « La marque
propre d'un vrai caractère, c'est d'apparaître dès l'enfance
et de durer toute la vie [2]. » Nous savons comment, malgré la diversité des tendances successivement prépondé-
rantes, la même marque essentielle, le même caractère
dure aussi longtemps que l'individu normal. C'est la tendance caractéristique qui tient la place de la volonté quand
celle-ci est absente comme pendant le sommeil, n'est pas
encore ou n'est plus comme pendant la jeunesse et la vieillesse.

. Le caractère est comme la volonté (qui est son acte
propre) : il n'existe vraiment que s'il est stable. « La cohésion des désirs (qui en fait un « faisceau bien lié agissant
dans une direction unique ») est de nulle valeur pour déterminer un caractère si la stabilité est absente [3]. » — « La stabilité n'est que l'unité continuée dans le temps; » mais une
unité synthétique et qui devient d'abord de plus en plus
riche et féconde pour retourner ensuite à sa pauvreté primitive : *la stabilité de l'esprit, c'est la continuité psychologique
telle que nous l'avons établie* dans le précédent chapitre.

Il y a deux facteurs de la continuité mentale : l'un qui ne
manque presque jamais, l'autre qui est indispensable, mais
qui fait défaut dans toutes les psychopathies. Le premier est
tout près d'être biologique ; c'est le sentiment que produit
constamment dans l'âme l'organisme avec ses variations
lentes, mais sans soubresaut, son devenir continu conforme

(1) *Psychologie des sentiments*, p. 390, Paris, F. Alcan.
(2) *Ibid.*, p. 375.
(3) Ribot. *Psychologie des sentiments*, p. 375.

au tempérament. Le second, c'est la volonté ou ce qui en tient lieu pendant l'enfance et la vieillesse, c'est la tendance dominatrice ; la volonté et la tendance dominatrice sont les manifestations du caractère. Le tempérament et le caractère ont entre eux le même rapport que le biologique et le psychologique : l'un est la matière, l'autre la forme ; ils doivent s'adapter l'un à l'autre. C'est pourquoi la volonté ou la tendance caractéristique qui la remplace, doit produire une inhibition indispensable au devenir normal. Si nos tendances supérieures n'exerçaient constamment sur nos tendances inférieures leur fonction inhibitrice, notre intelligence deviendrait chaotique, car elle serait envahie par une foule de représentations dont nous n'apercevrions pas le lien ; nos émotions et nos appétitions seraient contradictoires, nos actes seraient désordonnés. Rien ne serait aperceptif ; l'absence d'attention entraînerait une sorte de « dispersion mentale ».

W. James a donc fort justement mis en lumière l'importance de la fonction d'attention [1]. Il déclare également claires les deux théories qui font de l'attention, l'une un effet, l'autre une cause. Mais l'attention n'est-elle pas toujours l'effet de l'accord entre ce qui est objet d'attention et notre tendance prépondérante (que cette tendance ait acquis sa prépondérance soit par un *fiat* volontaire, qui serait d'ailleurs assez mystérieux s'il n'était l'expression de notre caractère, soit par suite du développement de ce caractère) ? La cause finale de l'ordre suivi par notre pensée, de l'enchaînement et de la nature de nos états de conscience, de la continuité psychologique de nos aperceptions, c'est l'*affirmation d'un caractère*. Toute l'énergie d'une personnalité normale est ainsi employée à affirmer dans toutes sortes d'actions et de réactions son caractère propre et constant.

Mais en face des deux facteurs de continuité mentale (le

(1) Dans ses *Principes de psychologie*.

sens organique et le caractère) il faut mettre leur antagoniste, sous peine de n'expliquer qu'imparfaitement la discontinuité. L'absence de volonté ou de caractère ne fait pas
tout. Il faut encore que la *loi d'instabilité* soit quelque
chose de positif. Elle l'est, en effet, puisqu'elle se traduit
par la tendance de tout état de conscience à s'isoler de celui
qui le précède et de celui qui le suit. L'intelligence, la sensibilité, l'activité, sans la volonté ou son substitut auraient
pour loi suprême l'instabilité. Le terme « vertige mental »
désigne un fait, mais n'explique rien ; la source profonde
du vertige mental, c'est l'instabilité que ne contrebalance pas
un caractère ferme. Elle n'a pas besoin d'être produite, elle
est naturelle. La tendance à associer par contraste [1], loin
d'être son principe, n'est même pas le plus souvent sa conséquence, car, on le sait, l'association par contraste peut être
un mode de progrès continu dans une pensée dialectique.

La loi d'instabilité mentale s'applique aussi bien au normal
qu'au pathologique ; mais dans l'état normal elle est subordonnée à une loi plus haute. (Elle permet, comme nous le
verrons, de passer de l'un à l'autre et d'étudier la physiologie mentale à la lumière de la psychologie morbide,
puisque du pathologique au normal il y a simplement la distance de la forme rudimentaire à la forme plus haute qui
enveloppe la première en la disciplinant.)

IV

En résumé, puisque nous ne pouvons définir le pathologique qu'en l'opposant au normal, rappelons d'abord que le
devenir mental d'une personnalité normale, parce qu'il doit
être systématique, est exempt de solutions de continuité ;

[1] Invoquée par M. Paulhan pour expliquer le caractère instable. Voir
l'Introduction.

qu'il tend par tous ses moments à réaliser un caractère posé dès les premiers temps de l'existence et sans cesse affirmé (grâce à l'énergie de la personnalité entière mise au service d'une tendance prédominante). Dans un tout systématique chaque partie a le développement que la fin commune comporte : dans le devenir mental d'une personnalité normale, les perceptions ne sont pas plus claires et plus complètes, les souvenirs ne sont pas plus nombreux, les émotions et les désirs, les opérations rationnelles et les actes de toutes sortes ne sont pas plus complexes, que ne l'exige la réalisation du but posé par la tendance directrice. De sorte qu'on ne peut pas dire en général quel degré de clarté et de complexité doit atteindre une construction mentale pour être normale : si cette construction, indispensable à un système psychologique, est sans importance pour un autre, il est normal que dans le premier cas elle soit poussée fort loin et qu'elle soit dans le second cas à peine ébauchée.

Ce n'est donc pas tant par l'inachèvement relatif des processus psychiques que par l'hétérogénéité des moments successifs, par l'absence d'un lien ou d'un rapport aperçu clairement entre eux, que se caractérise le pathologique. L'inachèvement des opérations mentales (qui constitue certaines anesthésies, amnésies, paralysies, comme on le verra plus loin) est une conséquence, et il est bon de définir par le principe. Étant donné que nous savons ce qu'est la continuité psychologique et quelle en est la cause (l'énergie du caractère), nous pouvons, semble-t-il, nous risquer à définir ainsi le phénomène mental morbide : *un moment ou une série de moments conscients qui par la discontinuité de l'évolution psychique manifeste la loi d'instabilité mentale au détriment du devenir systématique d'une personnalité.*

Nous distinguons ainsi le fait psycho-pathologique du sommeil et du repos qui sont d'apparentes solutions de con-

tinuité, mais qui du moins sont impliqués dans un devenir
systématique en tant que conséquences et conditions de la
veille et de l'activité.

La véritable « désagrégation mentale » se ramènerait par
conséquent à la destruction de la cohésion entre moments
successifs du devenir d'une personnalité. Elle se distingue-
rait par là de la « désagrégation physiologique », termes
par lesquels on peut désigner la dissociation transitoire ou
définitive de centres nerveux associés à l'état normal. Nous
n'aurions plus recours en psychologie à cette explication,
trop verbale au dire de Wundt, par les « subconsciences »,
qui ressemble tant aux explications que croient avoir données
les physiologistes quand ils ont créé un nouveau centre
nerveux pour une fonction mentale particulière. Sans doute
il existe en nous de nombreux centres nerveux et de nombreuses petites consciences, mais il faut un centre supérieur et une conscience supérieure où viennent aboutir
ou retentir, en y déterminant une synthèse unique malgré
sa complexité, les données des éléments inférieurs de la
vie psycho-physiologique.

Ce centre supérieur, indivis à chacun de ses moments,
mais multiple dans son devenir, nous permet de transporter
le mode d'explication psycho-pathologique de l'ordre spatial
à l'ordre de la succession. C'est une croyance commune à
la plupart des philosophes et formulée nettement par Kant[1]
que le temps est la forme propre des phénomènes de
conscience. Cette croyance constitue déjà une présomption
en faveur de la thèse que nous soutenons : qu'il est nécessaire de chercher dans la loi même du devenir mental la
raison dernière des troubles de l'esprit.

(1) *Premiers principes métaphysiques de la science de la nature.* Trad.
Andler, p. 7. « L'intuition pure interne, dans laquelle les phénomènes de
l'âme doivent être construits, est le temps, qui n'a qu'une seule dimen-
sion. »

DEUXIÈME PARTIE

LES FAITS PSYCHO-PATHOLOGIQUES

INTRODUCTION

I. Il y a des troubles purement psychologiques, ou psychopathies réelles, qui sont la conséquence de l'instabilité mentale. — II. Krafft-Ebing et la plupart des aliénistes ont distingué les psychoses selon l'absence ou la présence du caractère systématique et du caractère héréditaire. Mais toutes les psychoses s'écartent plus ou moins du type déterminé, et l'hérédité n'a pas l'importance qu'on lui attribue souvent. L'énergie psychique peut être augmentée ou conservée jusqu'à l'âge mûr par une éducation convenable. D'ailleurs l'énergie psychique ne va pas sans le pouvoir de systématiser et de faire durer les mêmes synthèses mentales. La débilité psychique se confond avec l'instabilité pathologique. L'instabilité peut être héréditaire, mais il n'y a pas de raisons solides pour distinguer l'instabilité héréditaire de l'instabilité acquise. La discontinuité mentale se mesure à la fréquence des hiatus et à l'éloignement psychologique des états successifs. — III. Toute psychopathie caractérisée est une habitude morbide.

I

Si les faits psychologiques ont au moins autant de réalité que les faits biologiques, les troubles psychologiques sont aussi réels que les troubles biologiques, et, comme ces derniers, ont leurs lois ; on peut les étudier sans recourir à la physiologie. Ce qui ne veut pas dire que les troubles psychiques ne se combinent pas avec les troubles biologiques pour constituer une maladie déterminée ; car il n'est pas de dérangement en l'une des fonctions de l'individu sans

un dérangement pour toutes les autres, et il n'est pas
d'élément lésé, fût-il le plus humble d'un individu vivant,
sans que le centre supérieur n'en éprouve un retentissement (bien que parfois l'écho en soit très faible et passe
inaperçu).

Quand un groupe d'éléments inférieurs est détruit ou
paralysé, certaines actions, que ce groupe concourait nécessairement à réaliser, ne peuvent plus se produire. Il en est
de même quand le nerf, qui servait d'intermédiaire entre
un centre supérieur et ce groupe, n'est plus. Il en est de
même encore quand dans le centre supérieur la portion de
système nerveux qui dirige les actions du groupe est lésée.
Il y a donc des incapacités fonctionnelles qui résultent de
la suppression (brusque ou par dégénérescence) 1° des
extrémités nerveuses, 2° des nerfs conducteurs, 3° de l'organe nerveux central [1]. La biologie les étudie. Elles peuvent
cependant avoir des conséquences psycho-pathologiques
appréciables car elles peuvent entraîner non seulement la
disparition de tout un ordre de sentiments et d'impressions [2],
mais encore la perversion du système mental antérieurement constitué, et l'apparition d'une série de troubles purement psychiques. C'est ainsi que la paralysie générale qui,
d'après certains auteurs, serait d'origine syphilitique, consiste
primitivement en une dégénérescence progressive des nerfs
périphériques, une prolifération des noyaux avec épaissis-
sement de la pie arachnoïde et altération généralisée des
cellules nerveuses : des troubles psychiques en résultent qui,
« symptomatiques » et non « essentiels », empruntent leurs
formes aux psychopathies essentielles et ne sauraient être
étudiés par le psychologue nulle part mieux que dans ces

---

(1) Il faut noter toutefois que la dégénérescence de l'un des prolongements du neurone entraîne à la longue celle du neurone entier (Klippel).

(2) La castration détruit souvent toute générosité ; et en remédiant à la
cryptorchidie on a pu rétablir l'équilibre mental perdu.

dernières. Certaines aphasies doivent être imputées à une
lésion cérébrale ; la folie sénile souvent à des foyers de
ramollissement de l'écorce ; une variété de démence (la
démence secondaire), à la dégénérescence de cellules qui
perdent leur prolongement en se contractant ; la mélancolie
viscérale, à une affection des cellules du ganglion semi-
lunaire ; l'idiotie épileptique, à la persistance de cellules
nerveuses de l'âge fœtal ; la folie alcoolique, à la dégénérescence granuleuse des cellules avec infiltration et épaissis-
sement de la pie arachnoïde [1].

Mais ce n'est pas toujours la ruine de l'inférieur qui
entraîne celle du supérieur [2]. Parfois, la conscience supérieure perd d'abord son devenir normal ; et alors, ce trouble psychologique engendre avec le temps dans tout l'organisme des troubles variés, des troubles trophiques par
exemple, qui peuvent ensuite être pris pour les causes premières de la psychopathie. Si certains de ces effets, en apparence purement biologiques, de la perturbation mentale
réagissent sur celle-ci pour l'accroître encore, il appartient
au biologiste de les étudier avec l'aide du psychologue ;
mais il appartient au psychologue seul d'étudier la cause
première des psychopathies réelles.

Celles-ci ont fréquemment pour cause occasionnelle un
trouble biologique passager : intoxication, malaise, anémie,
hyperhémie [3], pléthore, etc. ; mais ce ne sont qu'accidents
à la suite desquels des dispositions psychiques acquises ou
héréditaires peuvent s'actualiser. Une émotion, une tension
excessive de l'esprit amèneraient les mêmes conséquences
que l'anémie ou l'intoxication ; le principe des vraies

---

(1) Cf. *Journal of mental science*, octobre 1894. Dr Clouston, Middlemans, Robertson.

(2) Voir plus loin (IIIe partie, section A, § II), l'avis de M. Renouvier.

(3) Un sentiment de bien-être exagéré est lié à de l'hyperhémie corticale.
Ce sentiment passager suffit à engendrer chez certains sujets prédisposés
des accès de mégalomanie.

psychoses doit être recherché au delà de ces causes apparentes [1].

II

Krafft-Ebing, pour qui toutes les maladies mentales sont évidemment des maladies du cerveau, lésions ou troubles fonctionnels, distingue [2] les *psychonévroses* qui évoluent dans des cerveaux primitivement sains, et les *dégénérescences psychiques* qui se développent dans des cerveaux antérieurement tarés. La psychonévrose est acquise, a une marche typique, se termine par la guérison ou l'imbécillité, se distingue nettement de l'état antérieur. Dans la dégénérescence psychique, au contraire, l'hérédité joue un rôle important, la maladie est constitutionnelle, les guérisons sont rares, l'état de santé et l'état de maladie ne se distinguent pas nettement, la période antérieure aux manifestations morbides n'étant qu'une phase de prédisposition pathologique.

Comme Krafft-Ebing, sans adopter sa classification et en aboutissant parfois à des conclusions différentes, la plupart de nos aliénistes ont porté leur attention sur ces deux caractères de certaines psychoses : le caractère d'évolution systématique ou typique, et le caractère héréditaire. Quelques malades ont un devenir morbide déterminé, à phases prévisibles, se succédant chez tous dans le même ordre ; la maladie chez d'autres est beaucoup plus capricieuse. De là vient par exemple la distinction établie en France entre le « délire à évolution systématique », décrit par M. Magnan, et

(1) On a accusé l'ovariotomie d'engendrer les psychoses. En fait, si beaucoup de femmes, après une telle opération chirurgicale, ont perdu de leur équilibre mental, elles le doivent aux préoccupations, aux souffrances, mais surtout à leur débilité psychologique antérieure, à leurs prédispositions.

(2) Cf. Binet. *Troisième année psychol.*, p. 667 ; Krafft-Ebing. *Traité clinique de psychiatrie.*

le « délire des dégénérés ». Mais il ne faut pas exagérer les différences : toute psychose est plus ou moins systématique et plus ou moins irrégulière dans son évolution. Jamais, d'une part, l'incoordination des moments successifs n'est complète, car un faible principe de liaison subsiste toujours ; et, d'autre part, il est rare que l'évolution d'une psychose soit rigoureusement identique à celle d'une autre. Bien peu d'attaques d'hystérie, en dehors de celles que certains sujets sont comme « dressés » ou préparés à avoir [1], sont conformes au type établi par Charcot, et sur 81 cas de « délires de la persécution à évolution systématique » observés à Lyon par MM. Taty et Toy, 37 seulement présentaient la marche classique : persécution, mégalomanie, démence.

Cette réserve faite, on peut admettre deux sortes de psychoses : dans les unes l'instabilité, l'incoordination, l'absence de lien entre les moments successifs, l'imprévu dominent ; dans les autres, la systématisation, la régularité sont surtout apparentes. (Nous verrons plus loin comment l'instabilité pathologique est encore au fond de ces dernières [2].)

(1) Beaucoup de sujets hystériques qui servent aux leçons cliniques sont suggestionnés à l'insu du professeur et se plient aisément aux exigences de son esprit.

(2) *Classification des maladies mentales.* — « Lorsqu'ils croient avoir fini leurs études, les rhétoriciens font une tragédie et les aliénistes une classification », a dit Buchez (cité par M. Régis). C'est dire le peu d'importance des trop nombreuses classifications proposées par la plupart des aliénistes ; elles reposent sur des principes très divers, les unes sur la division classique des fonctions psychologiques, les autres sur les différentes localisations anatomiques ; certaines autres sont « symptomatiques », d'autres encore « étiologiques ». Il est inutile de les discuter ici. Celle d'Esquirol, amendée par Baillarger et Marcé, distingue : 1° les vésanies pures (délires avec manie ou mélancolie ou monomanie, démence) ; 2° les vésanies associées (manie avec mélancolie ou démence) ; 3° les vésanies avec lésion organique (paralysie générale) ; 4° les vésanies sans lésion organique (épilepsie, hystérie, extase, catalepsie, chorée, pellagre, folie alcoolique) ; 5° les états congénitaux (idiotie, imbécillité, crétinisme).

M. Ball distingue les folies : 1° essentielles (délires et folie circulaire) ; 2° névropathiques (hystérique, épileptique, etc.) ; 3° diathésiques (goutteuse, tuberculeuse, etc.) ; 4° sympathiques (génitale, cardiaque, etc.) ; 5° toxiques ; 6° cérébrospinales ; 7° congénitales.

Wernicke partage les symptômes des maladies mentales en trois groupes : 1° psychosensoriels (anesthésie, hyperesthésie, paresthésie) ; 2° psychomo-

Mais faut-il attacher une grande importance à la distinction établie entre psychoses acquises et psychoses héréditaires ? Les parents peuvent-ils transmettre à leurs enfants
une nature pathologique bien déterminée, ou ne font-ils que
transmettre quelques vagues aptitudes mentales, celles qui
suivent le plus rigoureusement certaines modifications biologiques profondes ?

Il semble généralement admis, depuis les recherches de
Galton, Ray Lancaster et Weissman entre autres [1], que la
transmission héréditaire se rapporte surtout au plus ou
moins d' « énergie psychique » léguée avec la tendance fon-

teurs (akinésie, hyperkinésie, parakinésie) ; 3° intrapsychiques (afonction,
hyperfonction, parafonction).

Ziehen sépare les psychoses avec affaiblissement intellectuel des
psychoses sans affaiblissement intellectuel, soit avec symptôme affectif
(manie, mélancolie, neurasthénie) ou intellectuel prédominant, soit avec
symptômes composés.

Kroepelin a fait une classification très complexe et a distingué tout
d'abord les maladies curables des maladies incurables (qui sont à marche
chronique). Dans la première classe entrent les délires, la démence aiguë,
la manie, la mélancolie, le « wahnsinn » ou délire sensoriel. Dans la
deuxième classe sont rangées les folies périodiques, la paranoia, les dégénérescences psychiques, les névroses (neurasthénie, hystérie, épilepsie),
les troubles par intoxication chronique, la démence acquise, les anomalies dans le développement psychique (idiotie, crétinisme, folie impulsive, etc.) ;

M. Dagonet (*Traité des maladies mentales*, 2° édition, 1894) distingue :
1° les vésanies ou formes primitives de la folie proprement dite (manie
aiguë, subaiguë, chronique; délire aigu, mélancolie, stupidité, délires
systématisés chroniques, folies périodiques) ; 2° les dégénérescences (débilité mentale et psychoses dégénératives) ; 3° la folie morale et la folie
impulsive ; 4° les formes secondaires, telles que nervosisme, folie infectieuse, folie toxique ; 5° l'alcoolisme; 6° la paralysie générale ; 7° la démence
primitive, ou secondaire, ou sénile ; 8° les états congénitaux tels qu'imbécillité, idiotie, crétinisme.

Pour M. Magnan, « délire chronique et dégénérescence s'opposent en
totalité » ; la « *manie* et la *mélancolie*, le *délire chronique*, la *folie intermittente*, la *dégénérescence mentale* sont des synthèses cliniques à caractères
fixes, des psychoses nettement définies qui réunissent et classent le plus
grand nombre de faits ».

(Rappelons simplement la distinction faite par Kant entre la manie et
l'hypochondrie, l'amentia et la démence, la manie, la vésanie et l'aberra-
tion héréditaire.) Cf. *Anthropologie*. Traduction Tissot, p. 152-160.

Toutes ces classifications sont de médiocre importance pour notre sujet.

(1) Cours inédit de M. Espinas à la Faculté des lettres de Bordeaux
en 1892.

cière à conserver le type à la fois spécifique, national et familial établi depuis de nombreuses générations. Mais peu importerait l'« énergie psychique » existant en un sujet au moment de la naissance si la nourriture, l'exercice, l'éducation, les mille causes extérieures de croissance ou de décroissance étaient capables à chaque instant de la modifier, de l'augmenter ou de la diminuer. Il faut que cette énergie soit constante pour une certaine durée, qu'elle renaisse sans cesse à peu près identique à elle-même, qu'elle soit la caractéristique permanente d'un sujet. Ne dit-on pas, en effet, d'un homme qu'il a (et l'on sous-entend constamment) plus de vigueur intellectuelle, plus de force de caractère qu'un autre ?

C'est donc avec raison que Freud a parlé après Sachs [1] de « la constance de l'énergie psychique » et de « la loi d'après laquelle la somme des tensions de toutes les ondes moléculaires existant en un sujet [2] est presque constante dans les limites de certaines durées ». Il a ainsi exprimé en termes mécaniques un fait psychologique que les concepts de dépense, compensation, épuisement, souvent employés en psycho-pathologie, nous aident à reconnaître. On tend, en effet, à assimiler tout effort à une dépense d'énergie ; on dit que le repos est pour l'esprit une compensation, puisqu'après s'être reposé on a recouvré l'énergie que l'on avait avant le travail ; on sait que la dépense prolongée et sans repos entraîne l'épuisement, c'est-à-dire à la longue une diminution de l'énergie psychique foncière. Cependant il faut distinguer l'effort constant, qui entretient la vie, de l'effort excessif qui débilite ; le premier n'entraîne pas de fatigue : il suffit qu'il ne dure dans chaque ordre de fonctions qu'autant que le permet l'énergie de l'individu.

(1) *Neurol. Centralblatt*, XIV, 1895.

(2) Cette somme constitue, d'après Freud, « l'énergie psychique ».

L'activité normale n'est pas une véritable dépense d'énergie ; l'exercice, au contraire, la rend plus aisée. La fatigue n'apparaît qu'autant qu'il y a suractivité, surmenage, et la « *dépense* d'énergie mentale » ne commence qu'alors que l'effort exigé excède à la puissance du sujet. L'énergie psychique peut donc se mesurer par la résistance à la fatigue ; cette résistance est plus ou moins grande selon que la fatigue survient plus tôt ou plus tard, engendrant un état pathologique qui consiste essentiellement en une série discontinue de phénomènes psychiques et biologiques qui perdent de plus en plus de leur coordination et de leur adaptation à des fins déterminées : le temps de réaction est augmenté, ce qui rend plus difficiles les perceptions ; la discontinuité de la pensée se manifeste nettement, dans les cas de fatigue extrême, par la tendance au rêve et à l'hallucination ; les mouvements sont plus lents et plus saccadés, l'appétition est diminuée, l'émotivité devient excessive.

« La résistance à la fatigue, dit M. V. Henri [1], dépend d'abord de la force, et puis elle constitue une qualité spéciale bien déterminée pour chaque individu ; ainsi il y a des personnes qui peuvent faire un travail pendant un certain temps sans que l'intensité diminue, et ensuite cette intensité tombe brusquement ; d'autres, au contraire, présentent une diminution continuelle de l'intensité dès le commencement du travail ; entre ces deux limites se trouvent tous les intermédiaires. » Mais l'intensité des actions biologiques ou psychologiques ne doit pas seule être considérée ; on peut, quoique très fatigué, répondre énergiquement à une excitation : alors l'action n'a ni durée, ni complexité ; on peut d'autre part, quoique très fort, répondre mollement à une excitation et être susceptible d'actions très complexes pendant une longue durée. La mesure de l'énergie psychique exige

---

(1) *Année psychol.*, troisième année, p. 248.

par conséquent que l'on considère ces trois qualités : intensité, durée, complexité.

Les sujets fatigués ou malades ne sont pas capables d'activités psychiques durables et complexes; leur débilité mentale se manifeste par l'instabilité pathologique. Réciproquement, l'énergie psychique se manifeste par le pouvoir de
systématiser et de conserver une même direction, de poursuivre avec persévérance la réalisation d'un dessein ; sa
constance permet la stabilité d'un principe d'évolution mentale. Tout devient aisé à celui qui coordonne bien ses facultés
et qui lie bien les moments successifs de son activité : il est
fort; il a une aptitude croissante à accomplir facilement les
actes les plus complexes et qui exigent le plus de durée. Tout
devient pénible, au contraire, à celui qui ne peut persévérer dans une direction donnée, qui s'abandonne au désordre
mental : il est faible. La quantité d'énergie mentale correspond donc exactement à la force de caractère. Dire qu'un
sujet est héréditairement débile n'est-ce pas dire que
dès sa naissance il a manqué d'une tendance dominatrice
féconde, d'appétitions bien organisées ?

L'idiotie et l'imbécillité congénitales sont des arrêts de
développement mental dus à cette absence de principe directeur fécond ; les idiots et les imbéciles ne peuvent rien
par eux-mêmes pour lutter contre la débilité mentale qui les
affecte dès leur naissance. Mais tous ceux qui apportent en
naissant le minimum de vitalité nécessaire pour effectuer
une évolution normale peuvent ou bien éviter les psychoses
ou bien réprimer les vagues tendances pathologiques qui
leur ont été léguées par leurs parents. L'hérédité [1] ne saurait introduire une telle fatalité dans la vie humaine que

(1) Le génie a en partie son explication, non dans le génie des ascen-
dants, héréditairement transmis, mais dans une énergie psychique extraordinaire, d'abord congénitale, ensuite bien dirigée. C'est une raison nouvelle d'opposer le génie à la folie. Voir Joly. *La genèse des grands
hommes.* Rev. philos., 1896, t. XLII, p. 494-497.

tant de misérables soient irrévocablement voués dès leur naissance à la débilité de l'esprit : il y a sans doute en tout homme un pouvoir de lutter, pourvu qu'il sache faire un bon usage de son énergie, contre les prédispositions héréditaires aussi bien que contre les dispositions acquises et les mauvaises habitudes ; un pouvoir de confirmer son caractère en se proposant fermement la réalisation d'un idéal particulier, susceptible d'exciter son attachement croissant.

Nous reconnaissons, sous ces réserves, que l'instabilité mentale peut être héréditaire ; de même qu'un enfant naît avec plus ou moins de force musculaire, il naît avec plus ou moins d'énergie psychique que les autres. Mais l'analogie que nous venons d'établir doit se poursuivre : si les enfants ont au début besoin de gymnastique et les uns beaucoup plus que les autres, les plus faibles peuvent dans la suite devenir les plus forts grâce aux exercices corporels ; de sorte que l'influence de l'hérédité est presque annihilée par celle de l'éducation ; aussi n'invoque-t-on pas toujours l'hérédité quand on voit des jeunes gens du même âge les uns plus robustes, les autres plus débiles. De même on ne doit pas l'invoquer, en règle générale, quand il s'agit d'esprits plus faibles ou plus puissants, parce que l'hérédité n'est qu'un facteur parmi tant d'autres dont les influences se contre-balancent. Un caractère faible à la naissance est susceptible de devenir fort grâce à une bonne éducation.

Il n'y a donc pas de raisons péremptoires pour distinguer les dégénérescences héréditaires des psychopathies acquises. Tous nos malades sont essentiellement des débiles (des débiles à instabilité marquée ou des débiles à stabilité apparente.) Que leur débilité psychique soit congénitale ou acquise, elle entraîne, dès qu'ils se trouvent en présence des difficultés de la vie, un état chronique semblable à la fatigue accidentelle ; c'est une fatigue persistante, de plus

en plus accentuée, de moins en moins curable. Car il vient
un moment où le sommeil et le repos, qui d'ordinaire font
disparaître la fatigue, deviennent impossibles : aussi les
êtres profondément débilités se fatiguent-ils toujours davantage et perdent-ils progressivement leur « énergie psychique ». Leur mal se développe ainsi de lui-même, leurs
prédispositions s'accentuent : alors un accident, un rien en
apparence fait éclore les troubles les plus graves de l'esprit.
Alors même qu'aucune crise ne se produirait, la discontinuité mentale serait de plus en plus marquée chez eux.
Elle est toujours relative puisqu'une séparation radicale des
moments successifs ne saurait exister; mais elle se manifeste nettement quand aucune liaison entre deux durées
conscientes, deux séries représentatives n'existe en apparence, que par conséquent soudain le sujet se trouve
transporté d'une manière d'être dans une autre hétérogène,
survenue, semble-t-il, sans raison. Le malade est alors
comme un acteur qui passant brusquement, avant que
son rôle soit terminé, de la scène au dehors, considérerait
comme également réelles la vie factice et sa vie propre :
cet acteur se verrait avec étonnement devenu autre, étranger à lui-même ; et si la même erreur se répétait fréquemment en lui, il ne tarderait pas à tomber dans une grande
confusion mentale. Chez certains sujets gravement atteints,
ce ne sont ainsi que changements brusques d'occupations
et même d'aptitudes ; le rêve et la veille, les produits de
l'imagination et ceux de la raison obtiennent même faveur,
car la liaison des représentations peut seule fonder la distinction du réel et de l'imaginaire, le réel étant bien lié,
quant aux rapports extrinsèques et aux rapports intrin-
sèques.

La débilité mentale est plus ou moins grande selon la
fréquence des hiatus, et aussi la *distance psychologique*
des états successifs non liés, les états les plus éloignés

étant ceux qui appartiennent aux stades de l'évolution mentale le plus éloignés l'un de l'autre : on voit, par exemple, des
hystériques revenir tantôt au mode d'existence du premier
âge, tantôt à celui de leur jeunesse, et prendre ainsi les
aspects les plus divers, les plus hétérogènes. D'une discontinuité si marquée, et elle peut l'être encore davantage, à
la continuité normale que nous avons décrite plus haut, il
y a un grand nombre de degrés. Tantôt c'est la discontinuité qui est manifeste, et tantôt c'est la mobilité des états
de conscience ; mais discontinuité et mobilité ont une même
origine : la débilité psychologique, la persistance de l'état
de fatigue.

IV

Un fait morbide accidentel ne classe pas définitivement
une personne parmi les malades ; une maladie mentale est
une habitude pathologique. Or, les habitudes pathologiques
sont de deux sortes : les unes consistent simplement en une
tendance constante à varier, les autres en une affirmation
de plus en plus nette de caractères morbides persistants.
Dans le premier cas la psychopathie est indéterminée ; dans
le second cas elle a une nature particulière : elle se fait
remarquer par une certaine anesthésie, une paralysie, des
mouvements pathologiques qui se reproduisent périodique-
ment, identiques à eux-mêmes, ou sont conservés d'une
façon permanente. L'habitude morbide de varier sans cesse
constitue la véritable instabilité mentale ; celle d'avoir
constamment un stigmate déterminé, un mode fixe d'instabilité se rapproche de la stabilité morbide. Le plus souvent
le devenir morbide admet à la fois une variation incessante
de certaines aptitudes et la conservation d'un petit nombre
d'habitudes persistantes : c'est ainsi que certains hystériques

changent de goûts, de désirs, d'occupations, et persistent dans leur anesthésie à l'égard du rouge et du bleu, dans leur paralysie du bras droit ou du larynx.

La nature particulière d'un état morbide est souvent déterminée par le caractère propre d'une occupation fatigante, d'un mode d'activité ; mais souvent aussi par un accident en apparence insignifiant, en réalité très important pour un sujet déterminé, à cause de ses préoccupations actuelles, ou du cours de son imagination. Si l'on cause une vive frayeur à un instable au moment où il vient d'apprendre qu'une personne, connue ou inconnue de lui, est devenue hémiplégique, il risque de présenter de l'hémiplégie hystérique. On peut être encore victime d'habitudes involontairement contractées : un torticolis, par exemple, naît d'un mouvement volontaire des muscles rotateurs de la tête effectué une première fois pour atténuer une douleur de la nuque, et répété ensuite automatiquement. Ce mouvement devient gênant : le malade fait pour le supprimer un mouvement des bras qui à son tour devient un « tic [1] ».

Bien des actes destinés à masquer un défaut, souvent imaginaire, se transforment ainsi en habitudes pathologiques. C'est ce qui explique comment des modes constants de l'activité intellectuelle, parce qu'ils impliquent certaines habitudes de construction mentale, sont susceptibles de devenir des fonctions anormales. Toutes nos facultés normales ne sont-elles pas des aptitudes, naturelles sans doute, mais modifiées, complétées par des habitudes acquises, beaucoup plus instables que les aptitudes naturelles? On s'accoutume à prêter attention à certaines qualités des choses, à négliger certaines autres, à percevoir, imaginer, se souvenir, raisonner, sentir, désirer, agir d'une certaine

_____

(1) Cas signalé par le docteur Brissaud. *Revue neurologique*, décembre 1894.

façon, irrégulière, désordonnée ou négligée : on acquiert
ainsi une nature pathologique. Le point de départ peut
paraître sans conséquence : c'est cependant au premier
acte que commence l'habitude ; et on a vite transformé,
lorsque l'inhibition normale fait défaut, un accident psychologique en une manière d'être constante. Mais comme une
habitude vicieuse est en désaccord avec les autres habitudes
restées plus proches du caractère normal, il faut ou bien
modifier complètement le système de la personnalité entière,
ou bien se résigner à un désordre croissant, à une succession d'états hétérogènes, relevant les uns de la manière d'être
que l'on tend à abandonner, les autres de la manière d'être
que l'on tend à acquérir. Ce n'est donc pas une fonction
seulement, c'est tout le système qui devient pathologique.

Car toutes les habitudes d'un organisme sont solidaires
les unes des autres ; aucune fonction ne peut être troublée,
sans que la personnalité entière ne le soit par ce fait même.
C'est déjà par un abus de langage que le médecin déclare
malade telle partie du corps seulement. Cet abus est moins
encore permis au psychologue qu'au médecin, car la synergie du système mental est beaucoup plus stricte que celle
d'un organisme biologique. Quand une fonction mentale
est abolie ou pervertie, toute l'activité psychique devient
presque immédiatement morbide. C'est pourquoi il ne faut
pas prendre à la lettre les expressions : « maladies de la
mémoire, maladies de la volonté ». En réalité il n'y a que
des maladies de la personnalité. Car c'est toujours l'énergie
mentale qui fait défaut, que son insuffisance apparaisse par
des troubles de la motricité ou des troubles de l'intelligence. Ce n'est pas, comme semble le croire M. Paulhan,
l'incoordination logique qui fait la personnalité instable, car,
s'il en était ainsi, les idées, les représentations, qui sont
vraiment des actes de la personnalité, devraient être considérés comme ses facteurs, capables par leur attraction ou

leur répulsion de constituer un moi systématique ou asystématique. Nos états de conscience ne sont pas logiquement antérieurs à notre caractère ; comme nous croyons
l'avoir déjà montré, la formule vivante de notre personnalité est le principe qui détermine la nature de nos états
de conscience : c'est la faiblesse du caractère qui fait aussi
bien l'intelligence instable que la sensibilité, la volonté,
l'attention instables ; c'est le plus ou moins d'énergie psychique qui fait la santé ou la maladie. Sans doute, si nous
voulions savoir ce qu'est en général l'énergie psychique, il
nous faudrait d'abord synthétiser sous une forme encore ignorée les concepts adéquats (que nous ne possédons pas d'ailleurs) des diverses fonctions mentales : nous connaîtrions
peut-être alors cette force naturelle que les métaphysiciens
ont appelée « nature pensante » et dont ils ont fait à tort une
essence mystérieuse. Mais, quoique sur ce point nous en
soyons réduits à avouer notre ignorance, nous pouvons
parler de la force mentale comme on parle des forces physiques qu'on ne connaît également que par leurs effets.

Or, les effets de la débilité mentale apparaissent dans
toutes les fonctions psychologiques simultanément et leur
caractère commun est l'instabilité pathologique. Mais de
même que dans un corps c'est plutôt en telle fonction déterminée que se manifeste la maladie, de même c'est dans tel
ordre de faits psychiques plutôt que dans tel autre qu'éclate
la manière d'être pathologique de la personnalité entière.
En outre, on ne peut songer à étudier de prime abord un
caractère morbide dans toute sa complexité. Il faut procéder
par abstraction pour mieux analyser les phénomènes concrets. Nous étudierons donc successivement l'instabilité
pathologique dans les fonctions intellectuelles, dans les
émotions et les tendances, dans l'action à ses différents
degrés, afin de mieux pouvoir comprendre la personnalité
morbide.

CHAPITRE PREMIER

PATHOLOGIE DES FONCTIONS MENTALES

A. *L'instabilité intellectuelle.* — I. La distraction. La confusion intellectuelle dans la démence. Le délire et le rêve. Les hallucinations et les illusions. — II. Les anesthésies, les alexies, la cécité verbale, les agraphies. — III. L'amnésie. Impuissance synthétique et incapacité d'apercevoir les liaisons perceptives. — IV. Troubles du jugement et du raisonnement. La formation des concepts et des croyances.

B. *L'instabilité dans les tendances.* — I. Les maniaques, les dégénérés, les enfants. Impulsions, perversions, inversions. — II. Répulsions. L'absence d'inclinations supérieures.

C. *L'instabilité émotionnelle.* — Plaisirs et douleurs pathologiques. La surprise et la peur, le misonéisme des dégénérés. L'égalité d'humeur. La colère. Les sentiments esthétiques et sociaux. Anhédonies et analgésies.

D. *L'instabilité dans les actions.* — I. L'agitation et l'incohérence motrice ; les convulsions et la chorée. Les tics. Les troubles de la marche. Les paralysies psychiques. — II. Les troubles de l'écriture et du langage. Les « atechnies ».

A. — L'INSTABILITÉ PATHOLOGIQUE
DANS LES FAITS D'INTELLIGENCE

I

Lorsque nous lisons un ouvrage peu intéressant, ou que, malgré notre lassitude, nous nous obstinons à poursuivre une étude peu attrayante, il n'est pas rare que nous arrivions au bas d'une page, parcourue tout entière des yeux ou lue du bout des lèvres, sans savoir quelles sont les idées exprimées dans cette page. De-ci de-là nous avons cepen-

dant prêté attention à quelques phrases ; mais entre ces
lambeaux d'une pensée objective nous avons intercalé des
pensées plus subjectives, des produits de notre imagination,
des vestiges ou des rudiments de méditations étrangères à
notre lecture.

Le tout est chaotique ; aucune notion précise ne s'en
dégage. Dans de telles circonstances on dit avoir été distrait
ou rêveur. C'est que des représentations hétérogènes se
sont glissées presque à chaque instant parmi celles qui,
seules, eussent dû occuper le champ de l'aperception. Si
le fait se reproduisait fréquemment, à tout propos, il serait
inquiétant : mais chez un être normal l'état de distraction
est accidentel ; il n'est pas l'indice d'un caractère pathologique bien qu'il soit pathologique en lui-même.

La distraction est l'indice d'une tendance naturelle de
l'esprit à une sorte de vagabondage mental, que connaissent bien ceux qui, sans être atteints d'aucune maladie bien
caractérisée, se sentent enclins à la rêverie et trouvent
agréable de s'abandonner aux impressions variées, sans
lien apparent entre elles. Ils savent quel effort est nécessaire
pour se ressaisir ensuite, pour coordonner ces idées qui
flottent comme éparses et indéterminées parce qu'elles ont
été à peine entrevues : alors, on sort vraiment d'un rêve,
car on n'a guère pu distinguer le réel de l'imaginaire ; des
fantômes ont parfois pris la place des réalités et les réalités
ont eu l'apparence de fantômes.

Tantôt on aperçoit un tout donné, « à moitié », c'est-à-
dire peu distinctement ; tantôt on effectue à moitié les synthèses que l'on entreprend ; et c'est pourquoi il y a dans les
états de distraction des perceptions incomplètes, des processus inachevés, des fantômes au lieu de représentations
claires, sans qu'il soit nécessaire, pour comprendre ces faits,
de recourir à l'hypothèse des subconsciences. La difficulté
apparente de l'explication vient peut-être de ce que trop

souvent on a vu dans l'intelligence une sorte de passivité, alors qu'elle est, dans la perception comme dans la conception, comme dans la spéculation, une faculté constructive. Pourquoi ne pas faire de la perception des objets extérieurs une construction mentale au même titre que l'image et le concept, en remarquant toutefois que les images sont construites par nous spontanément, sans aucun fondement objectif, tandis que les perceptions sont construites dans des conditions déterminées (proximité des objets, exercice des organes des sens) en correspondance avec des réalités dont la présence est indispensable et dont la constance permet une perfection de plus en plus grande de la représentation? Nous avons montré ailleurs [1] comment les perceptions complexes se réalisent progressivement dans notre esprit, par une fusion de données successivement acquises, par une série de retours à l'examen des objets. En outre, percevoir, c'est interpréter des données sensorielles actuelles, grâce à l'expérience acquise de leur liaison à peu près constante avec certaines qualités, certains groupes de qualités ou d'objets. Mais dans la plupart des cas, ce n'est pas faire un raisonnement, tout au plus y a-t-il inférence rapide du signe à la chose signifiée (comme le montre M. Binet dans sa *Psychologie du raisonnement*) ; ce n'est pas formuler ou porter inconsciemment un jugement sur la ressemblance de la chose présente et d'une chose passée : ces opérations mentales impliqueraient des souvenirs plus ou moins précis, une pensée plus ou moins nette du passé expressément conçu comme tel. Or, on ne se souvient généralement pas, lorsqu'on perçoit un objet, d'avoir perçu ailleurs les mêmes formes, les mêmes qualités ; non seulement on n'a pas conscience de la disproportion entre l'impression produite réellement sur les sens et la représentation qui surgit

---

(1) Revue philosophique, juin 1896. *La perception des objets colorés.*

dans l'esprit, mais encore on a le sentiment d'un *acte* nouveau, original, et l'idée du passé n'entre pas nécessairement dans la conscience à ce moment. C'est que l'on ajoute aux données sensorielles beaucoup plutôt par l'imagination que par la mémoire. En toute perception nous imaginons donc plus que nous ne constatons, et imaginer c'est indubitablement *construire*.

Enfin constater, c'est encore construire : dans la sensation, comme l'avait bien vu Aristote, des virtualités sensorielles passent à l'acte sous l'influence des sensibles. La perception des objets est donc une construction qui s'ajoute à une autre construction; nous en verrons plus loin la conséquence en traitant des illusions et des hallucinations, des « erreurs des sens » en général.

Ainsi, toute opération intellectuelle est une synthèse progressive, qui exige une certaine puissance d'attention pour se constituer normalement. De nombreuses synthèses très complexes (perceptions, inférences) s'effectuent, il est vrai, sans effort apparent ; aussi, quoiqu'elles soient aperçues dans leur ensemble, leurs différents moments ne sont-ils pas aperceptifs ; et c'est pourquoi la plupart des philosophes ont dit avec raison que la connaissance sensible est une connaissance confuse. Mais les opérations scientifiques et logiques, qui tendent à rendre aperceptives les données primitives, synthétiques et obscures, avec l'aide du langage (admirable instrument d'analyse, indispensable aussi pour effectuer de claires synthèses, dont les propositions, soit analytiques, soit synthétiques, ne peuvent être établies sans le secours de la réflexion), quand du moins la parole n'est pas du pur psittacisme, montrent toute l'importance de la fonction d'attention pour l'activité intellectuelle en général. On comprend alors pourquoi le langage des gens distraits et des névropathes, à qui la puissance d'attention fait défaut, est si souvent composé de phrases sans liaison entre elles ou dans lesquelles sont intercalés des mots qui créent des solutions de continuité. Le développement régulier du discours reflète le devenir régulier de la pensée; son incohérence est pour la plupart des gens le principal indice de la folie. « Ne pas savoir ce que l'on dit » est devenu synonyme d'être fou dans la langue vulgaire.

Le langage des déments révèle l'étonnante « confusion mentale[1] » dans laquelle ils sont tombés au dernier terme de l'aliénation mentale[2]. B...[3] se livre à un babil incessant dont voici un exemple: « Passement de lune... s'ouvre... s'adapte... gorge... ballon tient l'édifice... tour raisonné... le commandant visible avec la bonne... mouvement monté... » Un autre dément, Lac.., écrit la lettre suivante : « Morte Guilban Grâce Dieu 1er 111. Servir. Prochain voyage Quilmouc trente huit passagers Passiphic Salut Dulmuc Regence du 801e Prince impérial Appelle Dieux Cours Moïse Bordeaux Suye le 209 Préside an Santo Martinez Killy Flores... Ci çait juger surchargers à Banco... avenir Providence à Souverains Médecins, Ytt grâce Dieu Juges, Paris, Bordeaux, Jourde Sevignée....» L'écriture est soignée, la lettre est faite avec application, mais dès qu'elle a été écrite, Lac... n'y a plus songé et c'est dans sa poche que nous la trouvons. Les paroles de ce dément présentent la même incoordination que ses écrits.

(1) Le Dr Ph. Chaslin a fait de la confusion mentale une entité morbide type, à laquelle il a rattaché la plupart des vésanies (qui correspondent dès lors aux différents degrés de la confusion mentale).

(2) La démence incurable ne survient parfois qu'après de longues années de délire ; mais elle est parfois aussi rendue précoce par l'hérédité. L'attention, la comparaison, le jugement font défaut ; la mémoire des événements récents n'existe pas ; au dire de Dagonet, celle des événements anciens est intacte, et c'est là un signe caractéristique de la démence. Dans « l'amentia » de Meynert, il y a suppression totale ou partielle de l'activité mentale de synthèse.

Voir Dagonet, *Traité des maladies mentales*, p. 356 ; — Kéraval, (*Archives de Neurologie*, 1895, t. I, p. 91); — Meynert; Popoff (*Archiv. psych.* 1894, t. XXIV, n° 2); — Vigoureux (*Annales médico-psychologiques*, 1894).

(3) Asile de Cadillac-sur-Garonne.

On trouve chez les délirants [1] plus de puissance intellectuelle. Nous ne parlons pas ici des délires systématiques,
mais du délire de la paralysie générale formé d'éléments
fugaces ; du délire du collapsus qui présente une profusion
de conceptions changeantes, « de rêvasseries » ; du délire
de la fièvre typhoïde où mille idées sont confusément agitées,
où les prières succèdent aux chansons, les hallucinations aux
hallucinations [2]. Cependant dans tous ces cas, comme dans le
délire aigu, le correctif de l'instabilité pathologique est tout
à fait insuffisant : c'est souvent simplement la tendance à
associer les mots en vertu de leurs consonances [3] ; on ne
saurait guère trouver de principe de coordination plus infé-

(1) Il faut distinguer les « délires sympathiques » (qui naissent à la
suite de lésions organiques, d'intoxications, de maladies infectieuses) des
« délires essentiels » aigus ou chroniques. Dans le délire aigu la fièvre
est très légère, les hallucinations nombreuses, la parole incohérente, les
mots souvent associés simplement par consonance, l'agitation motrice
extrême. Le pouvoir délirant semble croître (d'après le Dr Giroudon,
Thèse de médecine, Lyon, 1895) avec la puissance intellectuelle ; il est
très restreint chez les esprits faibles dont la débilité est congénitale, qui
unissent étroitement l'idée et l'acte.
Voir sur les délires sympathiques : Piqué et Febvre (*Annales méd.
psych.* 1893) ; — Roubinowitch, *Alcoolisme et délire de la persécution*
(*Archives de Neurol.* 1894, t. II) ; Dagonet (*Annales méd. psych.*, janvier
1895) ; — Aschaffenburg (*Allg. Zeitsch. psych.*, t. II, fasc. I, p. 75-133).
Pagliano, *Troubles de l'intelligence dans la fièvre typhoïde* (*Rev. de méd.*,
1894, t. II).
Sur les délires en général : Giroudon (*Thèse*, Lyon, 1895) ; — Moreau de
Tours, *Du délire au point de vue pathologique et anatomo-pathologique*
(Acad. de méd., 8 mai 1855) ; — Dagonet, *Observations sur les délires asso-
ciés et les transformations du délire* (Annales méd. psychol., janvier 1895) ;
— Séglas, *Délire des négations*, Masson, 1894.

(2) Dagonet, Pagliano et Aschaffenburg (*Allg. Zeitsch. f. Psych.*, t. LII,
fasc. I, p. 75-133) distinguent dans les délires de la fièvre typhoïde deux
formes : d'abord ce sont des idées de nature dépressive, de persécution et
d'auto-accusation, amenées par les hallucinations ; ensuite viennent des
symptômes d'excitation maniaque, de la confusion délirante avec hallucinations, une agitation incessante rendant l'attention impossible et l'intelligence obtuse. C'est surtout de la seconde forme qu'il est question ici.

(3) Tur... répète les noms de ses meilleurs camarades en les associant
à des mots qui commencent par la même syllabe que ces noms. — J... avait
la manie du calembour. « J'en faisais jour et nuit, disait-il, je ne pouvais
m'en empêcher. » Cette manie est très fréquente chez les dégénérés ; la
recherche du calembour est la principale, sinon l'unique occupation de
certains d'entre eux.

cond. Jamais la systématisation n'est donc que passagère ou très faible.

Justin X.., alcoolique délirant, vient vers nous un soir. Il prétend d'abord nous faire part d'une grande découverte ; mais il n'en parlera plus. Puis il se prend à pleurer sur la mort de Socrate, et aussitôt après il discourt sur les turbines atmosphériques ; à peine a-t-il entrepris de les décrire qu'il commence à divaguer sur la condition du sage, l'immortalité de l'âme et le soin du corps, mais il ne tarde pas à raconter ses voyages, passant entre temps aux questions de chimie pour revenir aux beautés de Paris et de l'Amérique. Comment énumérer tous les sujets de discours qu'en quelques instants il effleure ? On tenterait vainement de fixer son esprit sur une idée ; aussitôt qu'elle lui est proposée il l'abandonne, parfois même il n'y prête aucune attention. Le cours de ses pensées cependant, quoique très discontinu, est dirigé par une idée très vague : celle du savoir, de la vie libre et heureuse qu'il donne. C'est à ce thème, maintenant à peine conscient, que depuis dix ans se rattachent ses discours, de plus en plus incohérents. L'instabilité intellectuelle est d'ailleurs la seule marque sensible de la folie de cet homme qui ne manque pas de sens pratique et ne semble avoir aucune tendance perverse.

Chez les délirants qui raisonnent quelque temps avec une apparence de rigueur, l'instabilité intellectuelle se trahit par le passage brusque d'un genre de pensée à un autre. Parfois le malade parle successivement au nom de différentes personnes, ou bien il s'adresse à différentes catégories d'auditeurs et cesse brusquement de haranguer les uns pour passer aux autres. Quelquefois il s'engage dans un dialogue fictif où il joue tour à tour les rôles des deux interlocuteurs. On a cru voir dans cette forme de délire un dédoublement de la personnalité ; il n'y a en réalité qu'incapacité à rester longtemps dans la même attitude mentale. Généralement, en effet, les délirants n'ont point l'illusion d'être deux personnes, mais ils se sentent vaguement incapables de résister à leur manie d'interroger et de répondre. Dar..., une jeune domestique, ne peut s'empêcher, dans son délire à demi conscient, d'injurier sa maîtresse et de se faire à elle-même, à la place de celle-ci, des réponses injurieuses. Elle reconnaît son erreur devant nous, mais dès qu'elle est seule, elle se sent contrainte de reprendre son dialogue.

En général, le délire ne semble que l'exagération du rêve. Dans le rêve, le lien entre les idées est très relâché [1] ; l'incoordination y est si fréquente qu'on ose à peine dire que c'est chose anormale ; il est impossible cependant de méconnaître la nature pathologique de la plupart de nos rêves : ils nous débilitent fréquemment, et, quand ils ne nous affaiblissent pas sensiblement, il suffit qu'ils jettent le désordre dans notre esprit engourdi pour que nous n'hésitions pas plus longtemps à voir en eux des faits morbides. « La qualité dominante de tous [2] nos rêves, dit M. Jacques Le Lorrain [3], est l'excessivité, l'énormité des images... La désagrégation psychique est manifeste ; mais elle s'arrête assez curieusement à mi-chemin... Les impressions sont reçues en bloc, sans examen. Telles sont les impressions du sauvage et de l'enfant ; et voilà pourquoi j'ajouterai que le rêve marque et réalise un phénomène de régression, de dégénérescence. » Le Dr Laupts raconte ainsi un de ses rêves : « Je prends le train, puis me voilà à Lyon ; je suis avec H..., tout à coup me voici dans un trou, j'ai mal aux yeux, puis je suis chez moi dans un fauteuil, j'entends les pas d'une foule de gens,

(1) Voir Moreau de Tours. *De l'identité de l'état de rêve et de la folie.* Annales méd.-psych., 1855, 3ᵉ série, p. 361.

(2) Nous faisons des réserves : il y a des rêves normaux, sans exagération du pouvoir imaginatif.

(3) *Rev. philos.*, 1895, t. II, p. 63,

je dis tout haut : « Que me veulent-ils ? » et je m'éveille [1].
Le sommeil de beaucoup de sujets normaux présente ainsi
de l'incohérence mentale, un état pathologique passager.
« Les périodes d'assoupissement, dit le même auteur, sont
parcourues par une foule de rêves d'une intensité considérable, à forme hallucinatoire et comprenant une série de raisonnements, d'actes intellectuels déjà très compliqués. » Enfin, un apparent « dédoublement de la personnalité » existe
dans le rêve ; on se parle à soi-même, comme le ferait une
personne étrangère ; on joue simultanément plusieurs rôles.
Il y a donc exacte correspondance entre le rêve et le délire.

L'incoordination des représentations dans ces deux états
n'a généralement pas reçu d'explication purement psychologique qui nous paraisse satisfaisante. Le polygone dont
parle M. Grasset serait-il par lui-même tellement alogique
que lorsqu'il n'est plus en communication avec le centre O,
toutes ses manifestations (les discours tenus par exemple),
soient désordonnées ? Mais on lui attribue au contraire des
actes bien coordonnés encore qu'automatiques. Serait-il
capable de troubler par des interventions trop fréquentes
le centre O au point que celui-ci en fût comme affolé ? Mais
dès que les centres inférieurs entrent en rapport avec le
centre supérieur, tout mal psychologique cesse, puisque la
psychopathie est, par définition, une dissociation du polygone et du centre O. — Qu'explique maintenant la théorie des
subconsciences ? Que des synthèses inférieures remplacent
la synthèse unique normale, il ne s'ensuit pas nécessairement que leurs produits doivent être incoordonnés. Si
plusieurs synthèses inférieures, indépendantes les unes
des autres, peuvent engendrer comme résultat commun

---

(1) Laupts. *Annales médico-psychologiques*, 1895, t. II. La contradiction
dans le rêve n'est généralement pas aperçue. M. Egger rapporte un rêve
de M. P. Tannery « qui assistait à un enterrement et en même temps se
souvenait que la mort du défunt lui avait été apprise et racontée avec
détails par tel ami ».

un désordre mental, encore faut-il que ce désordre se produise en un centre où les subconsciences auront toutes
leur retentissement. Il faut alors admettre un centre supérieur qui se laisse troubler successivement par différents
agents subordonnés. Mais pour se laisser troubler, il faut
que par lui-même il soit débile, impuissant à gouverner
normalement, instable en un mot. Il l'est indubitablement
dans la plupart des sommeils qui, nous venons de le constater, sont rarement des états complètement normaux ; il
l'est chez les débiles capables de délire. L'imagination non
réfrénée reçoit successivement, comme l'a indiqué Wundt[1],
diverses directions : alors naissent les illusions et les hallucinations qui par les émotions qu'elles suscitent, les erreurs
qu'elles entretiennent, augmentent encore le trouble représentatif au sein duquel elles sont nées.

Les illusions et les hallucinations[2] présentent autant de

(1) « Le cours des représentations, dit Wundt (*Psych. phys.*, t. I, p. 202,
traduction française) est continuellement interrompu et troublé par de
nouvelles excitations provenant de l'irritation automatique persistante :
de là cette incohérence des représentations ou idées du rêve. »

(2) Sergi, Wundt, W. James admettent que dans les hallucinations une
« onde centrifuge » va du cerveau aux organes sensoriels pour y produire
une « réexcitation » des processus par lesquels s'est effectué antérieurement la perception des objets correspondant aux visions actuelles. Car
l'halluciné a toujours le sentiment que la chose est extérieure et perçue
par les organes des sens ; les objets conçus sont d'ordinaire semblables
aux objets réels, sans difformité ; leur représentation, d'après Féré,
s'accompagne des mêmes phénomènes extérieurs que lorsqu'il s'est produit des excitations périphériques.

Sidwick n'admet pas la théorie de l'onde centrifuge ; Brewster prétend
que toutes les hallucinations impliquent une activité de l'organe périphérique ; Maury voyait surtout dans ces phénomènes morbides un jeu
automatique de l'esprit ; Tamburini et Joffroy en font la conséquence
d'une épilepsie ou d'une débilité physiologique des centres cérébraux :
mais Régis a constaté que chez les aliénés les hallucinations sont souvent liées à des lésions ou à une excitation anormale de l'organe périphérique. Les biologistes sont donc loin de s'entendre sur la nature
périphérique ou centrale des causes de l'hallucination.

Mais s'il est établi que l'hallucination psycho motrice se localise ordinairement dans l'appareil vocal périphérique, il est naturel que les autres
hallucinations se localisent de même dans l'organe sensoriel qui leur
correspond sans qu'aucun phénomène psychologique s'y produise, si ce
n'est en conséquence de la représentation vive qu'a le sujet de l'état supposé de cet organe.

variété que les représentations objectives. Les unes sont
constituées par des synthèses d'images visuelles, d'autres
par des synthèses d'images auditives ou kinesthésiques;
d'autres enfin par des combinaisons bizarres d'images se
rattachant à des fonctions sensorielles différentes[1].

On distingue les illusions des hallucinations parce qu'elles
paraissent être les unes d'origine périphérique, les autres
d'origine centrale[2], ou encore parce que dans les illusions
certaines données sensorielles sont mal interprétées, tandis
que dans les hallucinations les représentations semblent
construites de toutes pièces, sans le concours d'excitations
externes. Les illusions trouveraient leur raison d'être au
dedans et au dehors à la fois; les hallucinations dans l'état
du sujet seulement[3], état mental et biologique à la fois.
A vrai dire, la distinction n'est pas de grande importance
et n'est pas généralement admise. « Il est surtout très dif-

---

(1) Les hallucinations éprouvées par un même sujet relèvent parfois de
plusieurs sens, telles les « hallucinations oniriques » (Régis) des dégénérés mystiques; ce sont des conceptions vives et persistantes non seulement d'impressions sensorielles, mais encore d'actes, de mouvements
complexes (comme dans les hallucinations psycho-motrices, qui com-
prennent des phénomènes d'audition et d'articulation). Il semble que la
nature de l'hallucination dépend du type sensoriel. Galton a remarqué
que les femmes sont plus prédisposées que les hommes aux hallucinations de la vue à cause de leur plus grand pouvoir de visualisation. Mais
les conceptions hallucinatoires changent de nature avec les transformations du caractère des aliénés, et ainsi elles jouent le plus grand rôle
dans l'évolution des délires, notamment du délire de la persécution.
Sur les hallucinations, voir : Angiolella. *Sulla localizaz. delle all. verb.
psyco-motr.* — Baillarger. *Des hall., des causes qui les produisent et des
maladies qu'elles caractérisent* (Mém. Acad. de méd., tome XII, Paris,
1846. — Brierre de Boismont. *Des hallucinations* (Germer-Baillière, 1862).
— Baillarger. *Hallucinations dans un état intermédiaire entre le sommeil
et la veille* (Ann. méd. psych., 1845). — Despine. *Théorie physiologique de
l'hallucination* (Ann. méd. psych. 1881). — Ernst Beyer (*Arch. f. psych.*,
t. XXVII, I). — G. Ballet (*Arch. Neur.*, 1896, p. 214). — Féré. *Pathologie
des émotions*, p. 380. — W. James. *Principles of Psych.*, t. II, ch. xix,
p. 114. — Illgier (Cf. *Rev. phil.*, 1893, II, p. 221). — Joffroy (*Arch. de
Neurol.* (1896, I, 99). — Lamy (*Rev. Neurol.*, 15 mars 1895). — Newbold
(*Psychol. Review*, II, july 95). — Pieraccini (*Il manicomio*, fasc. I, 2,
1893). — Séglas. *Les hallucinations et les dédoublements de la personnalité*
(Ann. méd. psyc., août 74). — Sérieux (*Arch. de Neurol.*, mai 1894).

(2) Cf. Joffroy. *Arch. neurol.*, 1896, t. I, p. 99.

(3) Cf. W. James. *Pr. of psychol.*, t. II, ch. xix, p. 114.

ficile, dit Wundt[1], de distinguer l'hallucination de l'illusion ; car la disposition qui fait naître l'illusion réside dans cette augmentation de l'irritabilité des parties centrales qui motive l'hallucination... Elles se distinguent tout au plus en ce que, avec le mouvement, des hallucinations énergiques changent de place et n'adhèrent pas fixement à certaines impressions sensorielles extérieures. » En outre, il n'est pas sans doute d'hallucination qui ne soit provoquée par une faible excitation sensorielle, interne ou externe, bien qu'il y ait toujours une disproportion, beaucoup plus marquée dans l'hallucination que dans l'illusion, entre le stimulus et la réponse.

Les plus curieuses des hallucinations sont peut-être celles que depuis Baillarger on a appelées « psycho-motrices » : le malade parle involontairement et entend sa parole en l'attribuant à des agents qu'il suppose extérieurs à lui ou qu'il localise en lui-même. Dans certains cas, les voix se produisent, par exemple (au dire du malade), dans la rate, l'hypochondre gauche, l'estomac ; sans doute parce que ces parties sont douloureuses ou que leur état est l'objet d'une préoccupation constante. « L'hallucination, dit le Dr Angiolella[2], se localise en tel point du corps où se produit au même moment une sensation anormale » (réelle ou illusoire). Quand un motif de localisation à l'intérieur du corps fait défaut, le son est rapporté, comme le veut la loi établie par Séglas, en un point de l'appareil vocal périphérique ; mais « les voix » sont toujours considérées comme étrangères ou comme produites dans le sujet par la volonté d'une personne étrangère.

On pourrait voir, dans les cas d'hallucinations psycho-motrices un dédoublement de la personnalité, puisque le sujet aliène une partie de sa propre activité, celle qui prononce les paroles terrifiantes, les accusations mensongères,

(1) *Psych. phys.*, trad. Rouvier, II, 405.
(2) *Sulla localizazione delle allucinazioni verbali psico-motrici*

les mots orduriers, etc. Mais quelle différence foncière trouvera-t-on entre ces hallucinations et le délire que nous avons relaté plus haut, dans lequel une malade parle alternativement pour sa maîtresse et pour elle et s'injurie elle-même sans pouvoir s'en empêcher? Dans certains cas l'halluciné n'a pas conscience de prononcer les paroles qu'il entend; mais cela tient à une sorte d'anesthésie psychique qui se surajoute au processus hallucinatoire; celui-ci est dû essentiellement à des impulsions motrices, qu'une imagination prompte attribue naturellement à l'influence d'agents extérieurs, et à des illusions auditives qui font paraître les sons plus forts ou plus faibles, d'un timbre inusité, d'une nature exceptionnelle. Ce sont autant de fantaisies de l'imagination, conséquences d'une inférence rapide par laquelle on rapporte à autrui une partie de ses pensées et de ses actes, quand on a entrepris inconsciemment de jouer un double rôle. Le malade est pris à son propre jeu, si l'on peut s'exprimer ainsi quand le jeu est si peu conscient en tant que tel. Pourquoi donc avoir recours à des hypothèses hasardeuses toutes les fois qu'un délirant, un imaginatif cède à la tendance si humaine d'objectiver ce qui est subjectif, d'attribuer à autrui la responsabilité de ce que l'on dit, de ce que l'on « fait de travers »? Il n'y a pas bien loin de cette affirmation qu'autrui est responsable, à cette autre qu'autrui est agent. Le délirant a vite fait de franchir l'intervalle qui sépare le vulgaire « bon sens » de l'absurdité : autrui prend un corps, une forme ; il devient une personne déterminée. Quelques impressions subjectives se transforment ainsi au point de faire croire à un dédoublement de la personnalité; transformation qui serait impossible si la liaison des représentations était rigoureuse, car les produits de l'imagination seraient bien vite reconnus.

Si l'on peut considérer notre esprit comme une source de représentations variées, prêtes à s'objectiver quand elles ne rencontrent pas d'obstacle, la théorie de Taine n'est pas sans fondement ; elle n'est qu'excessive, lorsqu'elle fait de la perception une hallucination vraie. Renversons les termes pour dire que l'hallucination est une représentation à forme perceptive, mais sans valeur objective, et nous serons conduits à nous demander simplement comment une représentation acquiert légitimement cette valeur. Ainsi que nous l'avons vu [1], c'est sa liaison logique avec celles qui la précèdent, la suivent et l'environnent qui lui confère l'objectivité aux yeux de l'homme qui réfléchit. Au contraire, la caractéristique de toutes les illusions est l'attribution spontanée d'une valeur objective aux créations de l'imagination, parce que la liaison normale des représentations fait radicalement défaut. L'état de distraction, entraîné par la fatigue ou le manque de durée, se retrouve en effet dans tous les cas d'illusions sensorielles [2].

Nous avons fait des expériences pour vérifier l'importance de la liaison et de la durée des processus psychiques, en ce qui concerne particulièrement la perception. A mesure que nous avons diminué le temps pendant lequel des objets de plus en plus différents, successivement présentés, pouvaient être aperçus, nous avons constaté un accroissement considérable du nombre des illusions chez les dix sujets soumis à nos expériences. Quant aux illusions elles-mêmes, elles devenaient de plus en plus grossières et de plus en plus caractéristiques de l'état d'esprit des personnes qui les éprouvaient. C'est ainsi que l'une d'elles, à qui une planche anatomique fut présentée pendant 1/5 de seconde, crut y voir une statue dans une niche. A la fin de l'expérience, la

---

(1) Cf. plus haut, page 89.

(2) Soit que la distraction se ramène à une absence complète d'attention, soit qu'elle ait pour cause une obsession exclusive. Dans le premier cas, la construction mentale se fait comme au hasard ; les données actuelles sont peu nombreuses, incomplètes ; l'interprétation est arbitraire. Dans le second cas, les données actuelles sont inconsciemment faussées afin de permettre une élaboration conforme à l'idée prédominante.

fatigue ajoutait ses effets à ceux du manque de durée : on sait qu'elle accroît les temps de réaction ; donc, plus elle est grande, plus les processus psychiques, ralentis, sont imparfaits pour le même temps.

La perception véritable, avons-nous dit, fait partie d'une expérience bien liée. Par conséquent toute perception fausse, hallucination ou illusion, manque de fondement en ce sens qu'elle se développe en contradiction avec tout mode de représentation normale. Cette contradiction est quelquefois aperçue, généralement elle ne l'est pas par le sujet, précisément à cause de l'instabilité de son esprit, et de là naît un plus grand mal encore. « Il n'est pas rare, dit M. Renouvier [1], de trouver des hommes qui jugent correctement leurs propres hallucinations. Mais le retour fréquent du phénomène, l'état morbide qui s'y joint, surtout les passions que l'hallucination met en œuvre ou provoque : la crainte, la haine, l'orgueil, enfin l'ignorance et le cortège des suppositions fausses, jettent le trouble dans la conscience. Au lieu de réduire à sa juste valeur la réalité des faits, on l'accepte pleinement sur l'apparence. » Un esprit qui n'observe pas une loi uniforme de développement est donc condamné à construire d'une façon de plus en plus anormale ses représentations les plus complexes, ses perceptions aperceptives. C'est ce qui, bien plus que les lésions anatomiques, explique la fréquence des hallucinations dans les maladies mentales. Tous les malades qui ont des lésions irritatives du cerveau (tumeurs, foyers cicatriciels, lésions des vaisseaux et des méninges) sont loin d'être en proie aux hallucinations [2]. Celles-ci « constituent, d'après M. Joffroy, un élément exceptionnel dans la symptomatologie si riche des maladies du cerveau ». — On abuse d'ailleurs des centres

(1) Renouvier. *Psych. rat.*, t. II, p. 9.

(2) L'intégrité du cerveau semble même la condition nécessaire de la production des hallucinations.

hypothétiques [1] sans rien expliquer : Tamburini dit que l'hallucination « est une sorte d'épilepsie du centre sensoriel ». Mais la paralysie générale, les tumeurs provoquent de l'épilepsie corticale sans hallucination, et, comme le fait remarquer M. Gilbert Ballet, l'hallucination est un phénomène beaucoup plus complexe que l'épilepsie corticale, « beaucoup plus intellectuel » qu'une violente réaction du système nerveux.

· « Une condition est nécessaire au développement de l'hallucination, dit M. Joffroy : c'est la prédisposition vésanique, acquise ou originelle ; c'est l'état d'infériorité fonctionnelle des centres cérébraux ». Les troubles particuliers des organes sensoriels [2] ou des centres nerveux contribuent à déterminer telle espèce d'hallucination plutôt que telle autre ; mais c'est « l'état hallucinogénique » du sujet qui permet l'hallucination. Cet état peut être la conséquence d'une intoxication, comme dans la fièvre typhoïde et l'alcoolisme ; on dira peut-être, au point de vue biologique, qu'il consiste en une « tension des centres idéationnels qui fait explosion quand cesse l'apport périphérique.[3] » ; mais au point de vue psychologique il est réductible à une tendance morbide à l'incoordination des représentations, en l'absence de tout contrôle volontaire. Cette tendance, nous l'avons montré plus haut, caractérise essentiellement la misère psychologique.

Les hallucinés sont toujours des instables, même, comme

(1) Ernst Beyer (*Arch. f. psych.*, t. XXVII, 1) distingue : un centre sous-cortical pour les sensations et leurs souvenirs ; un centre cortical sensoriel, siège des images et de la perception ; un centre cortical supérieur (lobe frontal) pour l'idéation et l'aperception, qui envoie des ordres à un quatrième centre moteur. Il est trop aisé d'expliquer, par l'association ou le défaut d'association de telles entités, la pathologie et la physiologie mentales.

(2) M. Régis pense que l'hallucination unilatérale dépend d'une lésion de l'organe sensoriel périphérique. Il a montré comment un simple nettoyage de l'oreille peut parfois supprimer des hallucinations de l'ouïe.

(3) W. James. *Loc. cit.*

nous le verrons plus loin, lorsque le délire systématique
est la cause de leurs visions. Réciproquement, tous les
instables sont susceptibles d'illusions ou d'hallucinations
provoquées, plus ou moins persistantes, et trompeuses. Il
suffit de leur faire considérer avec attention un petit miroir
qui réfléchit une surface blanche ou une boule de verre bien
éclairée [1] : au bout de cinq à dix secondes l'illusion commence ; une image se forme, les contours se précisent ; puis
la vision disparaît pour faire place à une autre qui le plus
souvent ne présente que des rapports fort éloignés avec la
première. La fatigue de l'attention, si prompte dans la débilité mentale, prédispose certains sujets, en apparence normaux, à de telles erreurs sensorielles [2]. Aussi Tomlinson,
considérant en outre que l'enfant est constamment prêt à
l'hallucination et à l'illusion, est-il allé jusqu'à prétendre
que les « hallucinations et les illusions ne sont pas [3] un
phénomène anormal en soi ». On doit se contenter de faire
remarquer avec quelle facilité elles naissent dans les esprits
encore mal organisés ou fatigués.

D'après Liepmann, on provoque aisément des hallucinations chez les alcooliques en exerçant sur les globes oculaires
une pression qui a pour premier résultat d'interrompre le
cours des représentations et de donner, par une excitation
inaccoutumée, accès dans la conscience à des images [4] dont
l'objectivité n'est pas mise en doute. Les intoxications,
l'épuisement, l'anxiété morale, causes de débilité intellectuelle, préparent comme l'alcoolisme, le vertige mental,
dont les manifestations, prêtes à se produire au premier
signal, sont tout d'abord les délires et les hallucinations.

(1) Newbold. *Psych. Rev.*, July 95.
(2) *Journal of nervous and mental diseases*, septembre 1894.
(3) *Arch. f. psych. und Nerv.*, t. XXVII, liv. I.
(4) Ces visions ne sont ni terrifiantes ni morbides comme le sont les
hallucinations spontanées des alcooliques.

II

On a souvent parlé d'hallucinations négatives, qui seraient exactement le contraire de la production spontanée de perceptions fausses, puisqu'elles seraient la suppression de perceptions bien fondées [1].

On dit à une hystérique qu'elle ne peut voir les objets rouges et aussitôt, parmi tous les rubans qu'on lui offre elle néglige inconsciemment les rubans rouges ; elle affirme ensuite ne les avoir point aperçus. Un homme, qui ne présente aucune faiblesse de l'ouïe, n'entend plus le bruit strident des grillons qui environnent sa maison. Certains malades n'aperçoivent pas les *n* dans les mots, d'autres ne voient pas les mots *que* ou *et*. De tels cas ont été rangés sous le terme général d' « anesthésie systématique », préféré à celui d' « hallucination négative ».

Mais toute anesthésie persistante pourrait être dite systématique. Elle consiste en effet dans l'exclusion constante, pour une durée variable, d'un ordre déterminé de données sensorielles : sensations de couleur ou d'odeur, images tactiles ou kinesthésiques, impressions auditives ou gustatives. Tantôt l'exclusion porte sur toutes les données d'un

(1) L'anesthésie en général peut être obtenue par des médicaments : Cl. Bernard a montré comment on peut rendre insensibles d'abord les organes des sens, puis les intestins et les glandes, puis les tissus musculaire et épithélial (Cf. Ribot. *Psychol. des sentiments*, p. 4). Elle peut être aussi obtenue par suggestion : MM. Sollier et Parmentier ont produit ainsi de l'anesthésie stomacale et il est vraisemblable que les effets anesthésiques obtenus par MM. Binet et Féré par l'application de plaques de métal sur la peau sont dus à la suggestion. Enfin l'anesthésie peut être spontanée, plus ou moins profonde ou diffuse, symptomatique et due à des lésions cérébrales, ou essentiellement psychique.

Sur l'anesthésie, voir : Charcot. *Maladies du système nerveux*, t. III, p. 13, 85 ; Binet (*Rev. philos.*, 1889) ; P. Janet (*Dictionnaire de physiologie*) ; Ramsay (*Proceed. of the soc. f. psych. Res.* IX, janvier 94, p. 236-244) ; Pitres. *Leçons cliniques sur l'hystérie* (14ᵉ leçon, p. 168) ; Sollier et Parmentier (*Arch. de phys.*, 1895, nº 2) ; Féré. *Pathologie des émotions* (p. 13, 90, 96), Paris, F. Alcan ; Gilles de la Tourette. *Traité clinique et thérapeutique de l'hystérie.*

sens, tantôt sur une partie seulement ou sur une seule espèce de données sensorielles.

Cette exclusion n'est pas une suppression radicale [1] : les représentations, éliminées du « champ de l'aperception » (dans lequel elles devraient normalement entrer), existent cependant, puisque dans des conditions particulières, on en retrouve le souvenir ; parfois, même, on peut en vérifier expérimentalement l'existence. Ainsi Jos... présente un rétrécissement hystérique du champ visuel ; elle prétend ne point apercevoir les objets situés en dehors d'une aire très restreinte. Cependant, si nous faisons pénétrer une souris dans la partie du champ visuel que la malade déclare ne pas apercevoir, aussitôt Jos... manifeste la plus vive terreur et entre en crise, sans qu'elle sache à quel sujet. Mais nous savons que la malade a une frayeur morbide des araignées et des rats ; si elle a éprouvé de la terreur, c'est donc qu'elle a vu la souris, mais sans l'apercevoir [2].

Les anesthésies psychiques ne sont donc pas des anesthésies réelles. En outre, on peut les faire disparaître tem-

(1) Comme dans l'anesthésie consécutive à la lésion des corpuscules du tact (lèpre, eczéma, psoriasis, anémie) ou à la lésion de la moelle épinière. Celle-ci n'est pas systématique ; quand elle est la conséquence par exemple d'un foyer de myélite partielle siégeant vers le milieu de la région dorsale, elle s'étend sur la région inférieure de l'abdomen et se délimite par une ligne perpendiculaire à l'axe du tronc, tandis que dans l'anesthésie psychique le mode de délimitation est beaucoup plus capricieux. (Charcot. *Système nerveux*, III, p. 447.)

(2) Expérience faite à l'hôpital Saint-André, Bordeaux, 1892. Cf. Binet et Courtier. *Troisième année psychologique*, p. 43. — Mosso constate qu'à chaque excitation supposée inconsciente, le pouls s'élève en dilatation sur le tracé. « Le témoignage de la conscience est moins sûr que celui du tracé, qui prouve que l'excitation est sentie. » — Les perceptions dites inconscientes peuvent, comme les perceptions conscientes, provoquer un afflux de sang au cerveau (Mosso). La piqûre non vue et non sentie provoque une vaso-constriction, et une parole qui ne paraît pas entendue provoque le même effet. — Autre vérification expérimentale : La main qui presse les doigts anesthésiques d'un malade est aperçu par lui dans une boule de verre qui sert à provoquer des hallucinations selon le procédé de Newbold. (Voir la conférence faite par M. Pierre Janet le 28 mars 1897 à Lyon et publiée dans le *Bulletin de l'Université de Lyon*, juillet 1897.)

porairement, y apporter des modifications, en opérer le transfert. Cette mobilité montre bien qu'il n'existe pas de lésions anatomiques. Aussi la théorie physiologique en est-elle réduite à admettre deux centres distincts : l'un perceptif, l'autre aperceptif; lorsque certaines impressions ne sont pas aperçues, c'est ou bien qu'elles ne provoquent pas une tension suffisante du centre perceptif pour que la décharge ait lieu sur le centre aperceptif[1], ou bien que la tension du centre aperceptif est trop grande pour lui permettre de recevoir de nouvelles impressions. Mais que signifient exactement ces termes de « décharge nerveuse », de « tension »? S'ils n'ont pas de signification précise, l'explication n'est-elle pas purement verbale ?...

Dans l'hypothèse des subconsciences, les perceptions non aperçues feraient partie d'une synthèse inférieure, d'une activité mentale dissidente par suite de la misère psychologique dont serait affectée la conscience supérieure. A cette question : Pourquoi des représentations ne sont-elles pas aperçues? on répond : Parce qu'elles ne peuvent pas entrer dans la conscience supérieure; comme si la conscience avait, autrement que par métaphore, une capacité, et comme s'il existait vraiment d'autres « choses », appelées subconsciences, ayant également une capacité représentative. Faire du défaut d'aperception une conséquence de « l'incapacité » de la conscience supérieure et de la désagrégation mentale, c'est donc en donner une explication purement verbale. Pourquoi, étant admis une activité ralentie du « moi », le nombre des éléments que l'esprit cherche à synthétiser d'une façon nettement consciente n'est-il pas diminué ? Car il y a naturellement disproportion entre les données du monde extérieur et les constructions de notre esprit ; nous n'apercevons qu'un très petit nombre d'objets,

---

[1] Voir plus haut, p. 109, la théorie de Beyer.

eu égard à la multitude des possibles, et plus ou moins selon notre aptitude variable. Rien ne nous oblige donc à recevoir plus d'impressions que notre débilité relative ne nous permet d'en synthétiser. Il ne faut pas oublier que toute perception est en un sens élimination[1] ; que ce qui détermine notre choix parmi les trop nombreux objets offerts à notre attention, c'est notre intérêt pratique ou spéculatif, et qu'en définitive toute aperception des qualités d'un objet est plus ou moins anesthésie à l'égard d'autres qualités du même objet. Ces dernières sont plus ou moins vaguement perçues, sans qu'il soit nécessaire que leur perception (sans aperception) aille siéger dans une subconscience ; il suffit que la synthèse aperceptive ne se poursuive pas plus longtemps que ne l'exigent nos intérêts divers.

D'où vient en effet que les sujets qui présentent de l'anesthésie ne sont généralement pas incommodés par cet état morbide, sinon de ce qu'ils n'éprouvent nullement le besoin de perceptions plus complètes. Leur vie est restreinte, leurs besoins sont en petit nombre, leur activité mentale tend à devenir unilinéaire ; leur idéal psychologique n'exige pas l'achèvement de toutes les synthèses aperceptives commencées.

Cependant pour certains malades l'anesthésie est un trouble très pénible ; tels, ceux qui sont atteints d'amblyopie ou de surdité psychique ; chez eux, le désir d'avoir des aperceptions plus complètes est manifeste, et l'incapacité ne l'est pas moins. Mais ce qu'entraîne chez les autres un manque d'intérêt ou un défaut de stabilité dans les tendances, une habitude morbide le produit en ceux-là.

Cette habitude peut naître accidentellement, insidieusement. Il suffit que l'on néglige une fois tel élément dont l'aperception exigerait un effort trop grand, d'une trop grande durée, pour que, dans un esprit instable, cette négligence devienne

---

(1) Comme l'ont montré à deux points de vue différents MM. W. James et Bergson.

bientôt comme une règle constante, sans que la volonté ait eu à intervenir pour permettre ou pour réprimer[1]. La tendance à exclure du champ de l'aperception des représentations qui devraient y entrer, existe par ce fait seul que l'attention fait défaut ; elle n'est rien de plus d'abord que la tendance à ne pas poursuivre en général les synthèses mentales commencées ; pressée de s'affirmer puisqu'elle ne rencontre pas d'antagoniste, elle saisit la première occasion, et, à notre insu, elle s'actualise.

La plupart des hystériques ont un champ visuel très rétréci et présentent de la cécité psychique pour certaines couleurs. C'est que, pour donner à notre champ visuel son étendue normale aussi bien que pour adapter notre vision aux différentes teintes des objets colorés, il faut passer par une série d'intermédiaires convenables, ce qui nous oblige à prolonger notre effort sensoriel, à maintenir notre attention fixée sur les objets ; les hystériques deviennent chaque jour plus incapables de cet effort. Leur paresse d'esprit est telle qu'ils prennent l'habitude de considérer seulement la partie du champ visuel la plus aisée à percevoir et les couleurs les moins fatigantes[2]. Ils se persuadent, par une de ces auto-suggestions si fréquentes chez eux, qu'ils ne peuvent pas voir davantage ou mieux qu'ils n'ont pris l'habitude de le faire. La possibilité de détruire cette auto-suggestion par une suggestion contraire, cette habitude paresseuse par un exercice antagoniste et un appel à l'effort volontaire, à l'attention, fournit une preuve indirecte de la valeur de notre explication.

---

(1) Cf. Maudsley. *Pathologie de l'esprit*, trad. française, p. 7. « On s'imagine difficilement combien certaines de ces impressions non perçues contiennent de possibilités de connaissances et quelles occasions de perceptions nous laissons passer. Nous ne vivons que dans des rapports très limités avec la nature extérieure et ces rapports sont limités *non seulement par la puissance mais par les habitudes de nos sens...* Nous ne percevons que les choses pour lesquelles nous avons, par une fréquente répétition, organisé l'adaptation de nos sens. »

(2) Kirschmann a observé un aveugle pour le vert, le jaune et le violet un autre pour le jaune et l'indigo, un autre pour le vert et le pourpre.

Une autre preuve nous est fournie par le caractère même de l'amblyopie hystérique. Il n'y a pas seulement rétrécissement du champ visuel, car s'il en était ainsi, les couleurs extrêmes ne seraient plus aperçues et les couleurs centrales seraient toujours conservées. Or, le rétrécissement progressif laisse subsister tantôt le bleu seulement, tantôt le rouge seulement. Il y a donc, comme le faisait remarquer le Dr Péchin [1], inversion des couleurs dans le champ visuel des hystériques. « Ce qui le caractérise, c'est le désordre; » mais c'est aussi l'admission seulement des couleurs les plus aisées à apercevoir pour un sujet donné.

La surdité psychique se réduit, elle aussi, à une paresse habituelle. Mme Lag... n'entend que certaines voix, des plus sourdes, des plus basses. Elle a pris l'habitude de ne prêter attention qu'à ce genre de phonation; elle est impuissante désormais à arrêter son esprit aussi longtemps qu'il le faudrait sur des impressions sonores auxquelles elle n'est point accoutumée. Si elle entend les paroles que lui adressent même à voix basse son mari, ses enfants, ses amies, c'est que leur ton lui est familier, ce qui diminue considérablement le temps nécessaire à l'aperception; une forte émotion, qui rend plus actives pour un certain temps ses fonctions sensorielles et plus promptes ses perceptions auditives, lui rend l'ouïe normale.

Si chaque malade a son genre particulier d'anesthésie, c'est qu'un genre de synthèse aisé pour un sujet est difficile pour un autre à cause de son caractère et des habitudes qu'il a contractées. En tenant compte pour chacun : 1° de la durée, variable, suivant leur complexité, des différentes opérations synthétiques par lesquelles se constituent les aperceptions; 2° de la durée qu'exige chacune de ces syn-

---

(1) *Revue neurol.*, novembre 1896,

thèses dans un sujet déterminé, à cause des aptitudes acquises ou congénitales qui lui sont propres ; 3° du degré d'instabilité de chacun et des habitudes contractées ; on pourrait expliquer pourquoi l'anesthésie porte plutôt sur les données de la vue ou de l'ouïe ou de l'odorat, ou sur quelques données seulement de chacun de ces sens. Il faudrait cependant toujours tenir compte de ce fait : que le caractère attribué à une représentation est aisément transféré à toute autre représentation analogue [1] ; et qu'en conséquence, lorsqu'un accident a rendu une représentation par hasard difficile ou pénible, toutes les représentations de la même espèce risquent d'être affectées d'un caractère identique. De la sorte, la perception qui ne rencontrerait pas de difficultés fonctionnelles chez un sujet donné pourrait cependant ne pas être aperceptive, par simple transfert de l'anesthésie accidentelle qui portait sur une perception analogue.

Ce transfert s'applique quelquefois à deux termes assez spécifiquement éloignés l'un de l'autre pour que l'anesthésie cesse de porter sur le premier quand elle a été transférée au second. Ainsi la disparition de l'anesthésie tactile à droite coïncide avec son apparition à gauche [2] ; il y a une sorte de compensation [3].

Les anesthésies psychiques sont si foncièrement mobiles qu'on peut ne voir en chaque espèce qu'une variation d'un thème fondamental : l'instabilité mentale ou la discontinuité de l'effort nécessaire à la synthèse aperceptive. Quand on provoque l'anesthésie sur soi-même, au moyen des agents ordinairement employés par la thérapeutique, on peut observer

(1) Cf. Ribot. *Psych. des sentiments*, p. 102.

(2) MM. Binet et Féré ont surtout étudié ce genre de transfert qui peut être expérimentalement provoqué.

(3) Les faits de sensibilité colorée (audition colorée, olfaction, gustation colorée) signalés par M. Féré (*Path. des émot.*, p. 30) et par M. Le Dantec (*Gaz. hebd. des sc. médic. de Bordeaux*, 1894) sont des compensations à la perte de la sensibilité cutanée ; le malade ne sent pas qu'on le pince, mais il voit vert.

en son esprit une succession rapide d'idées hétérogènes auxquelles on n'attribue pas d'existence objective [1]. Cette expérience montre non pas les conséquences de l'anesthésie
psychique, qui en dehors des phénomènes d'insensibilité
n'est rien, mais plutôt ses conditions. Pour qu'elle se produise il faut que l'esprit soit incapable d'objectiver, de réaliser pleinement une partie de ses synthèses, et cela à cause
de la discontinuité de ses efforts.

Le caractère morbide de l'anesthésie consiste dans l'absence
de certaines aperceptions que le système complet de la personnalité devrait cependant embrasser [2]. Aussi peut-on parler
d'anesthésies même pendant le sommeil. On en trouve un
exemple dans les conditions pathologiques de l'incontinence
d'urine chez certains névropathes. M. J.-L. Petit l'explique par
un rêve de miction ; M. le Dr Cullerre [3] l'attribue soit à des
« préoccupations urinaires subconscientes », soit à l' « inhibition du centre médullaire de la miction parce que les impressions qui lui viennent de la vessie ne sont pas assimilées » ;
mais dans tous les cas, la sensation qui précède l'envie
d'uriner n'est pas aperçue (alors que dans l'état normal du
sujet elle entraîne le réveil). La preuve, c'est qu'on guérit
cette incontinence par la suggestion « *de sentir le besoin* et
de s'éveiller aussitôt » ou de « penser en s'endormant qu'il
ne faut pas uriner au lit ». La suggestion crée alors une
préoccupation constante pendant le sommeil et prépare une
sorte d'aperception à la sensation de miction ; cette sensation est ainsi artificiellement mise au nombre de celles qui
ne doivent pas passer inaperçues.

Dans un système normal certaines représentations, même

(1) Expérience faite par W. Ramsay. Cf. *Proceed. Soc. psych.*, Res IX,
janvier 1894.
(2) Par exemple de la sensation de la faim. Nous avons déjà dit qu
MM. Sollier et Parmentier ont obtenu par suggestion l'anesthésie de l'estomac. (Voir *Archives de physiologie*, 1895, n° 2.)
(3) *Archives de neurologie*, 1896, t. Ier, p. 7.

quand on dort, doivent donc être plus vives que les autres.
Quoique la volonté soit abolie, il en subsiste comme un
écho : la personnalité poursuit sans cesse la réalisation de
ses fins, et une tendance, exclusive de certains actes, pro-
ductrice de certains autres, le prouve. Le sujet anormal
désobéit, même pendant le sommeil, à la règle de devenir
qu'il devrait observer, ou adopte un principe d'évolution
trop peu fécond pour que certaines impressions aient une
vivacité convenable. Le sujet normal endormi, au contraire,
quand, par exemple, l'amour paternel le domine, entend le
moindre cri de l'enfant ; quand c'est le désir de partir en chasse
à quatre heures du matin, il entend la pendule sonner l'heure
à laquelle il estimait devoir se réveiller. Anesthésique pour
toutes les autres impressions, il ne l'est pas pour celles qui à
cause de son caractère particulier sont susceptibles de l'intéresser. Parfois, si un malade ne les aperçoit pas, c'est qu'il
n'en saisit pas l'importance. Car une perception complète
implique ou bien la reconna' nce de son analogie avec
certaines autres, son classement dans une espèce, dans un
genre ; ou bien au moins, comme nous l'avons déjà dit, une
sorte de superstructure mentale, complétant les données présentes par l'expérience acquise. Lange admet que cette
opération est le second moment de la perception. Quand la
synthèse est inachevée, il peut donc faire défaut.

Nous pouvons considérer l'impression, réduite aux données
sensorielles présentes, comme un signe : certains sujets ne
sont anesthésiques que parce qu'ils ne conçoivent pas le rapport de ce signe à la chose signifiée. Ils sont incapables de
comprendre une page écrite ou imprimée, une phrase pro-
noncée, comme ils sont incapables soit de dire quel est
le nom ou l'emploi de la personne qu'ils voient, soit de
reconnaître la couleur ou l'odeur qu'ils perçoivent. Cependant souvent l'association entre le mot et sa signification,
la personne et l'emploi, la couleur ou l'odeur et son nom

s'effectue dans l'esprit; mais elle reste plus près de la puissance que de l'acte [1].

Les synthèses perceptives qui demandent moins de temps et d'effort que les synthèses aperceptives sont seules effectuées. M. de B..., qui était resté pendant toute la journée du 5 novembre 1895 incapable de lire et d'écrire, faute de pouvoir donner un sens aux signes qu'il apercevait, fut tout surpris, le lendemain, de se rappeler des passages d'une lettre décachetée la veille, et, en apparence, vainement consultée.

L'alexie, la cécité verbale, certaine surdité psychique [2] (celle qui permet d'entendre des mots sans les comprendre), comme les autres anesthésies, s'accompagnent d'un sentiment vague de l'incapacité du malade à apporter de la suite dans ses idées, de l'ordre dans ses impressions. « Tout vacillait autour de moi, disait M. de B..., rien ne pouvait se fixer dans mon esprit. » A mesure que la débilité mentale s'accroît, la difficulté de comprendre porte sur des formes de plus en plus simples. Certains malades commencent par ne plus comprendre les phrases surchargées d'incidentes : leur esprit s'y perd ; puis ils ne saisissent plus la signification des propositions inaccoutumées ; ils passent sans les comprendre les phrases obscures ; enfin ils deviennent incapables de saisir la signification des termes. D'autres sont d'abord fatigués par les longs calculs, les lettres d'affaires embrouillées, puis ils se sentent inaptes aux opérations arithmétiques courantes, à la correspondance la plus brève ; enfin, ils ne reconnaissent plus les saveurs ou les couleurs.

---

(1) Pour l'actualiser, il suffit parfois de prendre une voie détournée. Charcot a cité en 1874 le cas d'un malade devenu incapable de comprendre le sens des mots s'il ne faisait que les voir ; mais si « avec le bout de l'index de la main droite il retrace une à une les lettres qui constituent ces mêmes mots, il arrive après beaucoup d'efforts à les lire ». La signification est alors rendue aperceptive par un redoublement de l'attention.

(2) Il ne saurait être question ici de la surdité verbale liée à la lésion de la première circonvolution temporale gauche.

Le fondement de ces psychopathies, c'est encore la paresse d'esprit, le manque d'effort persistant pour amener les représentations au maximum de clarté consciente. Jos... prétend « ne pouvoir sentir les odeurs ». Nous lui bandons les yeux et lui présentons du chocolat. Au hasard elle dit qu'on lui offre du vinaigre. Nous insistons; elle prétend sentir de la menthe, puis de l'eau de fleurs d'oranger. D'un ton courroucé, nous faisons appel à toute son attention. De plus en plus docile, elle dit au bout d'un moment : « J'y suis... Ça se mange... c'est... c'est bon à manger... Mais voyons donc... c'est... du chocolat. » Cette expérience montre la nature de sa prétendue anesthésie. Comme Jos... aime beaucoup le chocolat, elle avait fait tout d'abord un mouvement pour le saisir ; l'association entre l'odeur et la saveur s'était donc faite dès le premier moment sans que la malade en ait eu clairement conscience.

La discontinuité de l'effort chez les anesthésiques apparaît bien dans cette observation du D' Zeinner[1] : dans 131, une malade reconnaît 13, « mais un 13 brouillé ». Elle ne peut aller plus loin, car son esprit passe à d'autres occupations. Plus d'énergie lui rendrait une sensibilité normale.

Bien que, d'ordinaire, les malades atteints d'anesthésies recouvrent brusquement, sans intermédiaires, leurs aptitudes sensorielles (grâce à des crises ou à des modifications subites apportées par la suggestion), on peut considérer la paresthésie comme le stade moyen entre l'anesthésie et la claire sensation. C'est un état de sensibilité obtuse qui donne naissance à de nombreuses illusions. Une malade éprouvait dans le dos non pas des picotements, mais des impressions « analogues à celles des pattes d'une grenouille », elle « sentait les grenouilles grimper le long de son dos ». — Souvent se produisent, dans un tel état, des erreurs de localisation

(1) *Archives de neurologie*, 1894, t. 1er, p. 100.

sensorielle ; les plus curieuses sont les « . allochiries[1] » ou
cas de confusion des deux côtés du corps. On peut répartir ces
cas en deux classes : dans l'une entrent ceux où le malade
localise au hasard à droite ou à gauche et se trompe généralement, ne localise bien que par accident ; dans l'autre,
ceux où le malade localise systématiquement à droite les
impressions de gauche et réciproquement. M. Pierre Janet
a essayé de compléter l'explication biologique de ces phénomènes en faisant appel à la théorie des signes locaux de
Lotze et de Wundt. Ce dernier prétend[2] « que les signes
locaux ont une certaine différence dans les parties symétriques et analogues », mais cette différence est peu considérable, et les malades « arrivent à la négliger, à l'ignorer ».
Quand ils ne l'ignorent pas, l'association des deux signes
symétriques se fait spontanément et l'esprit considère seulement le dernier venu au lieu de n'y voir qu'une évocation à
rejeter, comme étant sans valeur objective. L'allochirie est
donc, comme toutes les autres illusions des paresthésiques,
due au jeu d'une imagination s'exerçant librement, en
l'absence des réducteurs antagonistes qui n'ont pas le temps
d'apparaître chez un sujet distrait.

III

La reconnaissance implique la mémoire : la perception ou
conception actuelle doit être comparée à la représentation des
états passés, car la comparaison directe avec le passé est impossible. En effet, l'hypothèse des « représentations latentes
emmagasinées dans l'esprit » mène à supposer, « lorsqu'une
perception se produit, tout de suite, d'autres représentations cachées on ne sait où, et qui aperçoivent, s'assimilent,

---

(1) Obersteiner. *On allochiria*, Brain, 1881 ; Weiss. *Prager medicin.
Wochensch.*, 1891 ; Bosc. *De l'allochirie sensorielle* (Rev. de méd., 1892) ;
P. Janet. *Névroses et idées fixes*, 1ʳᵉ édit., 1898, p. 231 sq.
(2) *Loc. cit.*, t. II, p. 29..

repoussent la nouvelle arrivante. Or l'observation ne fait
constater rien de tout cela [1]. » On reviendrait à une sorte
d'atomisme psychologique en considérant le souvenir comme
une acquisition figée, indépendante de la conscience dans
laquelle elle séjournerait ignorée. Un souvenir latent est
une fiction ; il n'y a pas dans l'esprit comme un cliché pho-
tographique dont on tire de nouvelles épreuves en l'amenant
à la lumière, qui devienne plus net dans des circonstances
données. La mémoire est faite de virtualités que l'on peut
actualiser, de représentations en puissance.

Lorsqu'une représentation a été construite une première
fois, elle peut être reproduite plus aisément, avec plus de
sûreté dans la suite : c'est ce qu'on exprime en disant qu'une
aptitude à la renouveler intégralement [2] s'est établie. Se
souvenir, c'est donc avoir la représentation d'une représentation passée qui est devenue pour nous comme un fait
objectif. Notre moi passé tout entier est pour le moi présent
un objet comparable à l'arbre ou à la maison que nous

_____

(1) Bourdon. *Rev. philos.*, 1895, t. II, p. 164.

(2) Il peut se faire que cette aptitude ait pour base des modifications
biologiques, comparables à des vibrations moléculaires, déterminations
sans cesse renouvelées des cellules cérébrales en voie de devenir. De
sorte que dans notre cerveau, serait un nombre toujours croissant de
modifications simultanées, très réduites, mais susceptibles de grandir tour
à tour, d'actualiser pleinement les virtualités qu'elles enveloppent dès
que l'inhibition qui pèse sur elles est levée.

Que, comme le pensait Flourens, l'unité et l'indivisibilité de l'activité
cérébrale corresponde à l'unité synthétique des fonctions mentales, ou bien,
comme le croit Wundt (*Psych. physiol.*, trad. française, t. I⁽ʳ⁾, p. 233), qu'un
tissu élémentaire corresponde à chaque fonction psychique élémentaire,
il n'en est pas moins vraisemblable qu'à chaque nouveau moment de la
vie consciente il se produit dans le cerveau en même temps que dans la
pensée un grand nombre de modifications qui ne font que répéter en les
accentuant ou en les atténuant les modifications antérieures. Quand on
se souvient, on donne à certaines de ces modifications psychiques et cérébrales la prédominance à laquelle elles tendent toutes sans cesse et qu'elles
ne peuvent acquérir simultanément. Pour leur donner cette prédominance
il suffit de porter sur elles l'attention ou bien de diriger le cours des pensées de telle façon que les faits passés recherchés entrent nécessairement
dans la série des représentations claires que l'on inaugure. Il faut pour cela
connaître confusément ce qu'on cherche à rappeler, le posséder déjà : c'est
bien ce qui a lieu dans la remémoration volontaire ; mais on ne doit voir
dans le souvenir spontané que l'effet du devenir automatique de l'esprit.

voyons ; mais il y a cette différence entre le moi passé et tout autre objet perçu que lorsque nous voulons en apercevoir une partie, c'est-à-dire en construire en nous une représentation actuelle, ce moi participe à la fugacité de nos aperceptions, au lieu de persister devant nous dans son existence objective, comme le ferait un arbre ou une maison.

Plus nous sommes instables, moins les représentations que nous nous efforçons de construire s'actualisent, s'achèvent et moins nous sommes capables de souvenirs exacts [1].

D'abord il semble que des synthèses qui n'ont pas été aperceptives lorsqu'elles ont été pour la première fois construites, doivent rester inaperçues encore quand elles se renouvellent [2]. Mais dans certains cas, des perceptions auxquelles nous n'avions prêté aucune attention permettent cependant des souvenirs très nets ; alors on croit percevoir ou concevoir pour la première fois ; et cependant il y a un vague sentiment, une impression de « déjà vu » : comme le dit M. J. Lemaître [3], « on croit se souvenir, on veut poursuivre et préciser une réminiscence, et elle fuit et se dissout à mesure, et cela devient atroce ».

Quelquefois cette impression vient aussi de ce qu'on croit percevoir ou concevoir pour la seconde fois un fait présent ou une idée nouvelle. M. Arnaud a communiqué le 24 février 1896 à la Société médico-psychologique le cas d'un officier de trente-quatre ans qui présente une amnésie continue antérograde, de la faiblesse dans l'attention, et surtout l'illusion d'avoir déjà vu ce qu'il perçoit (la mort de Pasteur, la campagne de Madagascar). C'est toujours

---

(1) Cf. Ribot, *Maladies de la Mémoire*, p. 150-152 de la 5ᵉ éd., Paris, F. Alcan.

(2) A la suite de vives émotions certains malades deviennent incapables de fixer leur attention sur un objet quelconque et on les voit alors ne pas se souvenir des impressions les plus récentes, oublier les ordres qu'ils viennent de recevoir.

(3) *Contemporains*, t. IV p. 105, cité par M. Dugas, in Revue philos., 1894.

« il y a environ un an » que le fait présent a déjà été, à son dire, constaté par lui ; il est vrai que la localisation est très incertaine, et que l'expression : « il y a environ un an » cache une profonde indétermination. Ce vice de localisation est de la plus haute importance pour l'explication du cas présent ; car il porte à croire que la conviction du « déjà vu » est fondée sur une perception inaperçue, immédiatement antérieure à l'aperception nette [1]. Quand le malade aperçoit, il se souvient vraiment, puisqu'il reproduit ce qui existait déjà dans son esprit, quoique seulement depuis l'instant précédent. Mais parce que la première conception n'était pas clairement consciente, elle n'a pas de place fixe dans le passé ; le malade ne sait où la reporter ; son amnésie lui laissant le champ libre, un fait presque présent lui apparaît dans un temps déjà éloigné.

Plus commune toutefois est la simple réminiscence : la première impression a été trop faible pour qu'on sache où et dans quel temps on l'a éprouvée ; mais quand elle se reproduit on sait bien que la représentation n'est pas nouvelle. Parce que les contours de la donnée primitive sont indécis, l'imagination joue souvent avec cette matière, à laquelle elle se sent libre d'ajouter ou de retrancher à son gré. Ce n'est pas la réminiscence en elle-même qui est pathologique ; mais c'est la réminiscence érigée en système, c'est la ruine de la mémoire au profit de l'imagination, c'est le défaut constant de localisation. On dit que les hystériques mentent à tout propos ; et en effet un véritable souvenir n'est pas aussi fréquent chez eux qu'un mélange de mémoire et d'imagination : ils remédient à certaines de leurs amnésies [2] par des fictions faites en partie de réminiscences.

(1) Quand on croit avoir déjà entendu ou vu ce que l'on s'entend dire, ce que l'on se voit faire, on prend la conception antérieure à l'acte pour l'acte lui-même. On s'imagine avoir fait ce qu'on a eu le dessein de faire.

(2) Nous ne pouvons traiter ici de toutes les amnésies ; nous distinguons celles qui tiennent à l'instabilité dans la fonction représentative et imaginative, de celles qui tiennent à l'instabilité étendue à toutes les fonctions du moi. Celles-ci sont examinées plus loin p. 107.

Quand l'esprit devient incapable de construire les synthèses mentales, les plus complexes, les plus riches des perceptions ou conceptions passées ne peuvent plus être rappelées. Or cette impuissance à se souvenir peut tenir soit à l'impossibilité de mettre en jeu les appareils moteurs qui, comme l'a bien vu M. Bergson [1], sont indispensables pour actualiser un souvenir naissant, soit à l'impossibilité de persévérer dans une synthèse aperceptive commencée. On conçoit que, dans le premier cas, ce soit plutôt la mémoire tout entière qui soit affaiblie, « la faculté de rappel diminuée dans sa vitalité », tandis que dans le second cas, un ordre particulier de synthèses remémorées (les plus complexes, les plus longues, les plus difficiles à effectuer pour un individu donné) fasse défaut [2].

---

(1) *Matière et Mémoire*, notamment p. 285.

(2) M. Pierre Janet distingue : 1° les amnésies générales ou continues, celles des malades vivant au jour le jour, sans pouvoir fixer aucun souvenir dans leur esprit débile ; 2° les amnésies systématiques qui portent sur un groupe d'idées du même ordre ; 3° les amnésies localisées qui atteignent tous les souvenirs d'une même époque. Il distingue aussi des amnésies complètes, des amnésies brusques, des amnésies graduelles et d'autres progressives ou régressives ; M. Ribot (parle d'amnésies temporaires, périodiques, progressives, congénitales ; d'autres auteurs opposent les unes aux autres les amnésies antérogrades, rétrogrades et rétro-antéro grades.

L'amnésie peut avoir pour cause une lésion anatomique, un trouble physiologique, ou un trouble psychologique. Legrand du Saulle l'expliquait par des vices de structure ou des anomalies physiologiques ou une altération du sang, une sorte d'intoxication ; M. P. Janet voit dans l'amnésie psychique une conséquence du défaut d'activité synthétique. Ses causes occasionnelles sont ou une vive émotion, ou un accident suivi de perte de connaissance, ou un traumatisme du crâne, ou une intoxication, ou une maladie infectieuse (Eskridge, Régis, Dana). Elle peut être la conséquence d'une obsession grave (Janet) ; elle est consécutive à la plupart des états d'hypnose, des changements de personnalité.

Voir : Azam. *Amnésie périodique ou dédoublement de la personnalité* (Bordeaux, 1877) ; Dana. *Un cas d'amnésie ou de double conscience* (Psych. review., t. I, n° 6) ; Dr Eskridge (The Alienist., 1892) ; Legrand du Saulle. *Les amnésies* ; P. Janet (Arch. de neurologie, n° 70) et *État mental des hystériques* ; Féré (Arch. de neurologie, 1894, II) ; Mesnet. *De l'automatisme de la mémoire*, 1876 ; Maudsley. *Pathologie de l'esprit*, p. 61 ; Régis (Arch. de neurologie, 1895, t. Ier) ; Ribot. *Maladies de la mémoire* ; Sciammana. *Amnésie rétrograde progressive* (Rivista sper. di fren. e med., t. XX, fasc. 2) ; Toulouse. *Amnésie rétro-antérograde à type continu et progressif par choc moral* (Archives de neurol., t. XXVIII, 1894).

Pourquoi l'amnésie des nombres existe-t-elle chez ce malade tandis que chez celui-là c'est l'amnésie de certains mots, de certaines idées abstraites[1]? Une question analogue s'est déjà posée à l'occasion des anesthésies ; la réponse doit être la même. Pressé de passer à une autre occupation plus agréable ou plus aisée pour lui, le sujet abandonne celle qu'il a contracté l'habitude d'abandonner, une première fois, peut-être pour une raison futile, par une sorte de caprice paresseux. L'auto-suggestion détermine aussi bien la nature particulière d'une amnésie que celle d'une anesthésie. Il suffit que certains malades aient peur de ne pas se souvenir d'un nom pour qu'ils l'oublient en effet au moment où ils en auraient besoin[2] et qu'ils commencent ainsi à prendre l'habitude morbide d'oublier les noms analogues. La suggestion, l'accident ne font que changer en une incapacité définie la débilité générale. A un esprit qui ne demande qu'à abandonner les synthèses commencées, le moindre fait indique quel est le genre de synthèses qu'il faut abandonner au plus vite.

Il va sans dire que les souvenirs qui demandent un effort exceptionnel sont tout désignés d'avance. Au premier rang sont ceux dont la nature est tout à fait hétérogène à celle des représentations actuelles du malade. Un chauffeur, à la suite d'un accident, fut ramené à l'état d'esprit qui avait été le sien à l'âge de vingt ans, alors qu'il était laboureur ; aussi ne se souvenait-il que des faits relatifs à la vie des champs. A mesure qu'il recouvrait ses aptitudes mentales les souvenirs correspondants apparaissaient; ainsi disparut son amnésie antéro-rétrograde. Dans ce cas, le malade est revenu progressivement à la santé et par conséquent à une

---

(1) Un enfant, Lag..., fils de névropathe, ne présentait d'amnésie que pour la table de multiplication.

(2) C'est un fait analogue à celui que produit parfois le vertige : on tombe parce qu'on craint de tomber ; à bicyclette on va droit à l'obstacle que l'on voudrait éviter.

plus grande aptitude mentale ; dans d'autres cas, l'inverse
se produit : l'aptitude diminue, l'amnésie est progressive,
elle porte successivement sur des stades de moins en moins
complexes du devenir psychologique. Ainsi s'explique ce
fait constaté par M. Ribot que les souvenirs qui disparaissent les derniers ont été en général les premiers acquis : ce
sont les plus simples, ceux qui exigent de moindres aptitudes
mentales.

En somme, l'explication des diverses amnésies devient
aisée quand on consent à ne point voir dans le souvenir
une sorte de chose en soi, et à le considérer plutôt comme
l'aperception d'une des nombreuses synthèses que l'esprit
ébauche sans cesse et qui tantôt ne correspondent à rien
de réel, tantôt ont une valeur objective. Le fait de mémoire
est un cas particulier d'imagination ; le souvenir n'est qu'une
image qui a une valeur objective parce qu'elle coïncide en
partie avec une représentation du passé. Mais nous sommes
parfois incapables de construire de telles images ; et en outre
combien se forment en nous sans que nous les aperce-
vions, que de souvenirs sont prêts à éclore qui peut-être
ne seront jamais pleinement conscients !

A côté, peuvent prendre place, il est vrai, des produits
de l'imagination élaborant les souvenirs de tout ordre,
produits subconscients encore, mais qui ne sont pas de pures
chimères, qui tendent à être des conceptions dirigeantes,
et ne s'élaborent longuement dans l'ombre que pour devenir
soudain lumineux, pour surgir un jour, inventions peut-
être fécondes, découvertes peut-être admirables. Le privilège du génie est de préparer de telles synthèses par de
patients travaux, de les mûrir inconsciemment et ensuite
d'en être possédé au point de ne reculer devant aucun
obstacle pour assurer leur pleine objectivité.

La conception délirante et la conception géniale se ressemblent par la promptitude avec laquelle elles paraissent

éclore [1] ; mais la première est l'œuvre d'un moment, n'a aucun lien avec le devenir de la personnalité qui la produit ; la seconde est le fruit d'une « longue patience » ; elle exprime tout un devenir, toute une personnalité. La première est la manifestation de l'instabilité morbide, la seconde n'a rien de pathologique : elle est un moment de l'évolution normale.

IV

Les hallucinations, les anesthésies, les amnésies sont autant d'obstacles à l'activité rationnelle par les erreurs qu'elles causent : comment des raisonnements pourraient-ils avoir plus qu'une valeur formelle, quand les faits sur lesquels on raisonne sont dénaturés ? Mais on rencontre en outre des troubles de la raison proprement dite, de la raison en tant qu'activité intellectuelle capable de former des concepts, d'émettre des jugements doués d'universalité et de nécessité, d'établir des raisonnements. Pour certains malades le sens des mots ne peut être fixe, parce que la compréhension des concepts n'est pas constante dans leur esprit. On s'est demandé si, au point de vue psychologique, la compréhension des idées a plus d'importance que leur extension : il suffit pour répondre de considérer combien variable est l'extension que l'on accorde implicitement aux termes que l'on emploie ; le plus souvent elle est indéterminée ; même quand on dit : « Tous les hommes, tous les métaux », on n'a qu'une vague notion d'universalité jointe à une notion beaucoup plus précise et fixe de l'humanité et du métal en général. L'instabilité de la compréhension peut donc seule être une source d'erreur et même d'incapacité psychologique ; c'est elle qu'il nous importe d'étudier.

Wundt raconte dans son livre *Hypnotisme et suggestion*

---

(1) C'est sans doute pourquoi Lombroso a cherché à montrer la parenté du génie et de l'épilepsie. Voir plus haut pages 62 et 87 (note).

comment dans un état de fatigue extrême il « transporta avec
la plus grande conviction les propriétés du laudanum à la teinture d'iode ».'Le concept de teinture d'iode s'était subitement
enrichi d'attributs qui constituent, pour un sujet à l'état normal, une partie de la compréhension du concept laudanum.

Dans des cas plus graves, il n'y a pas seulement transfert,
d'un concept à un autre, de qualités secondaires ou essentielles, mais encore disparition du sens de certains mots.
Nous parlons à J... de ses dettes ; nous lui disons qu'avant
d'acheter sa propriété, il nous faut savoir de quelles hypo-
thèques elle est grevée. Or cet homme a oublié ce qu'est
une hypothèque, il ne conçoit plus le rapport qui existe
entre ses dettes et la vente de sa propriété, et malgré son
ferme désir de conclure un marché, il paraît s'obstiner à
ne pas comprendre.

Que ferait un savant pour qui la signification des termes
qu'il est obligé d'employer varierait ainsi continuellement au'
point d'être détruite ? un mathématicien qui oublierait la
définition de l'ellipse, les propriétés des différentes courbes ?
un chimiste pour qui les concepts d'oxygène, de chlore,
d'éther changeraient de compréhension ? L'instabilité des
notions serait la mort de la science ; l'instabilité de l'intelligence qui forme ces notions est la ruine du savoir
particulier. \On trouve des esprits nébuleux, qui ont tou-
ché à toutes sortes de connaissances et qui en sont venus
à tout mêler, à tout interpréter faussement. Il est une
sorte de confusion intellectuelle à laquelle n'échappent pas
les esprits débiles quand ils sont surmenés ou enflés de
connaissances mal digérées; certaines gens, malgré la
volubilité de leur langage, sont incapables de parler avec
propriété et bon sens : ce sont des « esprits faux ».

L'étude qu'en a faite M. Paulhan [1] nous dispense de longs

---

(1) Cf. la 2ᵉ partie du livre II de son ouvrage : *Esprits logiques et esprits faux*.

développements sur ce point de notre sujet. La forme générale des « esprits faux » est l'illogisme, qui « consiste
essentiellement en un défaut de coordination des phénomènes intellectuels se traduisant par l'emploi pour une
même fin de matériaux tendant naturellement vers des fins
différentes ». (C'est la définition même de l'instabilité mentale
que M. Paulhan a appliquée aux phénomènes intellectuels
d'ordre supérieur.) « L'illogisme implique et exclut en
même temps l'unité systématique ; » il faut en effet, pour
qu'il y ait illogisme, que les divers moments de la pensée
fassent partie d'un même devenir mental, et il faut aussi
qu'ils ne fassent pas partie de la même série de pensées bien
liées : il serait donc plus vrai de dire que l'illogisme est dans
un même devenir mental la conséquence des solutions de
continuité. M. Paulhan sans doute entend surtout par unité
systématique l'harmonie logique des pensées dans un
même état de conscience ; mais nous avons déjà montré
que l'état de conscience peut constituer un système psychologique sans constituer un système logique. Les règles de
la logique ne valent que pour des affirmations nettement
conscientes, énoncées en des termes qui les distinguent
radicalement les unes des autres et les mettent en présence
comme des réalités bien séparées. Or les éléments de nos
états de conscience manquent d'abord de cette indépendance
réciproque qui appartient aux éléments logiques ; en outre, ils
sont les uns aperceptifs, les autres simplement perceptifs ;
les uns pleinement actuels, les autres destinés à ne s'affirmer nettement que dans un avenir plus ou moins lointain.
Le principe de contradiction ne saurait s'appliquer à eux.
Ce qui fait illusion, c'est qu'on réalise séparément ces éléments psychologiques, et qu'aussitôt on les transforme en
termes logiques ; c'est qu'on prétend découper l'état de conscience et en faire l'analyse : nous avons vu que l'on aboutit
alors à substituer à un ensemble indivis d'éléments concrets

un nombre beaucoup moindre d'éléments abstraits ; nous
constatons en outre que l'on ne peut pas tenir compte
de certaines relations qui existent réellement entre les
éléments conscients et que l'on n'aperçoit plus entre des
abstractions. Tandis qu'il n'y a pas en réalité d'illogisme
à éprouver simultanément une tendance claire à rester
dans sa chambre et une tendance obscure à en sortir, il y a
aux yeux du logicien qui ne voit que deux jugements :
« Je désire rester », et « Je désire sortir », une flagrante
contradiction. Mais à juger en logicien des états psychologiques on risque de ne voir qu'illogisme chez tous les
hommes [1].

Il est donc indispensable de changer de point de vue et,
au lieu de chercher la systématisation logique dans l'état
de conscience, de l'exiger plutôt dans le cours des aperceptions, dans la succession des idées nettes. Celles-ci doivent
dans un raisonnement ou dans une série de déductions ne
pas violer un principe de contradiction élargi, celui qui
veut que dans le même système (et non pas seulement dans
le même temps) il n'y ait pas deux affirmations contradictoires. S'il est violé, nous pouvons dire que « deux pensées
non harmoniques sont synthétisées dans une fallacieuse
unité », qu'elles forment en apparence une ligne continue,
en réalité deux lignes qui à maintes reprises substituent
l'une à l'autre leurs tronçons juxtaposés.

M. Paulhan distingue trois modes d'instabilité intellectuelle : 1° celui des esprits faux qui associent des éléments
incapables de converger vers une même conclusion ; 2° celui
qui naît de la multiplicité des systèmes intellectuels incapables de s'unir logiquement ; 3° celui où les idées, les

(1) Aussi M. Paulhan reconnaît-il avec nous que « l'illogisme (tel qu'il
l'entend) est en somme nécessaire à l'homme et même qu'il est actuellement la condition de bien des progrès... Le caractère des notions primitives est presque toujours d'être grosses d'incohérences latentes, d'illo-
gismes que leur développement révélera. » Op. cit., p. 266.

impressions se succèdent au gré des sentiments divers ou selon les caprices de l'imagination. On voit le principe de cette classification : elle nous fait passer de l'existence d'un système imparfait, au point de vue logique, à l'absence de systématisation logique, par l'intermédiaire d'une pluralité de systèmes hétérogènes ; et rien n'est plus légitime, plus conforme au concept fondamental de l'état morbide (état qui, comme nous l'avons vu, est essentiellement, mais plus ou moins asystématique).

Certains esprits malades présentent sans doute une systématisation excessive en apparence ; mais nous nous proposons de montrer plus loin que le délire systématisé, qui offre au plus haut degré ce caractère de systématisation à outrance, n'est rendu possible que par l'absence d'une liaison normale des états de conscience.

Ceux que M. Paulhan décrit sous le nom d' « esprits faux » sont si nombreux qu'on peut assurer que leur type ne diffère pas beaucoup du type intellectuel commun. Peu d'hommes sont capables d'éviter d'une façon continue les écarts de l'imagination, les incursions de l'esprit dans des domaines limitrophes de la voie normale. Trop de goût pour la rêverie, trop de distractions nous éloignent fatalement du caractère idéal ; et les conséquences n'en sont pas d'ordinaire trop fâcheuses.

Quant aux « divisés », ou « illogiques par adaptation multiple », ils sont encore très nombreux, et leurs habitudes intellectuelles sont plutôt propres à les servir dans un milieu aussi complexe et aussi changeant que notre milieu social. Le troisième mode d'illogisme seul est assez morbide pour que la plupart des gens s'arrêtent à le considérer ; il est caractérisé « par les brusques volte-faces de l'esprit immédiatement oublieux de ses pensées, lancé étourdiment dans des voies brusquement coupées, peu soucieux de ses contradictions qu'il n'aperçoit pas [1] ». « L'esprit frivole ne vit guère intellectuellement que pour la minute présente ; il lui est impossible de suivre un raisonnement ou même d'avoir l'air de le suivre. » Aussi s'accommode-t-il volontiers d'une sorte de scepticisme irraisonné, qui est plutôt une attitude intellectuelle qu'une doctrine, et qui n'exclut pas sur certains points un dogmatisme non moins irrationnel, reposant sur une crédulité excessive.

Un probabilisme convenant à la modestie scientifique, aussi éloigné de l'intolérance dogmatique que de l' « inconsistance » du scepticisme, ne peut séduire que l'élite des penseurs : il exige une grande énergie intellectuelle, puisqu'il est à la fois la négation d'une stabilité absolue de l'esprit et l'affirmation d'un siège fait, d'une croyance adoptée pour le plus longtemps possible. L'antagonisme de la pensée rationnelle et de l'instabilité pathologique y apparaît, et plus nettement encore dans les efforts continuels des hommes de science pour donner à leurs affirmations le maximum de certitude, pour laisser le moins de place possible aux variations troublantes dans les connaissances humaines, si incertaines pour la plupart.

La vie de tous les jours, il est vrai, exige plus de rectitude de jugement que de science. Mais ceux qui ne réfrènent pas leur imagination forment aisément des jugements sans valeur objective, et ceux qui ne savent pas fixer leur attention sur un principe, demeurant le même à travers la série des conséquences qu'on en tire, ne peuvent pas faire de bons raisonnements : ils manquent de « bon sens ». La dialectique les fatigue ; les déductions les ennuient car ils n'en saisissent pas la valeur [2]. Aussi les gens peu habitués

(1) *Op. cit.*, 341.

(2) Cf. Paulhan, *Loc. cit.*, p. 342. « Le raisonnement le gêne (le frivole). l'ennuie et le rebute. Incapable de s'intéresser dix minutes au même sujet. Il répugne à tout ce qui est analyse ou synthèse, à tout ce qui tend à le faire réfléchir. »

aux travaux de l'esprit aiment-ils les affirmations nettes, les vues variées, les expositions brèves, les théories simples. Montesquieu ne l'ignorait pas sans doute quand il introduisait dans son *Esprit des Lois* tant de formules incisives, sans lien apparent entre elles, réparties en un si grand nombre de chapitres très courts.

B. — L'INSTABILITÉ PATHOLOGIQUE DANS LES TENDANCES

Toute tendance, parce qu'elle repose sur l'établissement d'un rapport entre l'état présent et un état à venir, établit un lien entre les moments conscients et devient ainsi un facteur de coordination des états successifs. Elle doit, tout en se transformant peu à peu, durer malgré les variations intellectuelles et les actions diverses qui progressivement la détruisent en réalisant sa fin. En outre, dans un moi normal, elle doit faire place à une autre tendance qui, loin de la contredire absolument, la complète, et ainsi de suite. L'enchaînement des tendances successives est la condition de la vie normale : l'instabilité dans les tendances est donc pathologique[1] à un très haut degré.

(1) « Il est, dit Esquirol, des aliénés dont le délire est à peine sensible ; il n'en est pas dont les passions, les affections morales ne soient désordonnées, perverties ou anéanties. »
Les tendances morbides sont ou héréditaires, ou congénitales, ou acquises. Dagonet constate ou leur exagération ou leur affaiblissement ou leur perversion. Ainsi l'exagération maladive de la tendance à la conservation de l'être détermine l'hypocondrie, l'insociabilité ; celle de l'amour, des tendances religieuses, des tendances orgueilleuses fait naître les folies érotiques, l'humilité excessive et le délire ambitieux. L'affaiblissement des tendances amène, d'après Godfernaux, la ruine de la vie mentale. Leur perversion prend différentes formes et différents noms, tels que satyriasis, nymphomanie, masochisme, algophilie, dipsomanie, sitéomanie, kleptomanie, scrupules d'une pudeur exagérée, stercoracisme, fétichisme podalique, etc., etc. (Féré et Garnier). Beaucoup de suicides sont la conséquence d'inclinations perverties ; le luxe exagéré, la dépravation aussi.
Les impulsions sont des tendances soudaines, injustifiées, incoordonnées ; elles sont souvent intimement unies à l'automatisme. (M. Pitres a classé les « impulsifs marcheurs » en : 1° vagabonds paresseux ; 2° vagabonds ivrognes ; 3° hypocondriaques errants ; 4° aliénés divers.) On constate des impulsions verbales, des impulsions homicides, des impulsions

I

Le maniaque est désordonné, non seulement dans ses pensées, mais encore dans ses désirs. Il éprouve un besoin impérieux de changement : ce qui persiste l'irrite; il semble impatient d'agir, bien qu'en réalité, il agisse fort peu, se contente de dire : « Je pourrais faire, » et ne fasse rien. Il est généralement satisfait de lui-même, précisément parce qu'il ne tente rien et n'éprouve en conséquence aucune désillusion ; aussi la plupart de ses tendances sont-elles expansives; il présente l'apparence de la plus grande générosité, mais d'une générosité qui va successivement à toutes sortes de personnes, ne se fixe sur aucune en particulier. Le maniaque est décidé à « faire le bonheur du genre humain »; mais aucune de ses tendances ne dure assez longtemps, ne s'enchaîne suffisamment avec les autres pour que sa conduite ait une direction stable, que ses actes soient coordonnés.

Les enfants, lorsque surviennent chez eux de sérieux troubles psychiques, éprouvent une grande variété de désirs. D'après le Dr Folsom[1], l' « insane tempérament se traduit chez eux par l'irrégularité, l'appétit capricieux »; « des affections violentes se changent soudain en inimitiés amères ou en indifférence ». Krafft-Ebing a noté que « les

au suicide. L'épilepsie, l'hystérie, la grossesse, l'aliénation mentale sont ordinairement accompagnées de perversion des tendances.

Voir Binet. *Le fétichisme dans l'amour* (Paris, 1888); Boissier et Lachaux. *Kleptomanie* (Ann. médic. psych., 1894); Danville. *L'amour est-il pathologique?* (Rev. phil., XXXV, p. 266-273); Dagonet. *Traité des maladies mentales*, p. 291; Daguillon (Arch. de neurol., 1894, II); Deschamps (Thèse de médecine, Bordeaux, 1896); Féré. *Pathologie des émotions;* Garnier (Soc. de méd. légale, 13 mars 1893); Ferrari. *L'Erotisme* (Riv. sp. fren., 1893, fasc. II, III); Laupts. *Une perversion de l'instinct* (Annales méd. psych., 1895, t. I); Lombroso. *L'homme criminel*, p. 25; Maudsley. *Path. de l'esprit*, p. 80; Rayneau. *Perversions sexuelles, exhibitionnisme* (Annales méd.-psy., 1895, t. I); Stefanowski (Arch. neurol., 1894, t. I, p. 49).

(1) Cf. in *The Alienist*, 1894, un article d'Harriet CB Alexander.

sujets passent alternativement et très rapidement d'un extrême à l'autre ». La « volonté est décevante dans son exubérance apparente et dans sa réelle futilité[1] ». Griesinger a montré combien nombreuses sont chez les enfants névropathes les « tendances sans but, errantes, variables ». Shaw prétend que beaucoup d'enfants souffrent de « l'instinctive diversité » de leurs tendances. Les élèves indisciplinés paraissent avoir mille désirs contradictoires ; les paresseux sont peut-être ceux qui prennent le plus de bonnes résolutions ; mais la diversité de ces résolutions ne fait qu'exprimer l'instabilité de leurs sentiments.

Les dégénérés présentent la même mobilité de désirs. Ils ont « leurs petites manies », c'est-à-dire de véritables décharges violentes, injustifiées, incoordonnées. Ils sont incapables d'éprouver des sentiments profonds ; ils sentent l'énergie leur manquer pour réprimer des tendances qu'ils savent mauvaises ; ils les déclarent alors irrésistibles et les laissent en quelque sorte faire explosion les unes après les autres, se succédant parfois avec une rapidité surprenante, sans souvent s'inquiéter ou même s'apercevoir de leur mutuelle opposition. On a donné le nom d'impulsions à ces faits psychiques qui semblent indiquer que le sujet n'est plus maître de lui, obéit comme passivement à une force extérieure, mystérieuse autant que puissante, le poussant vers certains actes qui parfois répugnent profondément à leur auteur même.

Certaines impulsions naissent d'obsessions, de délires sys-

---

(1) C'est qu'il n'y a pas vraiment « volonté », mais désirs ou appétits aiguillonnés par une imagination sans frein. On a fait remarquer avec raison combien jeunes étaient Byron, Alfieri, Dante lorsque l'amour s'empara d'eux. Byron aimait à huit ans Mary Duff, âgée de dix ans, et la nouvelle du mariage de Mary, huit ans plus tard, occasionnait chez lui une attaque convulsive. De tels attachements, malgré leur durée, sont par leur violence et leur singularité des indices d'une nature instable, où l'imagination trop vive ne trouve aucun sentiment antagoniste qui persiste assez longtemps.

tématisés ; nous les examinerons plus loin[1]. Elles correspondent, en partie, dans la classification du Dr Bourdin[2],
aux « fausses impulsions », conséquences logiques d'un
raisonnement faux, d'un état mental pathologique. Les véritables impulsions sont vraiment soudaines. Voici comment
un médecin les décrit : « Une idée germe, sous forme
d'image confuse, de conception flottante et indécise, pénètre
dans le cerveau ; immédiatement, sur un terrain prédisposé,
elle va grandir, non pas dans le domaine du conscient de
façon à devenir *pensée*, mais dans le champ de l'inconscient ;
et à un moment donné, *soudainement*, puisque le sujet n'a
pas eu conscience de ce qui se passe en lui, éclate l'impulsion suivie d'acte. » Cette forme morbide se rencontre surtout chez les épileptiques : « l'impulsion grandit dans leur
cerveau en tant que phénomène psychique dégénérant en
acte ». M. Bourdin insiste avec raison sur la distinction à
faire entre elle et l' « idée obsédante ». Mais il ne faudrait
pas exagérer la différence entre l'impulsion « inconsciente »
qui vient d'être décrite et l'impulsion « consciente », qui
serait celle de l'homme « qui pour un rien, pour une contrariété futile, se livre à de véritables crimes parce qu'il a
eu soudain la pensée de la vengeance et de la pire vengeance ; qui, maltraité, insulté ou le croyant seulement,
ne diffère point, ne délibère aucun instant, se laisse aller à
des actes extrêmes », à une « réaction excessive parce
qu'elle est trop brusque[3] ». — Dans les deux cas, il y a
également absence d'inhibition volontaire et discontinuité
mentale. Seule en effet l'absence de stabilité appétitive,
l'instabilité des tendances normales permet à l'impulsion de se glisser parmi elles, et cette intrusion contribue encore à jeter le trouble dans la succession des

(1) Voir dans le chapitre II *la Stabilité morbide*.
(2) *Annales médico-psychol.*, avril 1896.
(3) Bourdin. *Annales médico-psych.*, 1896, I, p. 225-226.

idées. Peu importe en définitive que la tendance morbide soit aperçue plus tôt ou plus tard ; c'est en la solution de continuité qu'elle manifeste que consiste le fait pathologique essentiel.

Les véritables crimes passionnels nous montrent bien cette solution de continuité. Un gendarme, qui a mené jusqu'à ce jour une existence faite d'obéissance et de résignation, vient d'être puni par son brigadier ; il a accepté la punition avec sa soumission habituelle. Soudain, sur une infime provocation de la femme de ce brigadier, il saisit un revolver, tire sur son chef, s'acharne à la poursuite de la femme qu'il tue ; puis il s'assied étonné, hébété, sur un escalier de pierre et il est pris d'une crise nerveuse [1]. Ce drame a duré deux minutes : c'est une tranche de vie sans lien avec l'existence antérieure et postérieure ; c'est une subite négation du passé à laquelle un amer repentir oppose à son tour une nouvelle négation.

Le suicide, négation absurde de soi-même, est a fortiori un fait morbide. D'après Laupts, le désir de la mort vient par crises au milieu d'une vie heureuse. Il naît à la suite d'une « sensation de désespoir infini, d'abandon complet de toute énergie morale survenant tout à coup et terrassant ». Ce n'est généralement pas le chagrin qui en est la cause ; c'est plutôt l'instabilité causée par la fatigue intellectuelle, par des émotions excessives, par la lutte contre des passions trop vives. L'instinct sexuel mal satisfait, ou trop longtemps réfréné inspire à certains jeunes gens des tristesses sans raison qui surviennent et s'en vont subitement, bien distinctes par conséquent de la mélancolie, mais à la suite desquelles cependant surgit l'idée du suicide.

Certains dégénérés d'autre part, n'ont plus que des instincts, des tendances perverties. Ils sont portés à créer

(1) Ce gendarme fut condamné par le conseil de guerre siégeant à Bordeaux en 1893.

toutes sortes d'associations bizarres [1] entre leurs appétits fondamentaux et les objets de l'expérience, à inventer des modes
nouveaux de jouissance, à unir des émotions agréables ou
des désirs intenses à des actes immoraux ou malsains. Les
perversions de l'amour sont autant de variations sur un
thème fourni par la nature : l'excitation génitale est toujours liée à certaines perceptions ou conceptions ; un fait
accidentel peut donc déterminer une association morbide
du genre de celles dont nous venons de parler, dans un
esprit où les instincts sont à peine fixés. Le Dr Rayneau [2]
a cité le cas d'un homme qui, de douze à soixante-dix ans,
a constamment eu recours à la vue ou au contact d'un mou-
choir pour se procurer des plaisirs vénériens. Le Dr Garnier [3] a recueilli de nombreux exemples qui nous montrent
les malades conférant à des objets, à des vêtements, à
telle ou telle partie du corps, le pouvoir exclusif d'éveiller
les sentiments amoureux. L'instinct sexuel ne joue dans tous
ces cas qu'un rôle secondaire, et simplement par son défaut
de stabilité : les érotomanes recherchent des occasions variées d'excitation génitale plutôt que la satisfaction de
tendances amoureuses. Arn... fuit les jeunes filles ; il a la
femme en horreur ; mais la vue des chairs blanches de
jeunes enfants, celle des tableaux ou photographies de
nudités le tente étrangement. Den... poursuit les femmes
pour le plaisir de leur faire des propositions obscènes ; quand
l'une d'elles y répond, il n'a plus que dégoût pour elle. Il
semble que ces deux derniers malades et tous ceux qui
présentent des perversions analogues de l'instinct sexuel
n'éprouvent pas des tendances normales assez fortes pour
s'actualiser : ils aiment ébaucher des actes amoureux, mais

---

(1) Cf. Dallemagne. *Dégénérés et déséquilibrés*, cité par M. Ribot, *Psychologie des sentiments*, p. 255.

(2) *Annales médico-psychol.*, mai 1895.

(3) *Pervertis et invertis sexuels*, 1896.

leur mobilité d'esprit leur interdit de les parfaire. Leurs impulsions très violentes, elles-mêmes, ne durent pas toujours assez pour provoquer les mouvements, les actes complets qu'elles entraîneraient chez un être normal. Les « exhibitionnistes » ne sont pas de véritables « sensuels » : par exemple, X... court les champs, et, quand il rencontre des femmes, se met à nu devant elles ; mais jamais il ne leur a fait aucune proposition déshonnête et on prétend même qu'il n'a jamais eu aucun rapport sexuel. Ses pareils font plus d'outrages à la pudeur en gestes ou en paroles qu'en actes.

Rien ne favorise davantage la perversion des sentiments que l'oisiveté, l'absence de discipline pratique et intellectuelle : les invertis ou pervertis ont été de ces enfants, de ces élèves, de ces adultes incapables d'un travail continu, d'un effort prolongé, d'une attention soutenue, qui étonnent fréquemment par la bizarrerie de leurs mœurs et par l'énormité des fautes vers lesquelles, inconsciemment ou non, ils sont entraînés. Ils sont comme les vagabonds, les « aliénés voyageurs [1] », que rien ne satisfait, qu'une force irrésistible pousse à marcher pour trouver de nouveaux milieux où ils puissent éprouver de nouvelles impressions, ou, plus simplement encore [2], pour le plaisir d'errer. Une imagination toujours en éveil fait naître sans cesse en eux de nouvelles tendances, du même ordre, ou d'ordres différents, toujours de nature pathologique et impulsive. « Chez les prédisposés, dit M. Ribot, le pouvoir créateur de l'imagination travaille sur un thème érotique, comme il produit chez d'autres une invention mécanique, une œuvre d'art, une découverte

---

(1) Cf. Dʳ Tissié. *Les aliénés voyageurs.*

(2) Voir le cas d'un déserteur au sujet duquel MM. Fournier, Kohne et Gilles de la Tourette firent un rapport médico-légal publié par les *Archives de neurologie* (t. II, p. 474, 1896). Il n'a pas pu faire ses classes ; engagé, il a déserté, puis a vagabondé ; plusieurs fois il a tenté de se suicider. Quand on lui demande la raison de ses actes incohérents, il répond : « Je n'en sais rien ; c'est plus fort que moi. »

scientifique[1]. » Or, la prédisposition consiste, comme nous l'avons vu, en une débilité congénitale ou acquise accompagnée fatalement d'instabilité des sentiments, des tendances même les plus essentielles à notre nature : c'est pourquoi « l'instinct sexuel, comme M. Ribot l'affirme, peut n'avoir pas chez tous les hommes une égale stabilité[1] ». A plus forte raison, les instincts sociaux sont-ils instables. On constate chez certains dégénérés un grand nombre de tendances antisociales qui les rendent dangereux pour l'humanité, surtout lorsqu'ils se trouvent excités de toutes parts à la révolte et au crime. D'après E. Ferri, ce qui caractérise l'homicide-né et le fou moral, c'est la faiblesse de l'inhibition que pourraient exercer sur leurs idées impulsives la puissance collective, la conscience commune. Un individualisme morbide naît en eux de leur impuissance à fixer l'attention sur les exigences sociales, à se gouverner selon des principes constants acceptés par leurs semblables. Le joug de la société leur est insupportable à cause de sa relative fixité. D'ailleurs les instables supportent difficilement d'ordinaire les contrariétés inévitables dans la vie commune. Leurs tendances altruistes ne résistent pas aux tendances contraires nées de ces ennuis que nous causent fatalement, à toute heure, nos semblables. Parfois, ces malades rendent même la vie de famille impossible; car alors que l'affection, la bonté, la bienveillante indulgence y devraient être les tendances directrices de leur conduite à tous les instants, on voit sans cesse, à l'occasion de faits insignifiants, poindre la mauvaise humeur ou la colère,

(1) *Psychol. des sentiments*, p. 255.

(2) Les invertis sont des pervertis d'une espèce particulière ; ils adoptent les manières et même les tendances du sexe opposé au leur. L'inversion sexuelle est plus rare chez la femme que chez l'homme ; il y a cependant beaucoup de femmes, sans dépravation foncière, qui aiment à prendre une allure masculine et qui éprouvent le vif désir non pas tant de l'attouchement que de l'embrassement de personnes du même sexe : ce sont toutes des névropathes remarquables pour leur instabilité mentale.

éclater les récriminations. Ces manifestations d'un caractère antisocial sont d'ordinaire très exagérées, parce que
l'inhibition ne pourrait leur venir que de tendances antagonistes, dont l'instabilité fait précisément tout le mal.
Aussi une générosité excessive semble-t-elle s'allier chez
eux à la méchanceté, beaucoup de serviabilité à un orgueil
injustifié ; en réalité, ils n'ont guère que des sentiments sans
durée qui se contredisent en se succédant, des impulsions
sans lien, suivies de répulsions illogiques, un mélange de
tendances diverses, perverties précisément parce qu'elles
sont incohérentes.

II

Ce qui est vrai des tendances positives ou appétitions,
l'est aussi des répulsions : des aversions injustifiées, exagérées, naissent soudain, parce que la « répulsivité » de la
personne n'est pas encore constituée en système, sous la
direction de quelques tendances coordonnées. On trouve
en outre des gens incapables d'aimer, de haïr, de jalouser
autrui, parce qu'ils n'ont aucune inclination fixe. Pour aimer
ou haïr vraiment, il faut (sans qu'on exerce sur soi-même
aucune contrainte apparente) une force de volonté ou de
caractère que les névropathes ne possèdent pas. Certains
dégénérés sont sans doute très jaloux ; mais leur état
d'âme est surtout déterminé par un délire de l'imagination toujours en quête de nouveaux sujets impression-
nants [1]; car la plupart des sujets anormaux ne ressentent pas
plus la jalousie, en tant qu'elle est un sentiment normal,
bien fondé, que la haine et l'amour véritables : ils présentent à l'égard de faits qui chez d'autres susciteraient

---

(1) D'après Werner (*Jahrbuch. f. psych.*, XI, 3) certains délires de la
jalousie sont liés à l'insuffisance sexuelle des malades. Mais ils sont
alors justifiés dans une certaine mesure ; le mal psychologique est plutôt
ici dans le fait de délirer que dans celui d'être jaloux.

la plus vive émotion, une sorte d'anesthésie explicable seulement par la mobilité de leurs tendances appétitives et répulsives. Les souteneurs et certains criminels n'éprouvent aucun sentiment de jalousie à cause surtout de leur débilité mentale ; ils sont incapables de s'élever au degré d'intelligence et de sensibilité que suppose un sentiment aussi complexe. M. Ribot y voit avec raison une synthèse de la représentation d'un bien possédé, de l'idée de la dépossession ou de la privation et de la cause de cette privation, idée qui éveille une tendance destructive, colère ou haine. Or les êtres moralement inférieurs n'ont pas d'appétitions stables en dehors de celles qui se rattachent aux instincts primitifs (conservation, nutrition) ; ils n'ont pas d'amour : ils semblent n'avoir que l'instinct sexuel qui, comme le fait remarquer encore M. Ribot, se distingue de l'amour par l'absence du choix individuel. Ils ne conçoivent même pas la femme comme une propriété, un bien. En outre, ils n'éprouvent pas les douleurs morales avec la vivacité des gens raffinés ; ils ne ressentent qu'un malaise diffus quand une personne ou un fait contrarie leurs tendances pour la plupart si mobiles. On ne les atteint qu'en empêchant la satisfaction de leurs appétits grossiers ; les formes supérieures de la jalousie ne peuvent donc que leur être inconnues.

Il y a plusieurs degrés de mobilité dans les tendances ; mais le degré extrême n'est presque jamais atteint, si ce n'est dans les inclinations supérieures, car, comme nous l'avons déjà indiqué plus haut, ce sont les tendances les plus complexes, celles qui exigent un plus haut degré de développement intellectuel et moral, qui ont fatalement le plus d'instabilité. Derniers termes d'une hiérarchie de synthèses mentales que seule a permises la lente évolution de la sensibilité humaine, elles impliquent beaucoup d'inhibitions et contiennent en elles plusieurs séries d'oppositions combinées. C'est dire qu'un homme ne peut leur conserver une prédominance constante que par des efforts volontaires réitérés, secondés par une grande fermeté de caractère.

Les gens du peuple n'ont généralement pas d'inclinations esthétiques bien marquées. Sans doute la contemplation des chefs-d'œuvre de la peinture et de la sculpture, les auditions musicales, les lectures d'auteurs célèbres leur font généralement défaut ; mais bien souvent, et on le voit bien dans les milieux propices au développement du goût artistique, ce qui leur manque surtout, c'est la stabilité des tendances supérieures. Le défaut de tendances esthétiques empêche les mêmes gens de s'attacher fermement aux idées généreuses, aux hautes conceptions morales. Pour aimer le devoir, il faut au préalable pouvoir aimer le beau. Pour aimer la patrie, l'humanité, avec l'ardeur d'un patriote ou d'un philanthrope, il faut ne pas être un instable ; car la patrie et l'humanité sont des réalités d'un ordre supérieur, difficiles à concevoir avec clarté autant que difficiles à aimer avec sincérité.

C. — L'INSTABILITÉ PATHOLOGIQUE DANS LES ÉMOTIONS

Le plaisir naît quand une virtualité de notre être s'actualise en son temps et d'une façon normale ; la douleur, quand l'actualisation rencontre un obstacle qui exige un trop grand effort ou entrave l'activité soit biologique, soit psychologique. Il s'ensuit que le plaisir, qui est comme « le chant de triomphe de l'organisme et de la pensée », est, en général, moins fréquent chez un individu que la douleur, plus propre à la condition humaine de luttes et d'efforts. Mais ni la douleur, ni le plaisir ne peuvent durer qu'en se transformant comme l'être lui-même, qu'en devenant successivement des douleurs ou des plaisirs différents, bien que la différence entre plaisirs ou douleurs successives puisse être minime. La transformation graduelle d'une émotion en une autre constitue une *continuité émotionnelle*; quand le plaisir y prédomine, on la nomme bonheur; dans le cas contraire, c'est la souffrance. L'expérience enseigne que ni le bonheur ni la souffrance ne sont ordinairement durables; ils alternent et souvent même ils se succèdent brusquement. Des éclairs de joie traversent les situations les plus pénibles, et une souffrance trop prolongée apporte par moments une sorte de volupté passagère dans laquelle on ne laisse pas de se complaire. Le bonheur tient à tant de conditions, elles-mêmes si difficiles à réaliser sans interruption, qu'il est par sa nature fragile et inconstant.

Les états affectifs que l'expérience permet de constater sont donc proches d'être des états pathologiques à cause de leur instabilité: la plus légère modification les rend tels; il est rare de rencontrer des émotions qui ne soient pas déjà tant soit peu morbides [1]. On le voit en outre clairement

(1) De là vient que M. Pierre Janet dit avec raison (*Automat. psych.*, p. 457) qu'en général « l'émotion a une action dissolvante sur l'esprit, diminue sa synthèse et le rend pour un moment misérable ». Aussi voyons-nous bien des troubles psychologiques naître à la suite d'émotions violentes.

L'émotion pathologique la plus répandue est la surprise qui s'accompagne le plus souvent d'angoisse. Sous sa forme la plus nette, l'angoisse est caractérisée par des battements du cœur, une contracture pharyngo œsophagienne, une sensation de froid (Ilecker). La surprise produit une vaso-constriction, une accélération des mouvements cardiaques et respiratoires, comme l'ont montré MM. Binet et Courtier qui l'ont retrouvée dans toutes les émotions agréables et pénibles. (Voir *Troisième année psychologique*, 1897, p. 126.)

L'émotivité morbide, en général, entraine des réactions mal adaptées à l'intérêt de l'individu ou de l'espèce; elle est due à un état de fatigue biologique et psychologique, de fatigue acquise, ou congénitale, ou héréditaire. Sous l'influence d'émotions intenses il peut se produire, dit M. Féré, un « véritable délire des sensations », des troubles sécrétoires et excrétoires, trophiques, circulatoires, de la stupeur, des paralysies, de la jaunisse, de la calvitie précoce, des hémorragies, des œdèmes; les maladies psychiques et biologiques sont généralement aggravées, parfois guéries; le ralentissement des mouvements respiratoires qui suit une accélération déprimante amène par l'accumulation de l'acide carbonique dans le sang, une sorte d'insensibilité.

Les phobies sont des états d'anxiété injustifiés, qui naissent et dis-

par leur origine et leurs conséquences. M. Ribot estime que
« la douleur et la tristesse enveloppent toujours un état
maladif [1] ». Toute douleur serait donc morbide : ce qui est
trop dire assurément, car peut-on admettre qu'un homme
normal n'éprouverait jamais de douleur, et cette apathie
ne serait-elle pas une singulière infirmité? Il est des émotions normales, qu'elles soient agréables ou pénibles. Le
plaisir et la douleur tendent à être des troubles [2], mais ne
sont pas toujours des troubles maladifs. Le plaisir normal,
sans doute, apporte un changement dans le cours des idées,
dans le devenir psychique et somatique ; mais ce n'est pas
un changement illogique ; c'est plutôt un relèvement du ton
vital, un encouragement donné à l'être qui use bien de son
énergie et que l'affection incidente ne détourne pas de sa
direction primitive. La douleur normale est aussi un changement psychique et biologique, mais par lequel l'évolution
d'une personnalité se trouve contrariée au lieu d'être encou-
ragée : la vitesse est ralentie sans que la direction soit
changée ou la direction est changée sans que le devenir
commencé soit pour cela interrompu. Le plaisir et la douleur morbides sont au contraire des dérangements plus ou
moins violents, mais toujours illogiques, apportés dans le
cours de l'activité mentale et somatique. Ils viennent d'un
trop grand retentissement, dans l'être entier, de la modification survenue dans une partie de cet être. Ils naissent

paraissent sans raison apparente; M. Féré en a fait l'étude dans sa
Pathologie des Émotions, p. 398 et suivantes : il distingue entre autres le
misonéisme, la peur du mystérieux, de l'obscurité, de la solitude, des
masques, des apparitions subites, du danger, de la maladie, de la mort.
Les frayeurs associées à des objets de répulsion supposent un mélange de
phobie et d'obsession.
  Voir : Binet (*Année psychol.*, 1895-1897); Dagonet. *Les émotions morbides*
(Annales méd.-psych., 1895) ; Féré. *Pathologie des émotions* ; Godfernaux.
Le sentiment et la pensée, 1894; Ilecker (Archives de neurologie, 1894, t. II);
Meynert (Jahrbuch, f. psych., XI, 3) ; Werner. *Délire de la jalousie*
(Jahrb. f. psych., XI, 3).
  (1) *Psychol. des sent.*, p. 70.
  (2) Cf. M. Dauriac. *Nature de l'émotion* dans l'*Année philosophique*, 1893.

sans préparation, se succèdent sans ordre et provoquent des
troubles plus grands encore.

On trouve, il est vrai, rarement le plaisir pur ou la douleur pure ; l'expérience ne donne guère que des sentiments
complexes agréables ou pénibles, dans lesquels des émotions et des tendances sont synthétisées, forment des états de
conscience difficiles à analyser et d'une très grande variété.
Il est par conséquent malaisé parfois de dire si un sentiment est normal ou pathologique. Nous distinguerons avec
M. Ribot : 1° ceux qui relèvent de l'instinct de conservation
sous sa forme défensive (la peur) ou offensive (la colère) ;
2° ceux qui relèvent de la sympathie, de l'amour ; 3° ceux
qui sont dans le prolongement des précédents (les sentiments sociaux et moraux, religieux, esthétiques).

Les dégénérés éprouvent une succession bizarre de
craintes, de frayeurs : tout les émeut, une ombre leur fait
peur. Un être normal ne devrait pas éprouver la peur ; il ne
devrait pas, placé en face d'une situation nouvelle, laisser
s'interrompre en lui soudain le cours des représentations et
laisser s'établir, pour plus ou moins longtemps, le désordre
de toutes ses fonctions. La peur est un défaut d'adaptation
rapide du sujet à tout nouvel objet : l'homme de sang-froid
prend le temps d'accommoder sa perception à son caractère
et son attitude à sa perception ; en lui, la surprise (inséparable de toute émotion, comme l'ont montré les recherches
physiologiques sur le plaisir et la douleur [1]), ne va pas au
delà des manifestations élémentaires et plutôt physiologiques
que psychologiques qui la constituent en partie. Les malades, au contraire, se laissent accabler dès le premier
moment, ne résistent pas à l'excitation subite, abandonnent
leur nouveau sentiment à toute sa violence ; leur trouble
grandit ; en eux, le désordre gagne la pensée, l'activité, les

---

[1] Cf. Dumas. *Recherches expérimentales sur la joie et la tristesse.* Rev.
Phil., 1896. Binet et Courtier, *loc. cit.*

fonctions biologiques les plus complexes; les viscères reçoivent des innervations trop fortes et opposées ; les vaso-moteurs, constricteurs ou dilatateurs, sont trop inhibés ou trop excités ; le froid ou la chaleur se répandent par tout le corps, on sue et on grelotte ; on ne sait où courir, les mouvements sont incoordonnés ; toute habileté acquise a disparu. Où trouver plus d'instabilité, plus de discontinuité ?

Cependant M. Ribot[1] distingue la peur normale de la peur pathologique, et définit celle-ci : « toute forme de la peur qui, au lieu d'être utile devient nuisible, qui cesse d'être un moyen de protection pour devenir une cause de destruction ». C'est qu'il entend par peur « toute réaction émotionnelle causée par la représentation vive et persistante d'une douleur ou d'un mal possible »; or on pourrait en dire autant de l'inquiétude, de l'appréhension, de la crainte, qu'à bon droit on distingue de la peur et qui peuvent être des états normaux. Mais l'état que Lange considère comme caractérisé par « le tremblement convulsif et même la stupeur, par la voie rauque ou le mutisme, l'arrêt des sécrétions, de la respiration, un choc violent au cœur et la contraction spasmodique des vaisseaux », cet état, disons-nous, ne peut être que pathologique. « Dans un organisme affaibli, comme le remarque M. Ribot, la peur est toujours à l'état naissant, » parce que le sujet est impuissant à maîtriser son activité réflexe, à empêcher le désordre physiologique et mental. Et ce n'est point tant encore la vive imagination que la débilité psychologique qui prédispose à la peur : l'imagination toujours en éveil d'un romancier n'augmente pas sa sensibilité, son émotivité; il semble au contraire que plus souvent on a conçu en imagination des scènes terrifiantes, moins on est effrayé quand des scènes analogues se produisent réellement.

(1) *Psychologie des sentiments*, p. 205-212.

La prédisposition aux frayeurs morbides se traduit d'ailleurs par l'instabilité « panophobique » : le malade a « peur de tout et de rien ; l'anxiété, au lieu d'être rivée à un objet, toujours le même, flotte comme dans un rêve et ne se fixe que pour un instant, au hasard des circonstances passant d'un objet à un autre[1] ». Dans cet état, des phobies particulières naissent aisément. M. Sollier a signalé, au congrès de Nancy en 1896, une phobie qui se réduit à la crainte de mal digérer ; MM. Pitres et Régis, la phobie de la rougeur qui consiste dans la crainte constante de rougir. Ce sont là vraiment des émotions morbides qu'il faut distinguer des tendances systématiques à fuir certains modes de pensée ou d'action, tendances que l'on a également nommées « phobies » et que nous étudierons plus loin. La crainte de mal digérer ou de rougir n'est pas une aversion primitive injustifiée (bien que des aversions dérivées puissent en naître qui soient en apparence sans raison) ; c'est une appréhension naturelle, mais exagérée, qui n'acquiert tant de force dans un esprit que parce qu'elle ne rencontre point un système qui s'oppose à elle, une forte liaison de représentations, susceptibles de la rejeter parmi les craintes chimériques. Généralement, il est vrai, les phobies sont liées à des obsessions plus ou moins apparentes ; mais nous réservons les obsessions et leurs conséquences pour un examen ultérieur[2], nous occupant ici

---

(1) Ribot. *Loc. cit.*, p. 202. L'état panophobique peut être provoqué accidentellement chez des sujets normaux. Mᵐᵉ X... a, comme beaucoup de personnes, peur des serpents ; elle vient d'apercevoir une couleuvre : aussitôt elle a pris la fuite ; le bruit des branches qui se relèvent derrière elle dans le bois, la vue des grandes herbes augmente encore sa frayeur. Pendant quelques minutes tout lui fait peur : le son d'une cloche la fait frémir, les aboiements d'un chien l'épouvantent. Ainsi en jetant une personne dans le trouble, en entretenant ce trouble par des excitations répétées sans cesse, on parvient à créer en elle pour quelques instants une instabilité affective qui se traduit par de la frayeur généralisée, elle-même souvent suivie d'éclats de rire, de manifestations excessives de plaisir.

(2) Voir plus loin ch. ii, *Stabilité morbide*.

autant que possible des phobies en elles-mêmes. Or, une phobie qui, moins que tout autre, implique une idée fixe ou une tendance latente, est le *misonéisme*, commun aux enfants, aux dégénérés et à la plupart des animaux. La crainte qu'inspire le « nouveau » n'est due ni à un sentiment de défiance ni à une aversion : c'est simplement l'effet que produit une apparition inaccoutumée sur un esprit aisé à mettre hors de lui-même, d'équilibre instable en quelque sorte ; c'est la peur sous sa forme la plus simple, ou la surprise à laquelle se joint naturellement une tendance à la frayeur. Le misonéisme et la panophobie montrent bien ce qu'est un sentiment morbide : un trouble généralisé de l'esprit et du corps, hors de proportion avec sa cause, injustifiable en lui-même, uni à des tendances incohérentes.

Aux sentiments de frayeur qui dépriment sembleraient devoir s'opposer les sentiments agréables ou expansifs ; mais, comme les sentiments pénibles, chez nos malades, ils manquent de continuité. Les hystériques par exemple éprouvent en quelques instants une série d'émotions plus ou moins disparates ; le plus léger chatouillement amène soudain la joie au paroxysme ; et après les manifestations extérieures d'un trop vif plaisir, subitement naissent des manifestations contraires ; les larmes succèdent au rire, une profonde tristesse remplace la joie trop bruyante, la méchanceté apparaît. Il est invraisemblable que l'état somatique ait soudain changé à tel point qu'après avoir fait naître l'expression de la joie, il soit cause des signes opposés : la source des variations n'est pas tant physiologique que psychologique ; la faiblesse du caractère est la véritable cause de cette instabilité émotionnelle, de ces brusques changements d'humeur qui déjà annoncent le tempérament colérique.

Chez la plupart des hommes, le « ton émotionnel » a quelque persistance ; pendant plus ou moins longtemps, on est d'humeur gaie ou d'humeur triste, on « voit tout en rose ou

tout en noir », chaque objet prend à notre approche une
teinte joyeuse ou sombre, à tel point que, suivant les personnes,
une nouvelle triste en elle-même cause plus ou moins de peine.
Chez les malades, au contraire, le ton émotionnel varie continuellement. Et comme les dégénérés, en passant par des alternatives de bonne et de mauvaise humeur, sont immédiatement
portés aux extrêmes, leur mauvaise humeur se traduit par de
violents accès de colère, aussi injustifiés que leurs accès de
joie exagérée : on connaît « le caractère irritable des épileptiques, des choréiques, des neurasthéniques, si facilement
accessibles à toutes les émotions, à toutes les passions [1] ».
Pour les sujets normaux, l'état colérique est excito-dépressif ;
c'est un désordre d'émotions et de tendances qui peut être
comparé à la crise épileptique [2] ; quand il .. répète fréquemment, il est à la fois un symptôme et une cause mobilité d'esprit. Aussi dirons-nous avec M. Ribot [3] que « la colère et la
peur forment une antithèse » dans le même genre. Sans
doute, on constate surtout dans la première une tendance à
l'attaque et dans la seconde une tendance à la fuite ; mais
« les états de conscience pénibles prédominent » dans la
colère aussi bien que dans la peur ; elles déterminent l'une
et l'autre des « impulsions irrésistibles » (sans parler des
phénomènes vaso-moteurs, plutôt physiologiques que psychologiques) qui décèlent également l'absence du pouvoir
d'arrêt ; enfin, en toutes deux on voit que « l'orientation
est instable » ; et ces caractères nous suffisent pour les
ranger dans la même catégorie : celle des sentiments à base
émotionnelle morbide.

Tout différents sont les sentiments d'amour ; ils sont

---

(1) Féré. *Pathologie des émotions.*
(2) Cf. Ribot. *Psych. des émotions*, p. 221. « A la forme aveugle, animale,
souvent bestiale de la colère, faite tout entière de mouvements violents
et de sentiments pénibles, correspond la folie épileptique. » M. Ribot
compare la forme supérieure à la manie ; mais la fureur n'est pas un
symptôme essentiel de la manie.
(3) *Op. cit.*, p. 217.

en eux-mêmes normaux et ne deviennent morbides que par leur association avec des dérivés de la peur ou de la colère qui introduisent en eux l'instabilité. Quant aux sentiments sociaux, moraux et esthétiques, ils sont tellement opposés à l'instabilité psycho-pathologique que celle-ci les détruit le plus souvent. La discontinuité de la vie mentale, en effet, met un obstacle au développement non seulement des tendances sociales et esthétiques, mais encore des émotions désintéressées. Les idiots, les imbéciles, les faibles d'esprit n'éprouvent de plaisir esthétique que dans certaines auditions musicales, et cela peut-être parce qu'elles sont associées à des sentiments d'ordre inférieur, peut-être aussi parce que l'harmonie musicale, quand elle n'est pas trop savante, produit la plus simple de toutes les impressions artistiques, la plus aisée à saisir, la plus agréable pour des instables à cause de ses variations [1]. Une statue, un tableau se propose à l'étude, à l'admiration, mais il faut que l'observateur maintienne son attention sur eux ; l'harmonie musicale se déroule avec une aisance qui charme et s'impose à l'esprit le plus mobile en se présentant successivement sous tant d'aspects variés. Mais toujours pour qu'un objet excite en nous l'admiration, le sentiment du beau, il faut que l'impression qu'il produit éveille une série d'idées bien liées, accompagnées de sentiments complexes : la synthèse à effectuer est de trop d'importance et de trop longue durée, exige trop d'harmonie entre les diverses phases d'un développement régulier, pour s'achever dans un esprit instable. Il en est de même de la plupart des émotions tendres et sympathiques ; certains dégénérés montrent beaucoup de « sensiblerie » ; mais ils sont vraiment peu touchés par les infortunes d'autrui ; c'est seulement lorsque leurs intérêts immédiats sont directement

---

(1) Voir dans la troisième partie l'opinion de M. Dauriac sur ce point.

lésés que leur émotion a quelque profondeur et quelque persistance.

D'ailleurs, l'instabilité extrême entraîne l'analgésie et
l' « anhédonie[1] », c'est-à-dire l'indifférence morbide. Ce n'est
pas en effet uniquement de l'intensité dans les excitations que
dépend la production de la douleur ou du plaisir, mais surtout de l'aptitude du sujet à apercevoir en lui-même, et
comme en bloc, la série des états psychiques et physiologiques associés à une excitation initiale et à ses conséquences. — Leibniz disait avec raison que la peine et
le plaisir sont des sentiments notables : pour qu'ils le soient,
ne faut-il pas qu'on accorde quelque attention à l'ensemble
des éléments qui, synthétisés, les constituent ? Sans
cette attention, les états de conscience restent froids :
« l'homme affectif disparaît », il ne reste en apparence que
l'être cognitif[2]. Le meilleur moyen de dominer son émotion
n'est-il pas de se laisser absorber par une préoccupation
d'un autre ordre, et de se dérober ainsi vivement à la suite
des aperceptions commencées? On évalue à un dixième de
seconde le retard des états affectifs sur les impressions
sensorielles qui leur donnent le branle : ce qui prouve la
complexité plus grande des premiers et la nécessité d'une
durée plus considérable, qui n'est pas toujours accordée par
le sujet. M. Ribot a bien marqué[3] le rapport de la puissance
d'association et de l'aptitude à éprouver le plaisir ou la
douleur ; or plus une synthèse est complexe, plus elle exige
de durée et de continuité mentale. Les instables sont donc
aussi peu aptes à éprouver de grandes et saines émotions,

---

(1) Le néologisme se trouve dans la *Psychologie des sentiments*, de
M. Ribot, p. 54.

(2) L'apparence serait fondée si l'on pouvait admettre des états absolument neutres. Il est vraisemblable que l'activité intellectuelle la plus
faible ou la plus désintéressée, éveille encore par un libre développement ou
par un devenir contrarié des émotions agréables ou pénibles. Mais le
plaisir et la douleur restent alors presque inaperçus.

(3) *Op. cit.*, p. 45.

agréables ou pénibles, qu'à être mus par des tendances complexes et élevées.

D. — L'INSTABILITÉ PATHOLOGIQUE DANS LES ACTIONS

Pour être capable d'agir normalement, il faut être capable de penser et de sentir normalement. L'instabilité de la pensée et du sentiment entraîne donc celle de l'action. Cependant il est des modes pathologiques dans lesquels la discontinuité des actes apparaît plus nettement que celle de l'intelligence ou de la sensibilité ; ces modes constituent le domaine propre de la pathologie de l'action.

I

Le système des réflexes sert de base à toute activité, instinctive, habituelle ou volontaire. Il permet l'établissement d'un lien qui à l'état normal existe entre les représentations de la conscience supérieure et les mouvements, tel que toute conception simple de mouvement (toute image motrice élémentaire) dans cette conscience est immédiatement suivie de l'acte correspondant dans le corps. Le centre supérieur a une notion très obscure de la multitude de contractions ou d'expansions qu'impliquent ses desseins pratiques les plus rudimentaires ; il ignore presque complètement la plupart des actions et réactions simples que ses décisions engendrent et ne conçoit bien que la fin qu'il poursuit ; mais il trouve en quelque sorte un ensemble de moyens tout préparés pour la réalisation de cette fin. Les réflexes, en effet, se produisent spontanément d'abord, leurs images se forment ensuite dans la conscience, la notion de leurs combinaisons s'associe à la conception de certains desseins, qui bientôt *s'imposent* comme des fins aux centres inférieurs ; et ainsi s'établit l'harmonie des pensées et des actes.

Parce que cette harmonie est contingente, parce qu'elle
repose sur une habitude acquise, elle peut devenir imparfaite ou cesser d'être. Le centre supérieur peut perdre de sa
puissance, les centres moteurs qui lui sont subordonnés à
l'état normal peuvent revenir à leur automatisme primitif[1].
La diversité des actions incoordonnées succède ainsi à
l'unité synthétique de l'activité régulière, l'harmonie fait
place au désordre.

Nous avons établi que l'impuissance de « l'âme » ne
peut avoir d'autre cause que l'instabilité mentale, l'absence
de principes directeurs permanents, avec l'inconstance, la
faiblesse et la discontinuité des aperceptions que cette instabilité entraîne. Dès que le centre supérieur est débile, il
cesse d'être, avec ses conceptions, la fin vers laquelle tendent les activités des centres inférieurs : l'incohérence des
réflexes, les convulsions, les chorées, les paralysies psychiques, les actes automatiques, tous phénomènes consécutifs à l'instabilité pathologique, le prouvent.

On rencontre rarement des cas d'incessante mobilité musculaire. Cependant Rossolimo (*Neurol. Centralblatt*, XIII,
1894) cite l'exemple d'un jeune homme atteint d' « amyo-
taxie » généralisée, sans crampes, sans athétose ni tétanie,
ni tics. Le repos ne pouvait être obtenu que pendant la nuit
ou par une concentration exceptionnelle de l'attention. La
présence chez le même malade d'autres troubles purement
psychiques, et surtout d'impulsions, prouve qu'il s'agit bien
d'un cas où l'instabilité mentale est foncière.

Chez le maniaque, la mobilité des idées semble parfois
s'être transformée en mobilité excessive des membres. Ses

(1) Comme nous l'avons déjà fait remarquer (1ʳᵉ partie, ch. III), l'automatisme n'entraîne pas la désagrégation psychologique. Dans le « latah »
indien, étudié par Van Brero à Java, le malade parle ou exécute des mouvements malgré lui ; il en a pleine conscience, mais ne peut se retenir.
La lallation involontaire et l'écriture automatique que nous rencontrerons
plus loin ne sont pas d'une autre nature que ces accidents du « latah ».

actes sont alors tellement incohérents qu'ils ne peuvent
aboutir ; il est inapte à toute occupation manuelle ; à peine
tient-il un pinceau qu'il couvre sa toile de taches de couleur, sans harmonie ni signification ; il ne peut jouer convenablement d'un instrument de musique. Les réflexes sont
brusques, exagérés ; leur succession est parfois épileptoïde.

Certains enfants de tempérament débile ressemblent aux
maniaques, quoique généralement chez les premiers l'incohérence des actions soit moins manifeste. Les névroses
infantiles, en s'aggravant, prennent les formes convulsive,
choréique, épileptique, hystérique.

L'état convulsif est constitué par une succession de
secousses musculaires avec contractions intermittentes, à
plus ou moins long intervalle. On distingue les convulsions
cloniques des convulsions toniques, mais simplement parce
que dans ces dernières les contractions se succèdent avec
une telle rapidité qu'elles causent l'apparence d'une tension
continue. Les convulsions toniques, quand elles se prolongent,
sont des contractures ; quand elles sont localisées, on les
nomme des crampes. Les tics sont également des convulsions très localisées. Les contractures, les crampes et les
tics, tout à fait hétérogènes aux fins proposées et généralement nuisibles à leur réalisation, viennent soudain interrompre l'action normale : ce sont donc vraiment des manifestations de discontinuité mentale dans l'ordre moteur.

La chorée est caractérisée par la production d'une série
de mouvements involontaires dans certains membres ou dans
certains organes. La chorée rythmée se distingue par la
coordination de ces mouvements : les malades sautent, dan-
sent, gesticulent automatiquement, en cadence ; ce n'est
pas le désordre complet, mais c'est le degré inférieur de
l'ordre, puisque le rythme naît dans ce cas de la répétition
d'un mouvement simple ou d'un mode élémentaire du mouvement ; d'ailleurs, le passage brusque de l'activité volon-

taire aux actes involontaires constitue une solution de continuité caractéristique de l'état pathologique.

Lorsque la chorée n'est pas rythmée [1], elle est au plus haut degré « une agitation constante » : les mouvements automatiques « sont indéfiniment variés et multiples ; les membres s'étendent, se fléchissent, se contournent... chaque mouvement est incomplet et bientôt entravé par un mouvement différent. La physionomie exprime alternativement et coup sur coup la tristesse et la gaîté, la terreur et le chagrin. Dans les cas graves, tout mouvement volontaire devient impossible ; les malades ne peuvent ni manger, ni s'habiller seuls, ni parler couramment... ils sont hors d'état de parler de continu ». Bref « les mouvements de la chorée semblent provoqués par les caprices d'une volonté incessamment changeante [2] ». Quand une occupation captive le sujet, la chorée cesse. Une malade dont parle Preston (*New York medical Journal*, mars 1896) reprenait son calme lorsque sa lecture l'intéressait vivement.

Si nous passons des troubles généraux de la motricité aux troubles spéciaux d'une fonction active, nous trouvons tout d'abord l'ataxie locomotrice, « abolition complète ou incomplète de la coordination motrice », qui se réduit quelquefois, à un manque d'équilibre, mais qui, sous sa forme ordinaire, rend presque impossible la marche et la station debout.

(1) C'est alors la chorée de Sydenham, distincte de la grande danse de Saint-Guy, de la grande chorée hystérique, des spasmes saltatoires et des tics convulsifs. La chorée de Sydenham n'a pu encore être rattachée avec certitude à aucune lésion du système nerveux. La théorie anglaise l'attribue à des embolies capillaires dans les masses grises de l'encéphale ; M. Massolongo à une altération nutritive des cellules motrices. Tout nous porte à croire que c'est un fait purement psycho-pathologique, dont une émotion trop vive serait le plus souvent, comme le croit M. Chaffard (*Arch. neurol.*, 1895, t. I), simplement la cause occasionnelle.

(2) Hallopeau. *Pathologie générale*, p. 704, 705, 706. — Ils s'accompagnent d'ailleurs fréquemment de troubles intellectuels variant des hallucinations au délire. Le Dr Bernstein a cité un cas qui montre la distraction, la faiblesse de la mémoire, par conséquent l'instabilité intellectuelle antérieure d'au moins un mois aux mouvements choréiques.

L'ataxique, quand il fait des mouvements, dépasse le but on ne l'atteint pas ; aussi doit-il avoir les yeux fixés sur ses pieds pour en régler la direction. Aucun système de mouvements ne peut se développer régulièrement chez lui ; « l'innervation motrice, dit Axenfeld, s'opère par saccades ». — Si, comme le croient de nombreux auteurs, l'ataxie n'est qu'un symptôme [1] de maladies diverses [2], on peut dans bien des cas n'y voir qu'un défaut de coordination et qu'un désordre causé « par le jeu involontaire de certains groupes musculaires (par conséquent de certaines images motrices) qui entravent les mouvements voulus et détruisent leur régularité ».

Certains malades ne peuvent avancer en ligne droite que pendant quelques instants ; d'autres, après avoir fait trois pas en avant, s'arrêtent pour repartir ensuite. On dit que chez eux l'innervation est intermittente ; ne vaudrait-il pas mieux dire que la représentation du mouvement à accomplir se construit ou agit d'une façon discontinue ?

Il faut rapprocher de ces cas toutes les inhibitions motrices qui ont reçu le nom de paralysies psychiques ou hystériques [3]. Toutes les paralysies hystériques sont des

(1) Sur l'ataxie, diverses théories ont été émises (théorie sensitive de Leyden, théorie motrice d'Erb, théorie cérébrale de Jendrassik). Pour Charcot, certaine variété d'ataxie est une entité morbide distincte. Cataneo l'attribue à des troubles du sens musculaire.

(2) Mac-Cartie la trouve dans la paraplégie, la sclérose, la paralysie générale, la névrite, les lésions du cerveau et de la moelle, l'alcoolisme; mais aussi dans l'hystérie et chez de simples dégénérés.

(3) Duchenne de Boulogne a traité de la « paralysie de la conscience musculaire », c'est-à-dire de la suppression complète du rôle joué, dans la vie normale, par les représentations confuses des contractions et expansions que doivent effectuer nos muscles pour produire des mouvements déterminés. Bell a observé des malades en qui le défaut de représentations visuelles entraînait la paralysie des membres; Strumpell a relaté un cas d'inertie motrice consécutive à l'absence de toute excitation sensorielle ; Dana a constaté des cas de paralysie motrice par perte des souvenirs tactiles et de la facilité de localiser les contacts. Autant de preuves de l'étroite liaison des représentations d'ordre moteur et des mouvements du corps. Mais M. Pitres croit à un « trouble des innervations motrices »

paralysies psychiques, mais, comme l'a fait remarquer Freud[1],
la réciproque n'est pas vraie. La paralysie psychique est
donc la forme la plus générale : elle porte toujours, non sur
quelques muscles isolés, non sur une région anatomique,
mais sur une forme déterminée de mouvement. On distingue la paralysie psychique généralisée, « *par abdication
de la vie conceptuelle* », de la paralysie localisée, « par
détournement de la provision d'énergie psychique » ou par
défaut d'activité mentale. La première aboutit à une sorte de
stupeur ; ce qui montre bien que, lorsque la vie intellectuelle
est tout entière livrée à l'instabilité, des mouvements coordonnés ne peuvent d'aucune façon se produire. La seconde
est, elle aussi, liée à la débilité intellectuelle, à l'insuffisante clarté des représentations motrices ; mais la faiblesse
de l'esprit ne se manifeste qu'à l'occasion d'opérations
déterminées, comme dans les anesthésies systématiques.

Les muscles du membre paralysé, « soumis à un examen
méthodique, dit Charcot[2], ne présentent aucune modification des réactions électriques, soit faradiques, soit galva-
niques, pas le moindre soupçon de dégénérescence ». Le
trouble semble donc être de nature « centrale » ou même
purement psychologique. S'il y a « détournement, mauvaise
répartition de l'énergie psychique », est-ce parce que « les
fibres d'association » cessent de fonctionner dans le cerveau[3],
parce que les neurones sont privés de leurs connexions
normales ? Ou bien faut-il dire que les images motrices
cessent complètement de s'associer ou ne s'associent plus
selon le mode régulier et habituel ? — En réalité, l'effet produit ne correspond pas à l'effort dont le sujet a le sentiment ; beaucoup de muscles subissent une modification

s'ajoutant à celui des représentations ramené (par Friedlœnder et P. Janet) à la suspension de l'activité cérébrale de synthèse.

(1) Neurol. Centralblatt., XIV, 1895.
(2) *Maladies du système nerveux*, III, p. 391.
(3) Comme le prétend Freud.

qu'ils ne devraient pas subir ; des mouvements incohérents et imparfaits sont engendrés, dans la production desquels l'énergie se dépense en vain ; et si le membre ou l'organe spécialement visé reste inerte, ne peut-on pas dire, presque sans sortir de la description du fait, qu'il ne reste plus assez d'énergie qui s'applique spécialement à lui ? Or nous savons que l'énergie psychique est inséparable de la systématisation, de la liaison des moments successifs : la paralysie psychique localisée résulte donc tout d'abord de l'instabilité de l'esprit, dont les conceptions motrices, après avoir mis en vain de nombreux muscles en action, ne durent pas assez pour donner le branle au groupe seul susceptible de les réaliser. La fatigue survient, le plus grand effort est fait avant que les résultats désirés aient été obtenus.

On peut nous demander maintenant : Pourquoi presque tous les autres muscles du corps sont-ils mis en mouvement avant que ceux qui devraient l'être reçoivent l'impulsion ? Pourquoi ce désordre dans les « innervations » ? — C'est que la conception motrice est trop vague, trop peu aperceptive, trop incomplète, pour déterminer sans hésitation des mouvements précis. (Elle reste même parfois simple tendance à l'action[1].) C'est qu'en outre, à la faveur de la débilité mentale, l'automatisme des centres inférieurs s'est accru ; c'est qu'enfin le membre ou l'organe paralysé est *déjà l'objet du mépris de la conscience : il est anesthésique.* « La sensibilité normale[2] a complètement disparu... Le sens musculaire fait défaut ; le malade, un écran placé devant les yeux, ne peut

_____

(1) La volonté ou l'attention donne de la clarté, de la précision aux conceptions qui doivent se réaliser ; elle les impose ainsi au corps ; le manque de volonté ou d'attention a donc nécessairement pour effet l'inefficacité pratique des conceptions motrices. (Quand nous parlons de volonté ou d'attention, nous nous gardons bien de réaliser deux abstractions : nous voulons parler de la personnalité normale, en tant qu'elle choisit et affirme son choix, par opposition à la personnalité morbide qui ne se fixe pas et ne peut pas affirmer avec énergie un choix durable.)

(2) Charcot. *Loc. cit.*

(par exemple) trouver avec sa main gauche un point quelconque du bras droit (paralysé) et n'a aucune notion des diverses articulations de ce membre. » C'est donc une partie du corps *oubliée* au point de vue moteur comme au point de vue intellectuel.

Pour qu'un groupe déterminé de muscles en vienne à se refuser constamment à l'action, pour qu'une fonction motrice particulière soit abolie, pendant plus ou moins longtemps d'une façon permanente, il suffît que, d'abord accidentellement, le mouvement désiré ne se soit pas produit (par exemple, par suite d'une douleur éprouvée en une partie du corps — « akinesia algera » de Mœbius)[1]; qu'ensuite le sentiment qu'a le sujet de son incapacité à cet égard devienne en lui de plus en plus fort, de sorte qu'aucune tentative sérieuse en vue de l'action ne soit faite qui ne soit contre-balancée aussitôt par une auto-suggestion inhibitrice de plus en plus puissante; et cela parce qu'on croit aisément même aux absurdités accidentellement conçues, lorsqu'on a de la peine à coordonner ses idées. Ainsi, le défaut de continuité mentale est à tous les points de vue la condition première de ces troubles de la motricité[2], d'autant plus graves qu'ils atteignent des processus plus habituels. C'est ce qui explique les effets de la terreur, ce délire émotif et représentatif : « elle entraîne nécessairement avec elle un sentiment d'impuissance motrice des membres inférieurs et produit au plus haut degré une parésie paraplégique[3] ». De là vient

---

(1) De véritables paralysies psychiques, dit M. P. Janet (*France médicale*, 6 décembre 1895) peuvent survenir à la suite d'une petite contracture négligée ou intermittente. Voir plus haut, 1re partie, ch. III, p. 91.

(2) Le Dr Hughes (*The alienist and neurol.*, octobre 1896) a montré que dans les différentes névroses professionnelles (paralysies des écrivains, des musiciens, des graveurs, etc.), la fatigue des muscles intéressés n'est pas excessive et ne saurait être considérée comme la cause des psychopathies ; les causes réelles sont : le genre de vie sédentaire, le surmenage, l'épuisement du système nerveux général, les prédispositions morbides, la débilité mentale.

(3) Charcot. *Syst. nerveux*, III, p. 454. — Cf. Darwin. *L'expression des émotions*, trad. française, 1877, p. 30.

encore la coexistence presque constante, en un sujet, des paralysies psychiques, des anesthésies et des amnésies, toutes également « sine materia » en apparence.

Morel, Westphal, Legrand du Saulle, Falret, Magnan ont appelé « délire du contact » une psychopathie qui semble n'être généralement qu'une incapacité motrice par inhibition inconsciente. Les malades hésitent à faire un mouvement de préhension ou s'arrêtent au cours de l'acte parce que, dit-on, ce mouvement, cet acte aboutirait à l'attouchement d'un objet devenu odieux. Mais M. Pierre Janet a montré [1] que d'une part la prétendue répulsion inspirée par l'objet n'est qu'un prétexte fourni par le malade qui cherche à s'expliquer son incapacité; que, d'autre part « la formation de cet ensemble complexe d'idées et d'images par lequel il est nécessaire de se représenter « l'acte pour prendre un objet déterminé » est devenu difficile ou impossible. Cependant M. Janet ne voit pas ici une paralysie hystérique, parce que, dit-il, « d'une manière générale les « mouvements ne sont pas supprimés, que certains sont « plutôt exagérés et que tous les actes suggérés peuvent « s'accomplir ». Mais le propre de la paralysie psychique est de ne porter souvent que sur un mode d'activité et d'être essentiellement transitoire, susceptible de disparaître dans l'état d'hypnose devant une suggestion. M. Janet appelle cette sorte de paralysie psychique une manifestation « d'aboulie », à bon droit assurément, car l'absence de volonté est évidente; mais s'il reconnaît qu'il s'agit d'un défaut de puissance synthétique portant sur certaines représentations, ce qui fait toute la différence entre la paralysie psychique proprement dite et cette incapacité idéo-motrice, c'est que dans la première il y a inhibition d'une activité habituelle, tandis que dans le second cas il se produit une

___

(1) *Revue philosophique*, avril 1891.

inhibition de quelque mode d'activité accidentellement proposé. L'explication reste foncièrement la même.

II

Les troubles psychiques de la motricité consistent plus souvent encore en des déviations qu'en des inhibitions : aux erreurs de l'intelligence correspondent les erreurs de l'action. Sans qu'on sache pourquoi, on devient soudain incapable d'un travail manuel. Dal..., occupé dans une maison de commerce à la machine à écrire, commet à chaque instant des fautes : ses doigts « se posent où il ne faut pas ». Comment ne pas rapprocher son cas de celui de l'ataxique qui jette ses pieds « plus loin qu'il ne faut » ? Des effets analogues ne peuvent être produits que par des causes analogues.

Parmi les actes à la fois volontaires et habituels, un des plus intéressants est celui d'écrire. Il demande, quoique relativement peu d'éléments musculaires entrent nécessairement en jeu, la coordination de représentations si nombreuses et si complexes, de tant de souvenirs, de tant d'habitudes bien acquises ou en voie d'acquisition, que l'on peut dire qu'en chacun de nous l'écriture est un art tout personnel. La graphologie risque d'avoir le sort de la cranioscopie; elle mérite peut-être mieux. Sans doute, elle ne permettra pas un diagnostic certain de l'état d'âme où se trouvait celui qui, négligemment ou intentionnellement, traça quelques lignes ou apposa sa signature; mais elle a pour fondements quelques principes vrais : à chaque personnalité correspond d'abord une écriture particulière; en outre, les circonstances dans lesquelles le sujet se trouve placé modifient plus ou moins les habitudes prises et se traduisent, quoique très imparfaitement, par un léger changement dans la manière de tracer ou de relier les lettres [1]. Les hystériques, par exemple, ont fréquemment une écriture différente pour chacun de leurs différents états [2].

Dans les cas pathologiques autres que la paralysie psychique spéciale appelée « agraphie [3] » (qui doit recevoir la même explication que toutes les autres paralysies psychiques : conceptions incomplètes et inaperçues, auto-suggestion, instabilité pathologique grave), certaines lettres ne s'achèvent pas, certains mots sont incomplets, d'autres sont répétés automatiquement plusieurs fois; un malade intercale entre les groupes de quatre ou cinq mots qu'il écrit la conjonction « et »; un autre néglige l'article; souvent, c'est une même lettre constamment omise dans tous les mots tracés [4].

(1) Voir Crépieux-Jamin. *L'Écriture et le caractère*, Paris, F. Alcan; Tarde. *La Graphologie*. Rev. phil., 1897, t. XLIV, p. 337. « La décaractérisation de l'écriture me paraît être un symptôme inquiétant, » Ibid., p. 348.

(2) Voir Revue philos., 1886. *Essais de graphologie expérimentale*, par Ferrari, Héricourt et Richet.

(3) Il y a une agraphie d'origine biologique qui est liée, d'après le D' Souques, à une lésion du pli courbe et des radiations optiques, par conséquent à la cécité verbale de cause anatomique. — Il n'y a pas, dans ce cas, de lésion du « centre moteur graphique », comme le pensait Charcot, qui rattachait les mouvements de l'écriture à un centre nerveux particulier; Wernicke et Déjerine estiment que parler ou écrire, c'est reproduire un modèle auditif ou visuel (dont l'aperception fait défaut à certains malades); la cécité verbale serait donc la cause de l'agraphie. (Voir Souques, *Revue neurologique*, 15 février 1894.) En général, l'image seule étant motrice, les troubles de la motricité sont dus à des troubles de la représentation.

(4) Au premier rang des troubles de l'écriture il faut placer, d'après Erlenmayer et Preyer (*Zur psychologie des Schreibens*, Hambourg et Leipzig, Voss., 1895) deux anomalies bien distinctes : l'écriture ataxique et l'écriture tremblotante. « L'écriture ataxique se rencontre régulièrement dans certaines maladies du cerveau et de la moelle épinière, dans le cas d'ivrognerie invétérée, dans certaines formes de la crampe de l'écrivain. » En outre, Preyer distingue : les « anomalies expressives » qui seraient dues aux troubles du centre coordinateur des mouvements du bras et de la main; les « anomalies centrales », dues à un état anormal du cerveau; enfin les « anomalies impressives » qui se produiraient parce que « dans les parties corticales et dans la périphérie, bien que saines et suffisantes pour l'écriture, des courants viendraient du fond du cerveau qui ne seraient pas en rapport immédiat, par suite de courants instables, avec l'image à tracer ». La plupart des troubles de l'écriture peuvent être provoqués par la fatigue dans un sujet ordinairement sain : Preyer en a fait l'expérience sur lui-même. Elles sont dues à une diminution du pouvoir synthétique et inhibiteur, affaiblissement qui favorise l'automatisme (écriture automatique ou simplement mouvements incoordonnés).

Rien ne saurait favoriser davantage l'omission de certaines lettres qu'une écriture dont les caractères sont simplement juxtaposés, sans liaison entre eux ; au contraire,
l'habitude de tracer sans discontinuité des groupes de lettres
diminue sensiblement la fatigue et les chances d'erreurs.
L'usage que penseurs ou commerçants font de l'écriture
semble demander qu'elle soit le plus possible automatique,
et qu'un mininum d'effort et d'attention soit suffisant pour
mettre en branle un mécanisme aussi complexe [1]. De même
qu'une ouvrière habile pourrait, tout en méditant profondément, mouvoir la pédale d'une machine à coudre et diriger
une étoffe sous l'aiguille, le tout sans subir un dédoublement
de sa personnalité, mais simplement parce que le travail mécanique lui serait habituel et n'aurait pas besoin de beaucoup d'aperception ; de même nous tendons à pouvoir écrire
des phrases habituelles, de longues suites de mots sans y
faire attention et tout « en songeant à autre chose, » pourvu
qu'une première idée claire, fût-elle très rapidement aperçue, produise en nous l'indispensable « déclenchement[2] ».

L'écriture automatique des dégénérés (hystériques,
médiums, spirites) n'est qu'une expression morbide de cette
tendance à manifester par l'écriture une suite obscure de
pensées tandis qu'une autre série de représentations, d'ordre
tout à fait différent, est aperceptive. — M... (anesthésique

(1) « Vu l'action, étudiée par les graphologues, des états psychiques sur
les mouvements s'y rattachant et la réaction étudiée par les psychologues
des mouvements sur les états psychiques, les parents devraient s'occuper
sérieusement de faire prendre à leurs jeunes enfants d'abord, quand ils
commencent à écrire, puis dès ce moment et toujours dans la suite s'ef-
forcer de leur donner, autant que possible, une écriture pleine, harmo-
nique. Si l'écriture peint le caractère et exprime l'intelligence, cette peinture, par les mouvements qu'elle implique et les suggestions mentales
qu'elle entraîne, doit influer beaucoup sur tout le travail habituel de l'esprit. » (B. Pérez — L'éducation intellectuelle dès le berceau; Cf. Compayré.
Cours de pédagogie, th. et pratique, p. 289.)

(2) Carpenter (Mental physiol., 4e édit., p. 710) cite le cas d'un reporter
qui, s'étant endormi de fatigue à la Chambre des Communes, continua à
prendre correctement des notes pendant son sommeil qui fut sans doute
très court.

du côté droit), est en état de somnambulisme. Nous la prions de réciter un morceau de poésie très long ; l'effort qu'elle fait pour se souvenir et soigner le débit semble absorber toute son attention ; nous lui disons alors à voix basse : « Ecrivez une lettre à M. Sabrazès[1] », et en même temps, nous plaçons un crayon dans sa main droite anesthésique. Ainsi, elle n'a conscience ni de l'invitation à écrire, ni de la possession du crayon. Pendant que la récitation continue, la main trace ces lignes d'une parfaite cohérence : « Monsieur, vous paraissez ne (pas) croire à mes douleurs névralgiques. Vous avez tort de ne (pas) y croire. Mes douleurs névralgiques sont bien réelles. Je ne m'amuserais (pas)[2] à vous déranger pendant la nuit. » — Tandis qu'elle écrivait, la malade n'a paru avoir aucune conscience de son action si intelligente et si complexe ; tout entière à sa récitation, elle a prêté si peu d'attention à son écriture qu'elle « ne se souvient pas d'avoir tracé une seule lettre[3] ».

Si l'écriture automatique était l'œuvre d'une subconscience, il faudrait dire que dans le cas de M... la conscience supérieure n'a pu s'occuper que de la récitation, et a laissé à une synthèse inférieure le soin de se réaliser elle-même. Mais un autre cas va peut-être nous éclairer sur la nature du premier. Jos... se prête à peu près de la même façon à la même expérience ; elle récite un morceau de poésie et écrit en même temps les paroles d'une chanson ; mais bientôt la récitation devient saccadée, elle s'interrompt, et l'écriture est alors plus active ; elle reprend et l'écriture est sur le point de s'arrêter ; ainsi l'esprit de la malade semble

---

(1) Alors (en 1892), interne à l'hôpital Saint-André, aujourd'hui professeur agrégé à la Faculté de médecine de Bordeaux. Nous lui devons beaucoup pour le concours qu'il nous a prêté dans la plupart des expériences relatées dans cet ouvrage.

(2) Les mots entre crochets n'ont pas été écrits par la malade.

(3) Observation publiée par nous dans la *Gazette hebdomadaire des Sciences médicales*, Bordeaux, 6 novembre 1892.

aller alternativement de la récitation à l'écriture ; enfin, c'est la récitation qui devient automatique et c'est l'écriture qui est pleinement consciente [1]. Jos..., interrogée sur ce qu'elle vient de faire, déclare avoir récité d'abord, et ensuite, elle ne sait par quel caprice, s'être mise à écrire : elle n'a pas conscience d'avoir commencé à écrire au début de l'expérience, et continué à réciter vers la fin. Ne semble-t-il donc pas que, pendant qu'elle s'apercevait récitant, son attention se portait sur les pensées que décelait l'écriture, trop rapidement pour qu'elle s'en aperçût, assez longtemps pour renouveler l'impulsion indispensable au déclenchement d'un mécanisme tout préparé ? Pendant qu'elle s'apercevait écrivant, la même oscillation imperceptible se produisait assurément ; et c'est une oscillation analogue de l'attention qui permettait à M... d'écrire une lettre aussi significative tout en paraissant absorbée par sa récitation ; c'est la discontinuité du processus aperceptif qui permet à un processus beaucoup plus obscur, mais généralement habituel, de se poursuivre. Dans celui-ci même, l'instabilité apparaît parfois : elle est rendue sensible chez M... par l'écriture saccadée, par la tendance à la répétition de certaines lettres à la fin des mots, par la suppression de toutes les prépositions « pas », par les fréquents arrêts du tracé ; chez Jos..., nous l'avons déjà signalée en indiquant les interruptions dans la récitation ou l'écriture.

L'introduction par endroits de l'écriture automatique, dans le cours d'une écriture normale [2], explique la plupart

---

(1) Si l'action automatique était l'œuvre d'une subconscience, il faudrait admettre dans ce cas que la subconscience et la conscience par moments échangent leurs rôles et que c'est tantôt l'une, tantôt l'autre qui écrit, ou qui récite ; ou bien qu'alternativement chacune des deux activités devient nettement consciente. La première hypothèse est inadmissible, la seconde se ramène à l'explication par l'instabilité.

(2) MM. Vallon et Marie, après Calmeil, ont signalé une introduction analogue du langage automatique dans le langage volontaire (*Arch. de neurol.*, janvier 1897). Voir plus loin, p. 173.

des additions de mots ou de lettres que l'on rencontre dans les écrits de certains névropathes, et aussi l'apparition au milieu d'une rédaction de longues phrases entièrement étrangères au sujet : c'est une série d'images motrices qui se réalise à l'insu du malade, parce qu'une pensée plus ou moins riche, s'est glissée au milieu des autres pensées plus clairement aperçues, et a profité d'une défaillance de l'attention inhibitrice pour se manifester par l'écriture [1].

Le langage et l'écriture sont intimement liés, et certains troubles de l'écriture ont un rapport spécial avec certains troubles du langage [2]. On peut *lire* sans émettre des sons, ce qui revient à comprendre sans parler ; c'est pourquoi l'alexie se distingue de l'aphasie. L'alexie totale fait que le malade n'attache aucune signification aux signes qu'il voit ; c'est un trouble intellectuel. L'alexie littérale fait que le malade reconnaît les lettres, mais ne les prononce pas spontanément à voix haute ; l'alexie verbale fait qu'il reconnaît les lettres et les mots, mais qu'il ne peut prononcer les lettres que séparément : il est aphasique pour les

(1) Marie... n'a pas voulu indiquer le motif de sa tentative de suicide. Nous plaçons, sans qu'elle s'en aperçoive, un crayon dans sa main anesthésique et nous causons de cette tentative. Alors la main écrit le mot révélateur : « Louis » que la malade avait la ferme intention de ne pas divulguer.

(2) Les nombreuses lalopathies ont été classées par Preyer, après Kussmaul, de la façon suivante (Voir *L'âme de l'enfant*, traduction française, p. 318 sq.) : 1° troubles consécutifs à la non-audition des mots, ou à la paracousie, ou au défaut de compréhension, ou au défaut de souvenir verbal, par conséquent à l'absence des représentations verbales à réaliser (par exemple aphasie et dysphasie amnésiques) ; 2° troubles par impuissance motrice : le mécanisme de la phonation n'entre pas en branle ou est très imparfait (agrammatisme, dysgrammatisme, aphasie ataxique, dysarthrie et anarthrie, lallation, balbutiement, bégaiement, achoppement des syllabes, paraphrasie) ; 3° troubles logiques (logorrhée, écholalie, bradyphrasie, etc.).
Voir : Charcot. *Cécité verbale*, 1874 ; *Maladies du système nerveux*, III, p. 426, 437 ; Egger. *La parole intérieure* (1881, p. 64) ; Bruns (Neurol. Centralb., 1864, t. XIII) ; Déjerine. *Aphasie motrice corticale*; Janet (Rev. phil., 1, 1895) ; Gossen (Arch. f. psych., XXV, 1) ; Pailhas. *Aphasie transitoire* (Arch. de neurol., t. XXIX) ; Thomas et Roux (Comptes rendus Soc. de biol., 6 juillet 1895) ; Wundt (Psychol. physiol., I, 166) ; Preyer. *L'âme de l'enfant*; John Willie. *Les troubles du langage*.

sons complexes si on ne lui en fournit pas le modèle immédiat, s'il doit inventer et non répéter. Au point de vue moteur, les troubles de la phonation sont seuls intéressants, et c'est pourquoi nous négligerons ici les troubles de la compréhension qui ont d'ailleurs été étudiés plus haut.

L'impossibilité d'émettre des sons tient parfois à une paralysie psychique comme l'agraphie [1]. Or le mécanisme de la parole est encore mieux établi chez un adulte normal que le mécanisme de l'écriture; c'est dire que, pour en produire le déclenchement, une plus faible aperception de la conception motrice correspondante, si cette conception pouvait s'achever, serait suffisante [2]. L'aphasie complète est donc un indice de psychopathie grave. Cunningham a constaté que, dans un cas d'épilepsie, elle avait été précédée : 1° de la perte du sens musculaire ; 2° d'anesthésie ; 3° d'analgésie ; 4° de la perte du sens thermique ; et que, par conséquent, la faculté de parler ne disparaissait qu'après la plupart des fonctions sensorielles normales. La parole en effet existe encore alors que beaucoup de troubles sérieux se sont manifestés dans les autres activités psychologiques. Elle doit cette persistance à sa nature presque automatique.

Quand l'impossibilité d'émettre des sons n'est pas complète chez un malade, on trouve de l'embarras dans la parole, avec émission involontaire de mots impropres à désigner les objets présentés (« recurring utterance » de Jackson); et dans des cas moins graves du bredouillement, du balbu-

---

(1) Voir sur l'agraphie la note 3 de la page 165. Il s'agit ici de l'agraphie et de l'aphasie purement psychiques. Les muscles ne présentent aucune paralysie ; c'est la fonction spéciale qui est détruite, sans que l'organe correspondant soit lésé.

(2) Les travaux de Wernicke et de Déjerine ont fait substituer à la conception de Charcot (qui distinguait des aphasies sensorielles et des aphasies motrices) une conception plus simple : celle qui ramène toutes les aphasies à des troubles consécutifs à la perte des images visuelles ou auditives (Voir P. Janet. *Revue philosophique*, t. I, 1893, I, 569). En réalité, il n'y a pas perte d'images, mais défaut d'aperception ou reconstruction incomplète des représentations sensorio-motrices.

tiement, du bégaiement[1]. A mesure que le trouble diminue, il devient de plus en plus aisé d'abord d'aboutir à l'émission de sons déterminés, ensuite de prononcer les syllabes sans gammacisme ou sigmatisme, etc.; puis de prononcer les mots sans « achoppement des syllabes », enfin de juxtaposer couramment les termes dans une proposition, les propositions dans une phrase, les phrases dans un discours[2].

Chez un malade dont le cas est rapporté par le Dr Planat[3], l'émission de la parole était liée à des phénomènes convulsifs analogues, sauf l'exagération, à ceux que suscitent chez les bègues les difficultés qu'ils éprouvent à parler couramment. Si on lui adressait une question, sa physionomie prenait un aspect de contrainte et de gêne, les muscles du visage, puis ceux du cou et du thorax se contractaient, le rythme respiratoire était profondément modifié. Les contractions s'étendaient au bras droit, qui ensuite s'agitait en mouvements convulsifs; les membres inférieurs prenaient part aux secousses subies par tout le corps. Enfin la réponse sortait par lambeaux, avec difficulté, comme par une série d'explosions augmentant l'intensité des secousses. Comme les bègues, le sujet se hâtait de répondre avant d'avoir eu le temps de coordonner ses efforts musculaires. Ses mots étaient autant de manifestations épileptoïdes.

L'observation du Dr Planat est surtout intéressante parce qu'elle nous montre un trouble du langage nettement lié à l'instabilité mentale du sujet. Ce malade était « un instable dans ses pensées, ses actions, son humeur, ses tendances,

(1) D'après John Willie (les Troubles du langage), le bégaiement est dû au retard du fonctionnement du larynx, par suite d'une mauvaise distribution de la force nerveuse et de contractions spasmodiques des muscles, sauf le larynx. Cette théorie du bégaiement, par son analogie avec celle que nous avons émise au sujet des paralysies psychiques, montre la parenté ou même l'identité foncière des deux sortes de faits morbides.

(2) Cf. Kussmaul. Troubles de la parole, et notre étude sur le même sujet dans la Gazette hebd. des sc. médic., Bx. 1893.

(3) Cf. Archives de neurol., octobre 1896.

effleurant tout, n'approfondissant rien, à volonté très intermittente, à émotivité facile, à impulsions ». Il en est de
même plus ou moins de tous ceux qui présentent des
« lalopathies ». De certains on peut dire, tant est grande
leur distraction, que « les mots échappent à leur esprit à mesure qu'ils doivent être prononcés ».

Bref, dans le mutisme hystérique, le sujet, incapable de
faire effort, ou bien pour reconstruire les images motrices
indispensables, ou bien pour ⌣oordonner ses mouvements,
ressemble à l'anesthésique incapable de faire effort pour
percevoir ; dans tous les autres cas où il ne parvient pas,
malgré des efforts, parfois démesurés, parce qu'ils sont incoordonnés, à assembler les éléments d'un mot, d'une phrase,
d'un discours, il montre encore de quelle nature est sa débilité.
En présence de ces troubles on comprend combien la véritable
éloquence exige de suite dans les idées et de continuité dans
les efforts ; et quelle admirable manifestation de notre puissance
synthétique est le langage ordinaire lui-même chez l'être
normal.

La parole intérieure [1] semblerait devoir être plus aisée
que la phonation, et pouvoir, du moins dans la plupart des
cas de mutisme hystérique, subsister pour le sujet en lui-
même. Elle lui est d'ailleurs presque indispensable pour
la compréhension rapide des pensées transmises par l'écriture. Quand on lit sans parler haut, sans mouvoir les lèvres,
il est certain qu'on n'attache pas à chaque mot son sens
propre, que l'on ne conçoit pas, à parler strictement, chaque
idée exprimée, que l'on se contente d'acquérir le signe,
sans songer expressément à la signification. Il est une
foule de mots qu'on lit sans les comprendre, parce que
lire c'est intercaler des symboles entre les idées, c'est unir

---

(1) Dodge (*Die motorischen wortvorstellungen*, Halle. Max Niemeyer, 1896)
appelle « parole mentale » celle dont les éléments sont constitués par la
reproduction des sensations motrices que donne le parler à haute voix. La
parole intérieure ne saurait différer de la parole mentale.

le psittacisme à la claire pensée [1]. La parole seule permet
d'abréger, par l'usage de signes, les opérations de l'esprit.
La parole intérieure nous est donc en un sens aussi nécessaire
que la phonation complète. Mais on ne saurait appeler proprement « parole intérieure » une série d'ébauches vocales
qui n'aboutiraient pas à s'extérioriser, comme celles que
les vaines tentatives des bègues permettent de concevoir.
La véritable parole intérieure tient plutôt à une inhibition
qu'à un défaut d'extériorisation ; on se retient de parler
haut, de mouvoir ses lèvres, d'innerver pleinement son
larynx. On a alors le sentiment de mouvements commencés
dans les divers organes de la phonation ; on éprouve
diverses tendances motrices ; on conçoit rapidement [2] la
prononciation de chaque mot et on perçoit une série de
modifications imperceptibles pour le dehors, mais qui suffisent à objectiver la pensée pour soi aussi bien qu'elle le
serait pour les autres par la parole.

Or, ceux qui sont incapables, pour des raisons purement
psychologiques, de faire correspondre des sons à leurs idées,
sont souvent incapables de produire en eux ces modifications nerveuses et musculaires qui correspondent à l'émission verbale sans la produire. En effet, ce qui leur manque
essentiellement, ce sont ces images verbales dont la rapide
aperception constitue le langage intérieur. Ils sont même
moins capables que les sujets normaux de penser tout bas,
car ils ont moins de force inhibitrice. Au contraire, la discontinuité mentale peut se traduire chez eux par la phonation
involontaire qui correspond à l'écriture automatique [3]. Parce
qu'ils ne peuvent inhiber leurs mouvements, certains malades

(1) Cf. Dugas. *Le psittacisme* ; Egger. *La parole intérieure*, Paris, Alcan.
(2) « La parole intérieure, dit M. Egger (*Revue philosophique*, 1895, t. II,
p. 46) peut être plus rapide que l'extérieure et le monologue purement
intérieur d'un esprit enthousiaste ou agité est sans doute le phénomène où
la parole atteint son maximum de rapidité. »
(3) Voir plus haut page 168, note 2.

disent tout haut ce qui leur vient à l'esprit. L'hétérogénéité de leurs pensées fait la bizarrerie de leur langage. Soudain une proposition inattendue, d'apparence bizarre, s'intercale entre des jugements sensés ; tantôt le malade ne peut pas s'empêcher de prononcer certains mots, de proférer des injures ou des menaces ; tantôt il abandonne un sujet de conversation pour y revenir bientôt, après une courte digression sur un sujet étranger.

Les hallucinations verbales ou psychomotrices ne sont à certains égards que phonation involontaire. Elles peuvent différer des impulsions verbales par une clarté consciente moins grande encore, puisque le sujet peut croire n'être pas l'auteur des sons qu'il entend et les attribuer à des agents invisibles. Le défaut d'inhibition se double ainsi d'une illusion que nous avons étudiée plus haut.

Si le langage, habitude acquise par tous, peut présenter des troubles morbides, à plus forte raison l'habileté technique, variable avec les individus, fort peu susceptible de transmission héréditaire, peut-elle être ruinée ou pervertie quand l'esprit est livré à l'instabilité mentale.

Quelle que soit l'action complexe qu'un homme entreprenne, il ne peut réaliser sa conception que par des « exertions » successives, bien liées les unes aux autres, engendrées et gouvernées en définitive par une représentation d'ordre pratique qui, aperçue le plus clairement possible, doit conserver sa clarté et son empire pendant toute la durée de l'opération. Quand celle-ci est habituelle, quand l'empire de la pensée sur les muscles est déjà solidement établi, la représentation du but et des moyens peut être moins aperceptive : une fois le branle donné, la plupart des mouvements s'accomplissent automatiquement ; mais encore faut-il que la vie mentale ait un cours assez régulier pour que l'ouvrier au milieu de son travail ne perde pas complètement de vue la conception de son œuvre. Car la discontinuité mentale fait encore les « atechnies », qui correspondent aux aphasies, aux agraphies et aux paralysies psychiques.

On peut distinguer une technique instinctive et une technique habituelle et volontaire. La première est plus propre aux animaux, la seconde appartient uniquement à l'homme et lui convient davantage à cause de la multiplicité et de la variabilité de ses rapports avec des milieux divers.

Par technique instinctive nous entendons, par exemple, pour les oiseaux l'art de construire des nids, pour les araignées l'art de tisser une toile, pour les carnassiers l'art de la chasse. Il est remarquable que les actions instinctives demandent, pour s'effectuer convenablement, plus de continuité que toutes les autres ; quand on les interrompt, l'animal est incapable de poursuivre sa tâche ; il faut qu'il recommence intégralement la série des opérations. Cependant nous ne connaissons pas de cas d'animaux instables au point de ne pouvoir accomplir les actes instinctifs qui leur sont propres et qui leur sont d'ailleurs pour la plupart rigoureusement indispensables. C'est que, comme nous l'avons déjà indiqué, moins le mode d'existence a de complexité, moins le devenir est contingent et moins l'activité mentale peut présenter d'instabilité.

La technique humaine n'est pas, comme la technique animale inscrite à l'avance (du moins quant aux aptitudes essentielles, aux prédispositions les plus importantes) dans l'organisme. Elle exige un apprentissage qu'un instable ne peut pas toujours faire. J... est incapable d'apprendre un métier. Elle ne prête aucune attention aux enseignements qu'on lui donne, se hâte d'agir avant d'avoir compris, n'a pas d'idée nette du travail qu'elle doit exécuter, a de fréquentes distractions au point d'oublier presque à chaque instant la nature de sa besogne. Renvoyée de son atelier, elle est obligée de cultiver la terre ; mais elle abandonne fréquemment ses occupations pour courir les champs et les bois; elle ne peut même pas apprendre à soigner convenablement le bétail, car elle varie sans cesse dans ses soins et dans ses procédés. Ainsi son activité, très grande en apparence, n'aboutit à aucun résultat utile.

A côté de ceux qui ne peuvent pas apprendre un métier sont ceux qui oublient le leur, ou deviennent incapables de l'exercer. B... était un excellent ouvrier serrurier; depuis six mois il rencontre tous les jours plus de difficulté dans l'exécution de sa tâche; il devient maladroit, ne peut continuer l'ouvrage commencé sans commettre de grosses erreurs qui l'ont fait congédier par son premier patron. Il semble qu'il ne sache plus se servir de la lime : à chaque instant ses mains le trahissent. Le désespoir achève sa ruine mentale : de plus en plus incapable d'occupation sérieuse, il voudrait changer sans cesse de métier. L'instabilité intellectuelle et affective vient s'ajouter en lui à l'instabilité pratique.

Nous atteignons avec ce cas le moment de notre étude où il nous faut considérer simultanément les diverses formes de l'instabilité pathologique étudiées séparément jusqu'ici grâce à une séparation arbitraire des fonctions mentales : intelligence, sensibilité, activité.

CHAPITRE II

PATHOLOGIE DE LA PERSONNALITÉ

A. *L'instabilité mentale dans les maladies de la personnalité.* — I. Les faibles d'esprit et les dégénérés ; les idiots et les imbéciles. — II. La puberté, la menstruation, la ménopause, la grossesse prédisposent aux psychopathies. Troubles de l'esprit qui les accompagnent. Des maladies infectieuses. — III. De l'épilepsie : aliénations mentales temporaires. — IV. L'hystérie est essentiellement une aptitude à revêtir successivement les personnalités les plus hétérogènes. De la suggestibilité, de l'hypnose et du somnambulisme. — V. De la confusion mentale primitive et des diverses formes de folie.

B. *La stabilité morbide.* — I. De l'obstination et de la volonté. Apparente fermeté de certains faibles d'esprit. — II. La neurasthénie, les obsessions et les idées fixes. — III. Du délire à évolution systématique, des monomanies et de la mélancolie. — IV. De la léthargie, de la catalepsie, de la stupeur mélancolique. Toujours la stabilité morbide implique l'instabilité mentale.

C. *Les diverses formes psychopathiques selon l'âge, le sexe, la fonction et le milieu social.* — I. Chaque âge a ses psychoses : l'enfance et la chorée ; la jeunesse et l'hystérie, l'hébéphrénie, les perversions sexuelles ; l'âge mûr et la manie ; la vieillesse et la mélancolie, les délires systématisés. — II. La plupart des femmes ont moins d'énergie mentale, d'esprit systématique, de puissance de volonté que les hommes. De l'éducation des jeunes filles. L'homme et le dilettantisme ; les efféminés. — III. Rôle des préoccupations et du surmenage dans l'éclosion des psychopathies. — IV. L'être social et la contagion morale. Les enthousiasmes, les paniques, les suicides, l'anarchie.

A. — L'INSTABILITÉ MENTALE DANS LES MALADIES DE LA PERSONNALITÉ

Nous venons de voir comment l'instabilité pathologique se manifeste dans les différentes fonctions mentales, et

comment les troubles de la perception, de la mémoire, du
jugement, de l'émotivité, de l'appétition et de l'action sont,
non pas réductibles à l'instabilité mentale, mais tels que tous
ils l'impliquent, qu'elle leur sert nécessairement de fondement. Or ces troubles ne peuvent être considérés isolément
que grâce à une abstraction dont nous avons déjà indiqué
l'utilité et dont il est superflu de rappeler les inconvénients :
ils doivent être rattachés à un état morbide de la personnalité entière, comme la fonction dont ils sont une déviation,
une exagération ou une suppression, doit être considérée
dans le tout qu'elle contribue à constituer. Nous allons
donc étudier maintenant ces manières d'être pathologiques
du moi, qui ont reçu des médecins les noms bien connus de
faiblesse d'esprit, idiotie, imbécillité, folie de la puberté, de
la grossesse, de la ménopause, épilepsie, hystérie, confusion
mentale, démence.

Certains philosophes sont d'avis que le moi, c'est essentiellement la volonté. « Notre vouloir est nous-mêmes, » dit
M. Lachelier [1]. La réalité consciente « a son centre et sa
racine dans la volonté [2] »; d'ailleurs, « la volonté est le principe et le fond caché de tout ce qui existe [3] ». C'était sans
doute l'avis de Kant et ce fut assurément celui de la plupart de ses disciples. Aussi n'avons-nous pas voulu examiner l'instabilité dans le vouloir au même titre que l'instabilité dans l'intelligence ou la sensibilité. Sans doute
nous ne dirons pas avec M. Lachelier [4] : « Ce n'est pas tant
la volonté considérée en elle-même qui est pour nous le
moi que la volonté en tant qu'elle se réfléchit dans cet état
affectif fondamental dont la forme, propre à chacun de
nous, exprime notre tempérament et *constitue notre carac-*

(1) *Psychologie et métaphysique*, p. 138. *Fondement de l'induction*, 3ᵉ édit.
Paris, F. Alcan, 1898.
(2) Lachelier. *Op. cit.*, p. 139.
(3) *Ibid.*, p. 140.
(4) *Loc. cit.*, p. 143.

tère. » Le psychologue ne suit pas toujours la même voie
que le métaphysicien. Pour nous, l'acte volontaire exprime
le caractère. Mais que la volonté soit antérieure au caractère ou qu'elle en soit dérivée, il n'en est pas moins vrai
que l'on ne peut guère séparer ces deux termes l'un de
l'autre. A notre avis, il n'y a pas d'instabilité de la volonté,
car la volonté d'un être adulte est au contraire le principe
de son devenir normal ; et d'après ce que nous avons dit
plus haut, il est impossible que l'expression « un caractère
instable » ne soit pas une contradiction dans les termes.

Nous ne suivons pas davantage M. Lachelier jusqu'au
bout de sa pensée, quand il dit : « Notre moi ne peut
pas cesser d'*être* réellement le même; mais il peut cesser de
nous *paraître* le même »; nous nous refusons à faire avec
lui la distinction du moi nouménal et du caractère phéno-
ménal ; mais nous adopterions presque cette même formule
pour redire ce que nous avons développé plus haut : que
notre caractère reste foncièrement fidèle à lui-même et que
l'instabilité mentale la plus grande est encore relativement
superficielle. La nature de notre moi peut être altérée à la
longue, radicalement changée jamais[1]. (Nous ne préjugeons
en rien par cette affirmation la question métaphysique de
l'unité et de l'identité de l'âme, et ce n'est pas un préjugé
spiritualiste qui nous fait repousser l'idée d'une désagrégation mentale ou d'un dédoublement du moi. Nous restons
sur le terrain de l'observation.) Bien que le fond du caractère soit hors des atteintes de l'instabilité pathologique, il a
des rapports avec elle, mais des rapports d'antagonisme. De
là vient que l'on parle de « la force du caractère » ; cette
force se manifeste par le triomphe de la volonté, la fer-

(1) Voir A. Lévy, *Psychologie du caractère*, Paris, F. Alcan, 1896. « *Le
caractère dans son ensemble reste susceptible de modification et d'éducation* », sans doute ; mais dans son fonds, il est à peu près immuable.
Son aspect seulement change, et l'éducation est impuissante à amender
les natures foncièrement mauvaises.

melé des décisions, la continuité du développement mental. De la faiblesse du caractère, au contraire, naissent les psychopathies que nous allons étudier.

I

Aux confins de la vie normale et de la vie pathologique se trouve le mode d'existence de ces gens qui ont peu d'intelligence, des sentiments peu élevés, une émotivité restreinte ou excessive, une activité plutôt habituelle et instinctive que [volontaire et réfléchie, de ceux que l'on a coutume d'appeler des « esprits faibles ». Ils peuvent rester tels toute leur vie sans jamais tomber dans des états psychopathiques graves, bien que jamais ils ne [puissent atteindre un haut degré de développement mental. Ils n'ont peut-être pas d'anesthésies, d'amnésies, de délires, d'impulsions, de perversions, d'automatisme morbide; mais ils y sont plus particulièrement prédisposés. Quoi qu'ils offrent souvent les apparences de la volonté, la réflexion leur fait défaut, et, avec elle, la libre détermination de soi-même, la constance d'une direction personnelle. Leur activité est presque entièrement déterminée par des habitudes contractées surtout pendant la jeunesse; leurs tendances sont systématisées ou réfrénées ordinairement par des préjugés qui ne sont pas toujours en parfaite harmonie. Au delà de l'empire de ces préjugés et de ces habitudes, il n'y a qu'instabilité.

Jeanne X... n'est considérée par aucune personne étrangère à sa famille comme une névropathe; on dit seulement autour d'elle qu'elle « n'a ɹs beaucoup d'esprit ». Cependant on a toujours cor. taté chez elle une imagination bizarre qui lui fait mal interpréter beaucoup de faits, rend ses souvenirs inexacts, ses appréciations fantaisistes. Son jugement est faux dans les circonstances imprévues ou extraordinaires. Elle accorde trop d'importance à des faits insigniflants tandis qu'elle prête trop peu d'attention à la plupart des objets (qu'elle perçoit en conséquence très imparfaitement, sans remarquer les détails intéressants ou les caractères essentiels). Son émotivité est aussi instable que son intelligence ; prompte à rire et à pleurer, elle n'éprouve ni joie ni chagrin dans des cas où ceux qui l'entourent sont heureux ou tristes, tandis que dans des cas où une émotion, soit pénible, soit agréable, ne paraît pas justifiée, elle a des crises de larmes ou est prise d'un fou rire. Elle a des mœurs très honnêtes, mais elle éprouve des tentations de rapine qui ressemblent à des impulsions de kleptomane ; elle a des goûts extraordinaires qui rappellent certaines perversions. Malgré sa grande activité, Jeanne X... ne fait ni ouvrages importants, ni travaux achevés. Elle recherche les occupations variées, entreprend successivement des besognes différentes ; mais elle est si maladroite qu'elle n'a pu apprendre même aucun de ces arts domestiques si communs : coudre, ou broder, ou tricoter ; elle est si mal avisée qu'elle réussit rarement dans ses entreprises et qu'avec les meilleures intentions elle froisse ceux qui ont avec elle des rapports fréquents. Cette femme, qui présente bien le type si commun des faibles d'esprit, sans psychose précise, est une instable.

Chez les dégénérés[1], tous les auteurs s'accordent à le reconnaître, « la volonté est entachée de faiblesse dès son apparition[2] ». Ces êtres, que l'on n'ose pas considérer comme des malades, sentent l'énergie leur manquer ; certains

(1) D'après Vallon, la classe des dégénérés comprend : 1° les malades atteints de débilité mentale (idiotie, imbécillité); 2° les déséquilibrés (déséquilibre partiel ou total, instabilité mentale, folie instinctive, folie morale); 3° ceux qui présentent de l'émotivité morbide, du délire, du doute ou du contact, des phobies.

Les dégénérés présentent ordinairement, dit Bourdin (*Arch. de Neurologie*, 1894) des spasmes involontaires, des convulsions, une activité toujours partielle et impulsive, par suite d'obsessions, de perversions des tendances, de phobies et aussi par suite de l'absence de sentiments affectueux et élevés.

(2) Bourdin. *Arch. de Neurol.*, 1894

éprouvent des tendances irrésitisbles, des phobies de toutes sortes ; ils ne savent ni se diriger, ni se réfréner ; ils s'abandonnent au courant qui les entraîne; les excitations venues du dehors ou des profondeurs de l'organisme déterminent seules la direction de leur esprit. On ne peut avoir en eux aucune confiance, car la confiance que l'on met en une personne tient à la fermeté reconnue de son caractère ; ils ne peuvent pas répondre d'eux-mêmes puisqu'ils ne se gouvernent pas. Tandis qu'aujourd'hui ils s'intéressent à un ordre de questions, demain ils le dédaigneront; ceux qu'ils aiment à présent bientôt leur seront indifférents ou odieux.

Dans l'armée, les dégénérés sont souvent des déserteurs; dans la vie commune ils aboutissent parfois au suicide. Généralement l'intelligence ne leur fait pas défaut ; beaucoup même ont de brillantes aptitudes intellectuelles ; mais leur esprit n'est pas discipliné. Camille C...[1] est capable d'activité mentale normale, mais pour un moment seulement. Il se fatigue vite, aime changer d'occupations. Il bavarde sans cesse, sait et connaît tout, passerait aisément pour un beau parleur ; il affecte de ne rien faire comme les autres, et, très vaniteux, il aime qu'on s'occupe de lui. Il a beaucoup d'audace et se livre à des exercices dangereux; mais il a peur de pénétrer seul, même pendant le jour, dans un appartement. Il a peu d'ordre dans ses affaires, est foncièrement indiscipliné. Très irritable, il s'énerve facilement et entre en de véritables crises de colère quand on vient à contrarier ses projets. On observe fréquemment des cas semblables : on voit des hommes d'esprit dont l'état psycho-pathologique est décelé par des phobies, des changements brusques d'humeur ou d'intention, des impulsions et surtout de l'irritabilité. To... est mis hors de lui par la moindre injure ; une légère excitation provoque un frémis-

(1) Cas relaté par MM. Bourneville et Boyer (*Arch. de Neurol.*, 1896, t. I, p. 199).

sement de tous ses membres ; il ne peut toucher le duvet, le velours sans éprouver une sensation très pénible. Lar... n'accepte une pêche que si elle lui est offerte pelée : le contact de la peau de ce fruit lui est insupportable. De tels faits sont autant d'indices de dégénérescence mentale auxquels on n'attache généralement aucune importance ; mais si le sujet ne se surveille, si une crise salutaire ne survient, la psychose risque de se préciser, la débilité intellectuelle de suivre l'émotivité morbide et d'entraîner l'incapacité pratique.

Les faibles d'esprit et les « dégénérés », sont des instables du premier degré, intéressants pour le psychologue qui voit poindre en eux les psychopathies les plus variées, victimes généralement de l'hérédité d'abord, et ensuite d'un manque de soins particuliers pendant leur enfance.

Un devenir normal fait essentiellement défaut aux imbéciles et aux idiots. L'idée qui devrait présider à l'évolution de leur vie mentale, la tendance qui devrait donner le branle à leur activité psychique, sont foncièrement insuffisantes : aussi un arrêt de développement psychique et biologique ne tarde-t-il pas à se produire. L'imbécile se développe ordinairement plus que l'idiot ; mais il n'en vaut guère mieux, comme l'a montré le Dr Sollier [1]. En effet, voué à une très grande imperfection mentale, il atteint cependant un degré où les fonctions biologiques et les instincts inférieurs qu'elles suscitent mettent à leur service le peu d'intelligence acquise, exercent leur tyrannie sur l'être tout entier. « L'imbécile est souvent pervers, anti-social, » parce que l'instabilité de ses idées, de ses sentiments les plus élevés laisse le champ libre à des représentations et des tendances qui conviendraient mieux à l'animal qu'à l'homme. L'instabilité

(1) *Psychologie de l'idiot et de l'imbécile*, Paris, F. Alcan, L'idiotie tiendrait même, d'après le Dr Sollier, à une lésion cérébrale, tandis que l'imbécillité serait une « psychopathie dégénérative ».

biologique est si peu ici le fondement de l'instabilité psychologique que l'on constate au contraire la permanence
des influences somatiques qui s'oppose à la mobilité de
la plupart des idées.

La vie nutritive parfois existe seule chez les idiots. Certains enfants ignorent plus ou moins la marche, l'usage
de leurs mains et des organes de leurs sens : ils parlent
mal ou ne parlent point, leur maladresse et leur impuissance sont extrêmes; la vie affective est à peine esquissée
chez d'autres : on les voit rire, pleurer sans motif; ils sont
généralement vagabonds; rien ne les retient en un lieu,
car rien ne les intéresse, si ce n'est leur alimentation, pour
laquelle d'ailleurs ils ne se montrent pas difficiles (n'ayant
point de ces goûts plus ou moins raffinés qui impliquent
un développement intellectuel plus considérable).

L'imbécile et l'idiot restent psychologiquement enfants,
alors que leur corps ou leur milieu exigerait d'eux un développement constant : leur adaptation si imparfaite ne les fait
pas souffrir, car ce qui fait leur débilité mentale fait aussi
leur quiétude, à savoir l'absence d'appétitions systématisées,
de tendances coordonnées vers un idéal toujours plus élevé.

II

Il est des périodes du devenir normal où l'on évite bien
difficilement des troubles psychiques; celles de la puberté
dans les deux sexes, de la menstruation, de la grossesse et
de la ménopause chez les femmes. Dans ces crises physiologiques, le moi tout entier subit une modification passagère;
tendances, humeur, intelligence, activité diffèrent fréquemment de ce qu'elles sont normalement [1].

(1) Ici, semble-t-il, on pourrait, prétendre que l'instabilité physiologique
fait l'instabilité mentale. Mais on ne voit pas celle-ci naître toujours de
celle-là. De nature différente et pouvant exister séparément, elles n'ont
pas entre elles un lien de causalité.

Parfois la puberté est accompagnée d'une sorte de folie transitoire ; généralement elle est caractérisée par une impuissance à réprimer les caprices, les entraînements ; presque toujours, il y a un léger déséquilibre qui permet du moins au moi ancien de disparaître graduellement, au moi nouveau de s'établir. Des enfants intelligents deviennent souvent des jeunes gens à l'esprit obtus ; communément les garçons d'égoïstes deviennent généreux, de nonchalants, actifs et pratiques ; les filles deviennent plus prudentes, plus prévenantes, plus « femmes ». De telles modifications ne vont pas sans entraîner le plus souvent des troubles psychiques.

La menstruation amène des alternatives d'excitation et de dépression rappelant de loin les alternatives de manie et de mélancolie. Bien des femmes éprouvent l'impression « d'être complètement changées » ; ensuite elles retournent à leur manière d'être antérieure. Non seulement au début et à la fin du malaise, il y a un passage plus ou moins brusque d'un mode de la personnalité à un autre, mais encore dans l'intervalle la mobilité d'esprit est toujours notable.

La grossesse crée une prédisposition à tous les troubles psychiques. L'instabilité mentale est accrue par les préoccupations, l'impatience : elle engendre « dans les premiers mois, chez certaines femmes, ces bizarreries d'appétit, ces goûts dépravés que tout le monde connaît et dont la liste serait sans fin... Se produisent en même temps chez quelques sujets, des tendances à l'homicide, au suicide, à l' « horreur du mari », au vol, etc. Chez les anémiques, chlorotiques, hystériques et autres sujets dont la nutrition est mauvaise, on note un vif plaisir à manger de la terre, de la paille, du tabac, de la craie, du sable, du charbon, etc., et la répulsion pour les substances alimentaires les plus savoureuses[1] ».

---

(1) Cf. Icard. *La femme pendant la période menstruelle*, Paris, F. Alcan.
(2) Ribot. *Op. cit.*, p. 199.

« C'est dans la sphère impulsive que se manifestent les plus grands désordres [1] »; mais on constate aussi des délires; l'instabilité peut croître jusqu'à revêtir la forme d'une folie transitoire toute spéciale.

La ménopause est généralement caractérisée aussi bien par des troubles psychiques que par le fait biologique. On remarque de l'insomnie, une diminution variable de la mémoire et de la puissance d'attention, des tendances aux paresthésies, à la surdité psychique, aux troubles hallucinatoires (surtout de l'odorat d'après Krafft-Ebing, surtout de l'ouïe d'après Goodall et Craig), aux idées de persécution, d'accusation, d'empoisonnement, de malpropreté, de déchéance physique. Dans les cas graves, il y a perte du sens moral, délire et parfois tentatives de suicide.

Toutes les maladies infectieuses enfin donnent aux idées et aux sentiments une grande mobilité, parfois tout à fait passagère, parfois susceptible de persister longtemps après la guérison : telle est la fièvre typhoïde qui imprime si souvent sur les individus un « cachet démentiel [2] ». L'intoxication alcoolique a le même résultat. D'ailleurs tout agent capable de diminuer la vitalité du système nerveux rend l'actualisation des représentations plus difficile, plus incomplète, en diminuant l'énergie de l'attention ou de la volonté, en favorisant l'instabilité mentale.

III

L'épilepsie est, dit-on, due primitivement à un tel agent ; mais elle est dans la plupart des cas un trouble psychologique dont l'intoxication, la compression ou l'anémie cérébrales ne sont que des causes occasionnelles. Sans doute l'accord des théories de Kussmaul, Nothnagel, Brown-

(1) Régis. *Manuel de médecine mentale*, p. 235, 1re édition.
(2) Id. *ibid.*

Séquard, Schrœder, Jaccoud, Fritsch, Hitzig et Jackson a pu
conduire Hallager [1] à attribuer la perte de connaissance, les
convulsions toniques et cloniques à une interruption subite
de la circulation cérébrale ; mais la vaso-constriction,
l'anémie subite du cerveau peuvent être des conséquences
de troubles psychiques. Seule l'épilepsie jacksonienne,
parce qu'elle survient à la suite d'une lésion en foyer, doit
être tenue pour foncièrement physiologique : or, elle ne
s'accompagne pas de folie épileptique, et doit par conséquent
être mise en dehors de l'épilepsie commune que nous
étudions [2]. Celle-ci est la plus fréquente : 79 cas sur 100 lui
appartiennent ; elle est caractérisée par des attaques fréquentes qui rappellent l'aliénation mentale, soit par la stupeur, soit par les accès délirants et impulsifs. « Les attaques
sont caractérisées essentiellement par la perte de connaissance subite, l'abolition de la sensibilité, des convulsions
générales, toniques ou cloniques. » Elles sont ordinairement
suivies d'un sommeil lourd : au réveil, l'épileptique n'a

(1) *De la nature de l'épilepsie.*

(2) Les troubles épileptiformes consécutifs aux intoxications sont également en dehors de l'épilepsie commune. D'ailleurs ils comptent comme
1 p. 100 dans la proportion des diverses épilepsies.

L'épilepsie essentielle, exceptionnelle après vingt ans, est généralement
de nature héréditaire ; elle peut cependant, par exception, provenir d'intoxications, de l'alcoolisme ou de l'impaludisme. Ses crises peuvent être
purement psychiques, précédées d'un aura, de nature variable avec les
individus, mais de forme constante pour un même sujet. Luys affirme
que la perte de connaissance est le phénomène essentiel dans toutes les
épilepsies, mais c'est une assertion contestable (Voir Maup . *Considérations cliniques sur l'étiologie et la nature de l'épilepsie tardive chez l'homme.*
(Annales médico-psychol., 1895). Roque-Macouzet *The Alienist*, 1894
(Revue neurologique, 1894).

Diller distingue des épilepsies motrices, sensorielles et psychiques suivant le caractère prédominant des manifestations (New-York, *Med. journ.*,
31 mars 1894).

Voir Hallager. *De la nature de l'épilepsie.* — Féré. *Sur un cas d'épi-
lepsie dont les accès débutent par des mouvements professionnels*
(Séance du 25 mai 1896, société de Biologie). — Mendel. *Épilepsie tardive*
(Annales de psychiàtrie, 1894). — Nardelli. *Épilepsie motrice dans l'en-
fance, épilepsie psychique dans l'âge adulte* (Arch. de psych. sc. pénal.
XV et XVI, 1895). — Delasiauve. *Traité de l'épilepsie*, 1854. — Roncoroni.
Trattato clinico dell'epilessia, Villardi, Milan, 1895.

conservé aucun souvenir des faits de l'attaque ; il y a quelquefois de l'aphasie et de l'hémiplégie[1] transitoires, de la
parésie ou de l'anesthésie généralisées : autant de faits
psycho-pathologiques. L'aura qui précède l'attaque est en
somme un vertige, variant de la simple contraction à l'impulsion violente « qui précipite l'épileptique en avant ou en
arrière et lui imprime un mouvement giratoire ». « J'en ai
vu à Bicêtre, dit M. Voisin[2], qui renversaient alors tout sur
leur passage et qui, dans leur course, se jetaient contre les
tables, les colonnes, les portes et se précipitaient enfin
quelquefois dans les escaliers. » Les troubles moteurs[3] se
compliquent de troubles sensoriels, d'hallucinations, surtout
du goût et de l'odorat. C'est même ce qui permet de classer
les différentes sortes d'épilepsie selon la prédominance des
phénomènes morbides, ou auditifs, ou visuels, ou gustatifs,
ou olfactifs[4]. Mais pourquoi la « décharge nerveuse » dont
parlent les physiologistes a-t-elle lieu plutôt sur « l'aire du
goût » que sur celle de l'odorat? C'est ce que la physiologie
n'explique pas, car le fait ne peut avoir que des raisons psychologiques telles que celles que nous avons données à propos
des hallucinations négatives, des anesthésies, des paralysies.

La crise épileptique serait au plus haut degré un fait
psycho-pathologique, ne fût-elle qu'apporter une solution de
continuité dans la vie mentale. En outre, en dehors de la

(1) On a considéré quelquefois l'épilepsie à accès de forme hémiplégique comme une espèce particulière à laquelle appartiendraient environ
13 p. 100 des cas observés.

(2) *Maladies mentales*, p. 569.

(3) Étudiés par Ferrier, Charcot et Pitres, surtout dans l'épilepsie jacksonienne. Ils sont la conséquence de l'incoordination des synthèses
d'images motrices.

(4) Th. Diller (*The New-York medical Journ.*, 31 mars 1894) cite un cas
d'épilepsie sans « convulsions motrices ». L'aura consiste en un goût amer
dans la bouche, et le principal désordre en une série de paroles déraison-
nables, sans suite. Les troubles sensoriels, constants dans l'épilepsie,
peuvent donc à eux seuls en caractériser les diverses formes. (Voir la
note 2 de la page précédente.)

crise, « tout épileptique est original et fantasque, difficile
« à vivre, et peut, à un certain moment et sans qu'on
« puisse le prévoir, commettre des actes irrésistibles, de
« cause hallucinatoire le plus souvent et de nature dan-
gereuse [1] ». Donc, par intervalles, les épileptiques peuvent
cesser de se posséder, alors même qu'ils n'ont pas d'attaques,
ils se laissent trop aisément « dominer par la mauvaise
humeur, par la colère et par des instincts regrettables ».
Parce qu'ils ont « une irritabilité excessive, des sensations trop vives qui faussent leur jugement et les empêchent
d'apprécier sainement les actes et les paroles, il y a chez
eux une absence d'équilibre qui les rend insupportables
dans leurs familles et dans la société ».

Ainsi, le devenir de la personnalité est constamment interrompu, chez ces dégénérés, par de véritables aliénations mentales passagères. Comment s'étonner dès lors que le mal
comitial entraine la diminution progressive de la mémoire,
de l'attention, de la volonté, de la valeur morale ; que les
actions « deviennent enfantines et se répètent sans cesse »,
que la pudeur et la plupart des autres sentiments moraux
ou esthétiques soient absents ? La dégénérescence psychique
est progressive, à cause de la fatigue consécutive aux accès
et de la diminution continue de l'énergie mentale en l'absence de tout repos normal (comme nous l'ayons indiqué
plus haut à propos du défaut de repos et de sommeil).

IV

Dans l'hystérie comme dans l'épilepsie, des crises viennent
interrompre le devenir normal de la personnalité, et ces
crises, plus ou moins violentes, déterminent fréquemment
la substitution d'un moi nouveau au moi primitif [2].

(1) Voisin. *Op. cit.*, p. 579.
(2) D'après M. Pitres, on naît hystérique, on ne le devient pas ; les

M. le Dʳ Sollier ¹ a appelé l'attention des psychologues et
des médecins sur « les phénomènes viscéraux, vaso-moteurs,
sécrétoires, trophiques » qu'il accuse les théories purement
psychologiques de Mœbius, Strumpell, Oppenheim, Jolly,
Breuer, Freud, Pick et Pierre Janet d'avoir « laissés de
côté ». On a, dit-il, « négligé complètement le cerveau et le
système nerveux pour ne songer qu'à l'esprit ». Sans doute,
Jaccoud avait essayé d'expliquer les troubles moteurs de
l'hystérie par « un état d'ataxie cérébro-spinale dans lequel
l'innervation spinale prédomine sur l'innervation cérébrale
affaiblie » ; mais cette explication physiologique était non
seulement insuffisante, car elle ne visait qu'une minime

émotions très vives, les traumatismes, les maladies infectieuses, les
intoxications, la contagion morale (il y a des épidémies d'hystérie) sont,
d'après MM. Pitres et Gilles de la Tourette, les agents provocateurs. L'hystérie et l'épilepsie peuvent coexister, mais ne sauraient se confondre :
l'hystérie débute plus tard que l'épilepsie, doit être provoquée, à des
prodromes lointains, se produit rarement pendant le sommeil, ne laisse
pas après ses crises le sujet dans une sorte d'hébétement (Pitres et Gilles
de la Tourette).
L'attaque hystérique comprend : 1° une phase préconvulsive avec auras
divers ; 2° une phase convulsive (phase tétanique et phase clonique);
3° une phase post-convulsive (hypnose et délire). Beaucoup de phénomènes hystériques tiennent à la production de l'état hypnotique (anesthésies, hyperesthésies, hallucinations, suggestions, amnésies, ecmnésies,
automatisme, somnambulisme) et doivent par conséquent se retrouver
chez des sujets non hystériques. Les phénomènes morbides les plus
propres à l'hystérie sont, en dehors d'une orientation spéciale de la personnalité entière : les névralgies en des zones hystérogènes, les diathèses
de contracture et d'amyosthénie, avec les paralysies spasmodiques ou
flasques consécutives, le rétrécissement concentrique du champ visuel,
les tremblements vibratoires rythmés, intentionnels ou lents, les tics,
certains troubles circulatoires et trophiques (Gilles de la Tourette).
Voir Berjon. La grande hystérie chez l'homme (1886). — Binet. Altérations de la personnalité. — Recherches sur les altérations de la conscience
chez les hystériques (Revue philos., 1889). — Briquet. Traité clinique et
thérapeutique de l'hystérie (Paris, 1859). — Charcot. Maladies du système
nerveux, p. 15, t. III. — Colin. Essai sur l'état mental des hystériques. —
Féré. La famille névropathique. — Gilles de la Tourette. Traité clinique
et thérapeutique de l'hystérie,1891. — Féré. Fatigue et hystérie (comptes
rendus Soc. de biol., 1890). — P. Janet, L'état mental des hystériques, 1894.
— Quelques définitions récentes de l'hystérie. — Landouzy. Traité complet de l'hystérie. Paris, 1846. — Sollier. Genèse et nature de l'hystérie,
1897. — Pitres. Leçons cliniques sur l'hystérie.

(1) Genèse et nature de l'hystérie, Paris, F. Alcan.

partie des faits, mais encore verbale, car, elle se réduisait à la
description sommaire en termes biologiques d'un phénomène
morbide dont on devrait plutôt rechercher la cause. —
De son côté, le Dr Sollier prétend expliquer les faits psycho-
physiologiques de l'hystérie « par le sommeil des centres nerveux cérébraux correspondants ». L'hystérie serait un sommeil
anormal localisé ou généralisé, passager ou permanent des
centres cérébraux, se traduisant suivant les centres atteints
par des manifestations vaso-motrices et trophiques, viscérales, sensorielles et sensitives, motrices et enfin psychiques,
et suivant ses variations, son degré et sa durée, par des
crises transitoires, des stigmates permanents ou des accidents paroxystiques ». Les hystériques confirmés ne seraient
que « des vigilambules dont l'état de sommeil est plus ou
moins profond, plus ou moins étendu ». La principale
preuve qu'en apporte M. Sollier, c'est que l'on peut détruire
les anesthésies par exemple, en suggérant le réveil de tous
les centres cérébraux, en ordonnant au sujet de sentir par
tout son corps, c'est que l'on peut procéder à des éveils
partiels de la sensibilité et même provoquer ainsi des convulsions identiques à celles des crises hystériques. (L'éveil
de la sensibilité dans la région de la colonne vertébrale,
par exemple, provoquerait les convulsions de la grande
attaque hystérique.)

Si certains centres peuvent être éveillés pendant que sont
encore endormis d'autres centres qui, à l'état normal s'éveil-
leraient simultanément, c'est qu'il s'est produit ce que nous
avons appelé une « désagrégation physiologique », une suppression temporaire des connexions entre ces centres psycho-
nerveux, et, en conséquence, des faits d'automatisme en ces
consciences inférieures dont la synergie seule assure l'activité normale. M. Sollier a tenté de les distinguer et de
leur attribuer diverses fonctions : par ses localisations il a
donné à la théorie de l'automatisme un indispensable com-

plément; mais en supposant les centres cérébraux capables
de sommeil, il a, semble-t-il, voulu dépasser la portée d'une
simple théorie physiologique. Or il n'a pu expliquer les phénomènes biologiques de l'hystérie que par l'insensibilité ou
le retour à la sensibilité; mais nous ne connaissons de sensibilité ou d'insensibilité que du « moi ». C'est par un abus
de langage que l'on dit qu'un bras est anesthésique : le moi
seul, la conscience supérieure sent ou ne sent pas; d'elle
seule nous pouvons dire qu'elle est engourdie ou plus ou
moins éveillée. M. Sollier a donc sans profit attribué à des
éléments nerveux un mode propre à l'existence de la personnalité entière. L'instabilité mentale et l'automatisme des
centres inférieurs suffisent à expliquer les troubles moteurs
et vasculaires, qui à leur tour expliquent les phénomènes
sécrétoires et trophiques dont parle M. Sollier. Quand
le bras gauche est anesthésique, une piqûre n'amène pas le
sang ; il se forme une sorte de papille qui agit à la façon
d'un obturateur : c'est que l'automatisme des centres inférieurs est très développé dans cette partie du corps, et que
la piqûre a entraîné, avec une rapidité inaccoutumée, des
réflexes, des phénomènes vaso-moteurs exceptionnels. Ainsi
s'explique « l'hyperexcitabilité vasculaire » dont parle
M. Pitres dans ses *Leçons cliniques sur l'Hystérie*[1]. —
Quand le bras redevient soudain sensible (par suite d'une
modification dans l'état du sujet ou d'une simple suggestion), il est le siège de démangeaisons, d'excitations douloureuses ; tout contact est excessivement pénible, il se produit des hyperesthésies, des hyperalgésies, des aphalgésies,
à cause de l'attention exceptionnelle dont ce membre est
l'objet pour quelques instants ; la débilité du sujet ne
lui permet plus de modérer ou d'inhiber les manifes-

[1] Pour M. Pitres, les phénomènes psycho-physiologiques de l'hystérie
s'expliquent surtout par des « décharges » nerveuses des diverses parties
du cerveau sur des « centres » sensitifs ou moteurs déterminés. Mais qu'est
une « décharge nerveuse » ? (Voir plus haut, p. 113.)

tations si diverses de l'automatisme psychologique : des phénomènes de rubéfaction ou de vésication, des convulsions s'ensuivent, stigmates correspondant à ceux que l'on constate quand la sensibilité est abolie, mais en général plus accentués.

Les théories psychologiques de l'hystérie ne sont donc pas nécessairement insuffisantes. Tandis que les théories biologiques ne donnent guère que des explications verbales, celles des psychologues peuvent recevoir un fondement solide : la loi d'instabilité mentale. — Freud reconnaît que l'hystérie doit être considérée comme caractérisée par l'irrésolution, la contradiction, l'instabilité du ton émotionnel : ce sont bien les trois formes essentielles de l'instabilité pathologique. D'autre part, M. Pierre Janet a dit [1] avec raison que le fond de l'hystérie est constitué par une tendance à la pluralité des « moi ». En effet, même en dehors de l'état de crise, l'hystérique « présente des variations continuelles du caractère et une mobilité d'allures incessante [2] », une aptitude singulière à revêtir successivement les personnalités les plus hétérogènes, jouer les rôles les plus divers avec une conviction qui n'atteint jamais l'acteur qui s'identifie le mieux avec ses personnages [3]. Aussi, avec quelle facilité ne copie-t-il pas les attitudes, les intonations, les gestes de ceux qu'il rencontre ? Son talent extraordinaire d'imitation vient de ce que son caractère fuyant, mal défini, se prête à toutes les transformations : le malade devient évêque, grand seigneur, orateur populaire, mendiant si on le souhaite, sans songer le plus souvent à opposer à ces personnalités fictives qui se

_____

(1) Pierre Janet. *L'état mental des hystériques.*

(2) Voisin. *Op. cit.,* p. 129.

(3) Cf. dans la *Troisième année de psychologie,* p. 205, ce que dit M. Binet de l'aptitude des hystériques à jouer différents personnages. Ils s'acquittent « de leur rôle avec une perfection que l'acteur le plus accompli n'aurait pu atteindre. Nous pensons qu'entre l'acteur et le sujet suggestionné il n'y a pas une différence radicale, mais une simple nuance ».

succèdent, sans lien entre elles, un « moi » permanent qui soit le sien propre.

L'instabilité de ce moi favorise la crédulité excessive, caractéristique des hystériques (chez qui elle a des conséquences multiples et souvent graves) et qui fait leur suggestibilité. Recevoir une suggestion, c'est croire fermement à la valeur objective de la parole d'autrui, malgré les apparences contraires ; c'est même ne pouvoir concevoir aucun doute à l'égard d'une affirmation ; c'est, si l'on veut, manquer totalement d'esprit critique. L'hystérique admet l'absurde parce qu'il n'en voit pas l'absurdité ; ses sensations sont si fugitives, si incomplètes, si vagues, ses représentations de toutes sortes si mobiles, son imagination si prompte, que l'affirmation d'autrui prévaut contre ses propres perceptions et crée au besoin une hallucination. — M..., à qui nous avons affirmé que M. B..., chef de clinique, va entrer dans la salle avec un chapeau rouge, s'est contentée de faire observer : « Quelle singulière idée de prendre un chapeau rouge aujourd'hui ! », et au moment où M. B... entre, elle est prise d'un fou rire comme si la coiffure était vraiment rouge. Nous lui disons que demain M. B... reviendra ainsi coiffé ; malgré ses diverses transformations au cours de la journée, demain elle éprouvera la même hallucination dès que le médecin paraîtra.

C'est déjà une suggestion à longue échéance, foncièrement semblable à celles en vertu desquelles une malade revient au bout de huit jours ou de trois mois revoir son « hypnotiseur » sans savoir qu'elle obéit à une de ses suggestions. Il n'est pas nécessaire, pour expliquer cet effet éloigné d'un ordre oublié, d'admettre que « les suggestions avec leur développement automatique et indépendant sont de véritables parasites dans la pensée[1] ».

_____

(1) Dʳ Janet. *Etat mental des hystériques*, p. 46.

Une croyance pas plus qu'un souvenir ne demeure dans l'esprit comme une « chose » dans un récipient. Mais une croyance déjà imposée se reproduit, comme une synthèse mentale en général se reconstitue, dans des conditions déterminées. M... a cru aujourd'hui que dès sa sortie de l'hôpital elle devra entrer dans une église ; dans trois mois ou six mois, si une suggestion contraire n'est pas intervenue, il sera naturel qu'à l'idée de sortir de l'hôpital s'associe plutôt que toute autre celle d'entrer dans une église, à cause de la détermination latente, par la suggestion des pensées et des actes. En effet certaines actions sont comme en puissance chez un sujet dès que la suggestion en a introduit dans son esprit la conception plus ou moins vive.

Une croyance fausse qui peut se développer librement devient le point de départ de toute une construction mentale également fausse. Nos croyances vraies ne sont-elles pas le fondement de notre interprétation des phénomènes ? Une suggestion est pour le malade ce qu'est une première certitude pour nous ; tout un ordre de pensées s'y rattache, en découle. Des anesthésies, des analgésies, des hallucinations, des paralysies, des impulsions, des actes automatiques naissent fatalement d'une suggestion, même lorsqu'elle s'est formée spontanément, sous l'influence de causes accidentelles. Quand cette croyance illusoire est momentanément détruite, toutes ses conséquences le sont aussi ; une autre personnalité naît, qui voit autrement les choses environnantes, qui agit autrement, se sent d'autres aptitudes et une autre énergie. L'instabilité psychique est donc non seulement toujours la cause de la suggestibilité, mais elle en est encore parfois la conséquence ; c'est-à-dire qu'elle est considérablement accrue par une crédulité excessive, née de l'absence de ces représentations antagonistes qui se produisent dans une pensée normale dont les moments successifs sont bien liés.

Dès que différentes personnalités peuvent se succéder en un même individu avec la même facilité que différents personnages en un même acteur, des amnésies caractéristiques ne sauraient manquer de se produire. Le même être ne peut se souvenir de ses propres états parce qu'ils ont existé à un moment où il était tout autre ; mais s'il redevient ce qu'il était à ce moment, il pourra se les rappeler. De même, il arrive parfois que dans le rêve nous nous souvenions du rêve de la nuit précédente, alors qu'à l'état de veille nous en étions incapables. C'est que la condition du souvenir est tout d'abord le retour du moi à une aptitude mentale égale ou supérieure à celle qu'il possédait lorsque se sont produits les faits psychiques dont il veut se souvenir ; de même qu'on ne se rappelle pas certaines impressions subies dans les états passés de fièvre ou de surexcitation, parce que la ressemblance est aussi faible que possible entre la personnalité d'alors et la personnalité présente, de même l'hystérique ne se souvient pas de certains moments de sa vie passée parce qu'il ne parvient pas à reconstituer l'état trop complexe de sa personnalité en de tels moments [1].

En effet, en certaines périodes de son existence, l'hystérique est incapable de vivre aussi complètement qu'en d'autres moments de sa vie ; tantôt il élargit, tantôt il rétrécit le cercle de son activité. Quand sa puissance est à son maximum, il se souvient du plus grand nombre possible de ses états passés ; quand elle est à son minimum, il ne peut reconstituer que les plus simples.

On a cité, non sans éveiller l'incrédulité, les cas de gens ignorants qui, dans un état de surexcitation considérable, à des moments de fièvre intense, étaient capables de montrer des connaissances qu'on ne leur soup-

---

(1) S'il se les rappelait, dit Maudsley (*Pathologie de l'esp it*, trad. franç., p. 61), « ce serait exactement comme si un mouvem convulsif pouvait se produire dans une série de mouvements ordinaires i compatibles avec lui ».

çonnait pas : telle cette servante de clergyman qui dans son
délire récita des passages d'hébreu saisis sans doute par elle
au moment où son maître les lisait à haute voix; telle encore
une hystérique qui à l'état de somnambulisme énuméra devant nous les diverses circonvolutions cérébrales et les différentes paires de nerfs craniens : quelques jours auparavant,
elle avait pu entendre une leçon faite sur ce sujet dans la salle
d'hôpital où elle se trouvait ; à l'état normal elle eût été incapable, par obtusion d'esprit et par distraction excessive, de
s'en souvenir. Ces cas nous montrent combien l'oubli est
relatif [1], et ils nous font comprendre comment il peut subir,
quant à son étendue et à son importance, des variations
analogues à celles qu'il présente chez les hystériques.

L'ampleur de la mémoire dépend donc de la puissance
de la personnalité. Comme l'a remarqué M. Pierre Janet,
les amnésies et les anesthésies hystériques présentent des
variations concomitantes. On pourrait dire en généralisant
que l'importance des troubles psychiques de toutes sortes
(paralysies, anesthésies, analgésies, mouvements automatiques) correspond au degré d'amnésie. Ainsi dans l'hystérie toutes les fonctions témoignent simultanément de la
débilité du moi. Si la personnalité est débile, c'est qu'elle
est instable, c'est qu'elle tend continuellement à changer
au lieu de se confirmer dans une manière d'être. L'hystérie
est donc bien une maladie de la personnalité [2] ; elle consiste
en une affirmation incessante de la faiblesse du caractère
abdiquant en faveur de l'instabilité pathologique.

(1) On peut dire de l'oubli ce qu'on a dit plus haut du repos : ce n'est
pas une négation.

(2) « L'hystérie, dit le D' Grasset (*Nouveau Montpellier médical*, novembre 1891), n'est une maladie de la personnalité que si on comprend
sous ce nom à la fois le conscient et le subconscient. Mais si on sépare la
personnalité consciente de la sphère subconsciente on ne doit pas dire
que l'hystérie ordinaire est une maladie de cette personnalité consciente. »
Cette opinion du savant professeur est un exemple de l'abus que l'on
peut faire du terme si commode « subconscience » en considérant la conscience et les subconsciences comme autant d'entités distinctes.

Comme l'épilepsie, l'hystérie a des formes « larvées »
incomplètes ou atténuées. C'est pourquoi les phénomènes
d'hypnose ne se rencontrent pas seulement chez les hystériques avérés, mais encore chez tous les névropathes qui ont
des prédispositions à l'hystérie. Ces phénomènes, quand ils
sont nettement caractérisés, peuvent se répartir sous trois
chefs principaux : faits de somnambulisme, faits de léthargie, faits de catalepsie [1].

Mais souvent, comme le fait remarquer Wundt [2], l'hypnose se réduit à ces degrés inférieurs du somnambulisme
qui présentent la plus grande analogie avec les états de
somnolence observés dans la transition de la veille au sommeil. Un tel état peut même être provoqué chez des
sujets exempts en apparence de toute tare névropathique, à
condition que l'on insiste beaucoup, que l'on multiplie les
pratiques des « magnétiseurs ». C'est ce qui semble donner
raison à M. Bernheim lorsqu'il soutient contre de nombreux
adversaires de sa théorie « qu'il ne faudrait pas croire que

(1) D'après Charcot, le grand hypnotisme a trois formes types : la
léthargie, la catalepsie, le somnambulisme ; mais rarement ces trois formes sont nettement distinctes les unes des autres. La crise hypnotique
s'accompagne toujours de suggestibilité, d'hallucinations et d'illusions,
d'anesthésies diverses, parfois d'hyperesthésies (Binet a affirmé l'existence
d'une hyperesthésie de la vue, Lombroso l'a niée), d'automatisme ambu-
latoire. L'amnésie au réveil est caractéristique. Wundt constate dans
l'hypnose : 1º une réaction plus forte à certaines excitations, à cause du
rétrécissement du champ de l'activité cérébrale (d'autant plus énergique
qu'elle est plus exclusive): l'accroissement de l'irritabilité amène la rigi-
dité cataleptique ; 2º une modification générale de la circulation. Avec
M. Bernheim il rapproche l'état hypnotique du sommeil, quant au côté
négatif de l'hypnose, et du rêve quant à son côté positif.
Mausdley après Czermack, a affirmé que l'état hypnotique peut exister
chez les animaux ; Biernacki l'a étudié chez les grenouilles ; mais Richet
croit que les prétendus phénomènes hypnotiques chez les animaux ne
sont que des faits de catalepsie. Ils pourraient bien correspondre à la première des deux phases que Gley a distinguées dans les processus hypnotique chez l'homme, celle d'excitation cérébrale et de paralysie de la
moelle, précédant celle qui est due à la diminution de l'activité psychologique dans les divers centres cérébraux.
Voir Bernheim. De la suggestion.— Biernacki. L'hypnose chez les grenouilles
(1891). — Czermack. L'hypnose chez les animaux (Arch. f. d. Ges. Phys.,
VII, 1873). — Wundt. Hypnotisme et suggestion.
(2) Wundt. Hypnotisme et suggestion.

les sujets impressionnés soient tous des névropathes, des cerveaux faibles, des hystériques, des femmes », et qu'il est plus conforme à la vérité de croire à la possibilité de l'hypnose chez tous les sujets normaux [1].

A vrai dire, les conditions de son apparition, qu'elle soit spontanée ou provoquée, « se réduisent à la production de la fatigue [2] ». La puissance d'attention est diminuée par une série d'excitations, comme celles dont les « magnétiseurs » ont coutume ; alors la mobilité des pensées, des mouvements, des tendances s'accroît ; l'activité mentale est si restreinte que Schneider et Berger admettent dans ce cas « une concentration unilatérale et anormale de la conscience » ; enfin la suggestibilité devient telle que M. Bernheim a pu définir l'hypnose ainsi engendrée : « la provocation d'un état psychique particulier qui augmente la suggestibilité ». Cet état psychique particulier, c'est l'instabilité pathologique, que la fatigue entraîne [3] chez tous les sujets normaux, et qui n'attend pour se révéler chez les névropathes, chez les « candidats à l'hystérie », qu'une provocation accidentelle ou intentionnelle.

(1) M. Richet. *L'Homme et l'intelligence*, Paris, F. Alcan, 2ᵉ édit., p. 156, a rappelé des faits qui viennent à l'appui de la théorie de M. Bernheim.
La question de la nature pathologique ou non pathologique des phénomènes hypnotiques a donné lieu, à de vives discussions, notamment d'abord entre Braid et les adeptes de Mesmer, ensuite entre l'école de Charcot et celle de Bernheim. Myers et Bramwell font de l'hypnose un « accroissement de l'action du sujet sur son organisme » étroitement lié « à des altérations volontaires dans l'association et la dissociation des idées » ; il n'y a qu'un degré à franchir pour affirmer que l'hypnose est propre aux gens bien portants ou même aux gens les mieux doués. (Cf. Milne Bramwell. *On the evolution of hypnotic theory*, in Brain, part. IV, 1896.) L'état hypnotique n'est-il pas pour les adeptes du soufisme musulman un mode d'existence supérieur à la vie normale ? (Cf. Coppolani et Depont. *Les Confréries religieuses musulmanes*, 1808, Alger.)

(2) Féré. *Pathologie des émotions*, p. 94. Voir plus haut, 2ᵉ partie. Introduction.

(3) Encore a-t-on raison de dire qu'il faut une grande complaisance de leur part, qu'on n'hypnotise pas un sujet normal sans son consentement au moins indirect. Car la fatigue mentale qu'il s'agit de produire est différente de celle qui amène le sommeil normal ou qui fait désirer le repos. C'est une fatigue plus pathologique, si l'on peut s'exprimer ainsi.

De même que la veille prolongée appelle chez tous le sommeil, de même un effort excessif d'attention chez les débilités entraîne l'hypnose. Ce n'est pas seulement en offusquant soudain leur vue d'une vive clarté, ou bien en provoquant leur frayeur par un bruit inattendu, que l'on fait tomber les hystériques dans l'état hypnotique ; c'est encore (et tel a été notre procédé habituel) en leur demandant de concentrer leur attention sur un objet brillant, fatigant à considérer longuement, une montre par exemple. S'ils y consentent, ils acceptent généralement de faire un effort plus grand que ne le permet leur énergie psychique propre ; ils se trouvent ensuite hors d'eux-mêmes, impuissants à se ressaisir, emportés comme dans un cauchemar dont on ne peut sortir, livrés à la succession irrégulière de leurs impressions obtuses, de leur conceptions et de leurs impulsions, ou bien encore incapables de changer le cours des idées qu'une suggestion leur a imposées. — C'est donc avec quelque raison que Maudsley écrivait : « Les conditions qui permettent de produire cet état anormal de la conscience semblent être : 1° un système nerveux d'une susceptibilité ou d'une *instabilité* plus grande qu'à l'état normal ; 2° une attention soutenue pendant un certain temps [1]. »

Lorsque, dans l'hypnose, l'activité mentale est nulle en apparence, il y a léthargie ; lorsqu'elle est restreinte à ce point que le sujet semble en état de « monoïdéisme », il y a catalepsie. « Dans ce dernier état, l'idée, dit Charcot [2], ou le groupe d'idées suggérées se trouveront dans leur isolement à l'abri du contrôle de cette grande collection d'idées personnelles depuis longtemps accumulées et organisées qui composent le moi. » Ce moi est obnubilé, sans efficacité, presque sans existence. L'unique synthèse aperceptive excessivement

(1) Maudsley. *Pathologie de l'esprit*, p. 57.
(2) Charcot. *Maladies du système nerveux*, t. III, p. 338.

réduite qui subsiste détermine un seul mode de mouvement, une seule attitude persistante. « Le malade, immobile, insensible aux excitations, regarde fixement; les yeux sont largement ouverts, il est complètement anesthésié[1]. »

Dans le somnambulisme « le nombre des éléments mis en jeu est moins limité que dans la catalepsie et souvent il se produit une diffusion des phénomènes psychiques provoqués, assez étendue pour qu'il se manifeste une certaine tendance à la reconstitution du moi... Tous les sens sont ouverts... Si la conscience est déprimée, la sensibilité aux impressions est exaltée[2] ». Non seulement une tendance à la reconstitution du moi se manifeste, mais un moi nouveau, transitoire, éphémère, se constitue, mieux doué souvent que le moi normal, aux sens moins obtus, à la mémoire plus étendue, à l'activité plus systématique en même temps que plus complexe. Toutefois, il n'y a pas, en général, de stabilité dans le moi somnambulique; il tend à se nier, à se détruire. Au lieu de retourner au moi normal, le sujet passe souvent à un troisième moi, à un état somnambulique second; de sorte qu'il revêt ensuite successivement chacune de ces deux personnalités. Si l'alternance s'effectue très rapidement, le malade pourra se considérer comme le théâtre de deux « moi » coexistants, opposés l'un à l'autre; il sentira en lui le diable en lutte avec l'homme animé de bonnes intentions; il parlera de l'un ou de l'autre à la troisième personne; il présentera un cas de prétendu « dédoublement de la personnalité ».

Mais il n'y aurait vraiment dédoublement de la personnalité que si deux « moi » nettement constitués coexistaient dans le même individu, si l'on pouvait être assuré que la même personnalité ne joue pas (parfois presque simultané-

(1) Hallopeau. *Pathologie générale*, p. 670. La léthargie et la catalepsie seront examinées plus loin à un point de vue spécial.

(2) Charcot. *Op. cit.*, p. 330. Voir Richet. *L'Homme et l'intelligence*, 4° partie.

ment et avec une singulière inconscience sans doute) deux
rôles qui ne la divisent pas cependant. On trouve des malades
qui, automatiquement, s'écrivent à eux-mêmes des lettres
d'injures qu'ils signent du nom d'une personnalité étrangère,
comme si en eux coexistaient deux êtres en antagonisme ; mais
ils ne font qu'exagérer le jeu de la petite fille qui en tant
que maîtresse se gourmande elle-même en tant que servante, et réciproquement se promet, comme servante, à
elle-même en tant que maîtresse, de ne pas recommencer.
La petite fille sait-elle si elle est servante ou maîtresse ? A
certains moments, elle est évidemment la maîtresse, et
l'instant d'après, tout aussi évidemment la servante. Suivant
les cas, le malade interrogé vous répondra qu'il est Paul
ou Pierre et que Pierre ou Paul est en lui ; son corps ou
une partie de son corps pourra appartenir à « l'autre », et
il ne lui restera que des désirs, des volitions sans effet ; ou
bien son corps lui appartiendra, et les désirs, les impulsions qui ne se réaliseront pas ou qu'il désapprouvera appar-
tiendront à l'autre. Mais dans tous ces cas il sera dupe de
son imagination et du langage : tel un auteur prompt à
s'identifier avec les personnages qu'il crée et qu'il oppose
les uns aux autres [1].

Quand un sujet en état de somnambulisme, Marie, nous
dit en parlant d'elle-même : « Jeanne a été trompeuse, vo-
leuse, hier ; aujourd'hui, elle me prie de n'en rien dire ;
mais je veux me délivrer d'elle et vais tout dévoiler, »
pouvons-nous voir dans l'état de ce sujet un dédoublement
de la personnalité ? Si Marie objective tous ses actes, toutes
ses pensées d'hier, en une personne étrangère, Jeanne,
c'est que son « moi » d'hier lui apparaît tellement dissem-
blable de son « moi » « d'aujourd'hui qu'elle ne saurait
s'identifier à lui ; elle parlera donc de « l'autre » et lui

_____
(1) Cf. l'auto-observation de M. F. de Curel dans l'*Année psychologique*,
1894.

donnera, pour plus de commodité, un nom. Et puis, comme
cette autre personnalité lui est cependant attachée, lui paraît
intérieure, bien qu'elle lui accorde la persistance et l'indépendance de tout objet extérieur, elle la localise en elle-
même[1]. Sans doute, ce n'est point par un raisonnement,
explicite mais plutôt par une suite d'inférences confuses,
où entrent de tels intermédiaires, que la malade arrive à
une telle conclusion. Le dédoublement de la personnalité
est donc une conséquence et non un principe ; c'est une
illusion qui n'a aucun fondement objectif si ce n'est l'alternance de personnalités hétérogènes dans un même individu
(qui, à certains moments, se souvient de ses différents « moi »
et les juxtapose en lui parce qu'il ne peut comprendre dans
le même être d'aussi radicales transformations). Les théoriciens du « dédoublement de la personnalité » ont peut-être
en quelque sorte partagé l'illusion de leurs malades : ils ont
doté de permanence des états passagers, parce que chacun
s'est appelé une personnalité et a été considéré comme une
« chose » durable ; et quand ils ont vu reparaître ensemble
et en opposition ces différents aspects de la personnalité,
rémémorés simultanément dans une même représentation
synthétique, ils ont cru à la multiplicité des « moi » dans le
même individu.

(1) Monroe (*Pédagog. Summary*, III, octobre 1894) cite une petite fille de
trois ans, Catherine, qui a imaginé une personnalité nommée Morrie que
tantôt elle accuse, tantôt elle excuse de ses propres méfaits, dont elle
parle à ses parents comme du meilleur compagnon. Ne pouvant le présenter à sa mère qui demande à le voir, elle prétend qu'il habite fort loin
ou qu'il est malade. Ce « dédoublement de la personnalité » n'est qu'un
jeu d'imagination dont l'importance est exagérée par suite du manque
d'esprit critique.
On a distingué plusieurs sortes de « dédoublements de la personnalité » :
ceux des individus sains, comme M. F. de Curel, dont l'auto-observation a
été publiée dans l'*Année psychologique* de 1891 ; ceux des spirites (dont
Gurney, Myers et Podmore ont traité); ceux des aliénés (surtout des persécutés dans les cas d'hallucinations psycho-motrices); ceux des hystériques.
On connaît les observations du Dr Azam, de Mac Nish, de Weir Mitchell,
de Mesnet; on peut ajouter celles de Lewis Bruce (Cf. *Archives de neurol.*,
1895), de Warneck (*Journal of mental sc.*, janvier 1895), de Drapes
Ibid., avril 1895) (Cf. *Année psych.*, 1895, p. 901).

En réalité, hors certaines personnalités fictives, juxtaposées par l'imagination [1] à la personnalité ancienne, on ne trouve que des personnalités alternantes, les unes moins complexes, les autres plus complexes et dès lors aptes à connaître les précédentes. Fréquemment ce qu'on appelle parfois le « moi normal [2] », c'est-à-dire celui qui dure plus longtemps que les autres ou qui les a précédés, est un des moins complexes; et il n'est pas rare de voir une personnalité plus riche, créée par le somnambulisme, durer, se développer pendant de longs mois sans interruption. Lewis Bruce cite le cas d'un matelot gallois qui pendant une période de l'année est apathique, gaucher, ne parle et ne comprend que le gallois, tandis qu'après une crise somnambulique sans doute, il devient pour une aussi longue période adroit, bavard, ardent, susceptible de comprendre et de parler à la fois l'anglais et le gallois. De ces deux personnalités successives, quelle est vraiment la plus normale? N'est-ce pas la plus complexe? Ou bien toutes deux ne sont-elles pas anormales puisqu'elles ne sont que passagères? La plupart des observations montrent d'ailleurs plus d'instabilité mentale chez les sujets atteints de somnambulisme : on rencontre des gens qui ont des accès très courts, et reviennent à leur état habituel presque aussitôt après qu'ils l'ont quitté : cette discontinuité de leur vie psychologique entraîne, comme nous l'avons déjà plusieurs fois remarqué, des conséquences de plus en plus funestes pour leur intelligence et leur activité.

La parenté du somnambulisme et de l'hystérie n'a pas besoin d'être démontrée : le plus souvent il n'y a pas lieu

(1) Une malade devenue mégalomane présentait une persistance de sa personnalité primitive à côté de sa personnalité nouvelle, création correspondant à sa conception ambitieuse (Observation prise par MM. Hamel et Marie).

(2) Il est en général bien difficile de savoir quelle est la personnalité la plus conforme au caractère foncier, quel est, à parler selon l'usage, le « moi somnambulique » et quel est le « moi normal ».

de distinguer l'un de l'autre. Si l'hystérie est essentiellement une tendance aux changements de personnalité, le somnambulisme est l'actualisation de cette tendance.

V

Les phénomènes d'instabilité morbide que nous rencontrons chez les dégénérés, les épileptiques et les hystériques nous aident à comprendre l'état mental des aliénés, des déments. Le D* Chaslin a appelé « *confusion mentale primitive idiopathique* » la forme psychopathique la plus générale, susceptible de prendre un caractère de plus en plus morbide, jusqu'à devenir la démence aiguë, en passant par la plupart des formes de l'aliénation mentale. D'après M. Chaslin, la nature foncière de la confusion mentale est la perte de la coordination des images et de la puissance de constituer un moi : or nous savons que les représentations ne peuvent se coordonner, le moi se constituer normalement, qu'autant que le sujet a une évolution systématique dirigée par un principe stable. D'ailleurs, bien que le début de cette psychose soit variable, ses caractères distinctifs sont : l'impossibilité de fixer l'attention, l'impulsivité, l'incohérence des paroles et des actes, l'alternance de la loquacité et du mutisme, l'indifférence ou l'absence de but apparent. *Confusion* et *instabilité mentales* sont donc foncièrement identiques et si tous les cas d'aliénation mentale sont des modes de la confusion primitive idiopathique ils sont aussi des formes morbides enveloppant nécessairement l'instabilité psycho-pathologique.

Mais on ne peut au premier abord faire entrer dans le cadre de cette instabilité tous les cas d'aliénation mentale. Si la manie est « caractérisée par la surexcitation désordonnée des facultés, l'incohérence des idées, l'impossibilité de fixer l'attention, un impérieux besoin de changement et

des impulsions violentes » avec passage sans transition d'un
sujet à un autre (Dagonet), dans presque tous les autres
cas, il se forme des pseudo-personnalités qui font que le
devenir pathologique présente plutôt l'aspect de la systématisation que celui de la confusion et de la discontinuité. Il
nous reste donc à examiner certaines formes à un autre
point de vue : celui de la stabilité morbide, sorte d'aggravation de l'instabilité pathologique, plutôt que réaction excessive contre elle, comme certains aliénistes semblent l'avoir
pensé [1].

Toutefois la folie circulaire, dans laquelle l'excitation maniaque succède brusquement à la dépression mélancolique
peut paraître une manifestation de discontinuité mentale
correspondant à l'alternance des personnalités hystériques.
Elle présente un mélange de stabilité morbide et d'instabilité pathologique qui montre clairement qu'en passant de
celle-ci à celle-là nous n'opposons pas l'une à l'autre deux
formes radicalement incompatibles, mais plutôt deux degrés
différents du même mal psychologique.

B. — LA STABILITÉ MORBIDE

Nous avons peu parlé jusqu'ici de certaines formes assurément morbides : la monomanie, l'obsession, le délire
systématisé, l'extase, la léthargie, la catalepsie, la neurasthénie, la mélancolie, la stupeur. L'existence de ces psychopathies semble d'ailleurs apporter un démenti à la thèse que
nous avons soutenue en faisant de l'instabilité et de l'incoordination des états de conscience la condition de tous les
troubles d'ordre purement mental. Le mélancolique, en effet,
persiste dans ses idées sombres avec une énergie déses-

---

(1) Entre autres, le D[r] del Greco, dont nous rapportons l'opinion plus
loin à propos de la paranoïa.

pérante, et, dans le délire systématisé, tous les actes, toutes les pensées du malade semblent fortement coordonnés d'après une conception dominante, un dessein unique et persistant. En apparence du moins, il y a une stabilité morbide, à la fois systématique et pathologique, qui est l'inverse de l'instabilité pathologique et ne paraît pas l'avoir pour condition.

Si nous avons pu tout d'abord prendre pour type d'instabilité morbide l'état de distraction, c'est maintenant le contraire de la distraction, la préoccupation, qui nous fournit un moyen de comprendre par analogie la stabilité pathologique [1]. Il nous arrive en effet, lorsque nous sommes profondément absorbés par l'objet de notre contemplation ou de notre réflexion, par un sentiment, par une occupation, une lecture par exemple, de ne point apercevoir ce qui se passe autour de nous et d'ignorer les mouvements que nous exécutons automatiquement. Nous avons déjà fait remarquer que tout automatisme n'est pas morbide ; en effet, celui qui résulte d'une concentration exceptionnelle de l'attention normale sur un ordre particulier d'idées ne saurait être assimilé à celui qui provient d'un défaut d'énergie psychique. Le penseur, l'esprit absorbé par l'objet de sa méditation, ne trouve pas en elle une occupation suffisante pour toutes les énergies de son être (comme le ferait, par exemple, un lutteur attentif aux coups qu'il doit parer et à ceux qu'il doit porter). Plus les représentations sont abstraites, plus elles demandent de tension intellectuelle, mais moins elles exigent une activité systématique de tout le corps. C'est pourquoi des mouvements automatiques se produisent alors dans les membres, mouvements dont la claire conscience ne peut que faire défaut au centre supérieur, tout entier à son occupation

(1) Il est vrai que l'on a quelquefois appelé les sujets préoccupés des « distraits absorbés ». Mais alors on a été obligé de voir dans le genre distraction deux espèces nettement opposées.

intellectuelle. Il n'y a pas dédoublement de la personnalité; il n'y a pas, à proprement parler, défaut de subordination des fonctions les unes aux autres; mais les mouvements du corps et les pensées abstraites constituent deux activités d'ordres si différents qu'elles peuventcoexister sans se nuire et qu'elles ne peuvent guère cependant s'entr'aider, se coordonner. Tout au plus l'attention qu'exigent à certains moments les spéculations élevées peut-elle être renforcée à ces moments mêmes par une attitude convenable de tout le corps : ce concours des muscles ne fait pas défaut à l'esprit chez un sujet normal; mais il n'est que momentané. Le plus souvent le travail intellectuel intense, la préoccupation intellectuelle permettent, sans qu'aucun inconvénient s'ensuive, un certain automatisme des centres inférieurs.

C'est en apparence ainsi que le mélancolique, le monomane, sont distraits; *en réalité, chez eux, la distraction n'est pas la conséquence de l'occupation; elle est un fait relativement primitif*, car c'est parce qu'elle existe primitivement et subsiste sous des formes qui la cachent parfois, qu'un sujet peut devenir constamment mélancolique, monomane, obsédé, neurasthénique. Quand la volonté n'existe plus qu'en apparence ou qu'une tendance directrice et féconde manque au sujet, que l'attention ne peut même pas se disperser sur une foule d'objets (sans se fixer longtemps sur aucun, comme il arrive chez les hystériques) ; elle disparaît à proprement parler. Cependant, le principe inférieur de coordination persiste [1]; nous avons vu que le sentiment de l'organisme est continu ; or, ce sentiment est plus fort, il exerce une influence plus grande à mesure que le rôle de la volonté devient moindre; les souffrances d'origine cénesthésique viennent le renforcer encore et elles déterminent ainsi une sorte de préoccupation constante de l'esprit, au-

[1] Cf. 1re partie, ch. III.

tour de laquelle se groupent les principaux éléments de la
vie mentale. Voici donc une systématisation de formation
secondaire; mais au sein de l'instabilité des fonctions supérieures, rationnelles et volontaires, elle ne peut être que
très restreinte, elle ne peut offrir qu'une ressemblance loin-
taine avec la systématisation normale.

I

On rencontre des enfants obstinés qui, persistant dans
leurs désirs, opposent une résistance parfois invincible aux
objurgations, aux commandements, aux défenses, aux
menaces. Ont-ils donc une volonté ferme ? De même, les
faibles d'esprit et certains vieillards dont rien n'ébranle la
ténacité, qu'aucun raisonnement ne dissuade, qu'on ne peut
faire sortir de la voie dans laquelle ils se sont engagés,
ont-ils une volonté ?

Vouloir ce n'est pas seulement se déterminer, c'est
essentiellement se déterminer après une délibération réelle,
efficace : c'est donc aussi être accessible aux motifs, aux
mobiles de toutes sortes et se décider conformément non à
une passion aveugle, mais à une raison éclairée. Vouloir,
c'est être affranchi de la tyrannie des préjugés aussi bien
que de cette tyrannie plus insidieuse des sourdes appétitions
de notre organisme, pour subir le contrôle de la raison ;
non pas d'une raison impersonnelle que nous ne possédons
pas, mais de notre raison à nous, homme d'un certain
tempérament, d'un caractère déterminé. Or, ni l'enfant obs-
tiné, ni le faible d'esprit entêté ne sont ainsi affranchis. Les
bons arguments glissent sur eux, ils ferment les yeux aux
clartés qui devraient les déterminer à se diriger en sens
contraire. D'avance, leur siège est fait : leur esprit ne saurait admettre le développement normal des représentations
qui constitue la délibération. Ils s'obstinent donc dans le

dessein qu'ils ont tout d'abord formé, et leur paresse d'esprit leur procure ainsi une apparente stabilité. Co... persiste dans une résolution identique depuis plusieurs années ; rien ne le rebute ; il a toute l'apparence de l'homme à la volonté ferme. Cependant il poursuit la réalisation de ce dessein toujours par les mêmes moyens, qu'il aurait déjà pu reconnaître à l'expérience insuffisants et vicieux. Pénétrons dans sa vie privée : les « absences of mind », les cauchemars, les hallucinations abondent ; il a des visions extatiques ; il ne peut se livrer à la même besogne pendant plus d'une heure ; la méditation continue le fatigue ; il est flottant, indécis quand il s'agit des résolutions les plus communes ; il n'offre aucune résistance à la pression morale qu'exercent sur lui certaines personnes qui depuis longtemps le dominent (tandis qu'il est sourd aux incitations des autres) ; il reconnaît lui-même qu'il est « aboulique pendant les trois quarts de son existence. » C'est donc un instable bien caractérisé, et sa stabilité est par conséquent morbide. Ses pareils sont nombreux : leur devenir est dans son fond irrégulier, plein de soubresauts. Leur stabilité, leur ferme volonté apparente a de même pour condition première l'instabilité de leur esprit, incapable de se fixer sur tant de facteurs d'une saine résolution. La faiblesse de leur puissance d'attention leur donne l'apparence d'intelligences concentrées ; leur débilité a ce privilège de faire croire à leur force.

II

Dans le genre mal défini des dégénérés, on fait parfois entrer les neurasthéniques. « La neurasthénie, dit Hughes[1], est caractérisée par la timidité de la conduite, l'irritabilité nerveuse, les craintes morbides, les illusions naissantes.

(1) *The alienist.*, 1894.

Elle diffère (dès le premier abord) de l'hystérie parce qu'elle est continuelle et n'a pas de paroxysme. C'est une névrose « conservative », comme la migraine, ce n'est pas une névrose spasmodique : elle est continue et progressive. » En outre tous les neurasthéniques sont des préoccupés [1] ; beaucoup ont l'apparence des mélancoliques : ils s'inquiètent de leur maladie, en recherchent les causes, éprouvent à tout propos de violentes douleurs qu'ils attribuent immédiatement à des affections graves. Pont..., chaque fois qu'il voit une personne atteinte d'une maladie, croit en être atteint lui-même ; il rattache les diverses transformations de son mal à un trouble foncier de son système nerveux. Blond... craint d'avoir une maladie de l'abdomen ; il y songe sans cesse et affirme souffrir beaucoup. P... pense continuellement à « une maladie du cerveau, siège de la pensée, et surtout du cervelet, qui coordonne les mouvements » ; quand il « mouche du sang » il attribue « l'accident à la rupture d'un vaisseau sanguin, par suite de la compression excessive du cerveau. » Il est inutile de multiplier les exemples : tous les neurasthéniques sont en un sens des malades imaginaires, non que leurs plaintes au sujet de certaines douleurs mal localisées et indéterminées ne soient pas justifiées, mais parce qu'il y a disproportion entre la préoccupation et le mal, manque de correspondance entre celui-ci et la cause imaginée. Quand ils n'accusent pas une souffrance actuelle, ils la redoutent ; quand ils n'éprouvent pas de malaise physique, ils sont en proie à une torture morale. La préoccupation domine donc leur existence ; c'est elle qui les empêche d'agir, prétendent-ils, parce qu'elle les détourne de leurs occupations, les rend incapables d'un travail prolongé, d'une attention soutenue : mais, à vrai dire, ce n'est

---

(1) Tous les auteurs (Bouveret, Mœbius, Loewenfeld, Hosslin, Krafft-Ebing, Hecker) s'accordent à reconnaître qu'un état affectif de concentration, de nature dépressive, vient s'ajouter à l'épuisement psychique.

pas la préoccupation qui explique chez eux l'instabilité primitive ; celle-ci est logiquement, sinon toujours chronologiquement antérieure [1]. Tous les auteurs ont observé en même temps que la fixité des craintes morbides l'irrésolution, l'irritabilité, l'inattention. Dès les premières manifestations de la maladie, on constate une fatigue intellectuelle considérable que décèle le moindre effort psychique ; on trouve en outre de la fatigue musculaire, causée « par la moindre tension de l'organisme [2]. » Par exemple, dans l'acte de la vision, le neurasthénique, malgré une acuité visuelle normale, ne peut fixer longtemps son regard ; bientôt il éprouve de la douleur dans les globes oculaires, une tension pénible des muscles du front, de la nuque, du cuir chevelu. Plus tard viennent des vertiges, une plus grande dépression physique et psychique, de l'amyosthénie progressive, une incapacité spéculative et pratique croissante. Enfin tous les neurasthéniques observés présentent dès le début, comme les hystériques pendant presque toute la durée de leur psychose, un défaut de puissance synthétique qui se manifeste dans les pensées et les mouvements, surtout lorsqu'un travail prolongé s'impose. D'après Beard, la céphalée qui accompagne toujours la neurasthénie et qui s'exaspère si on se livre à une occupation exigeant une attention soutenue, est elle-même accompagnée d'une sensation de vide dans le cerveau, d'une impression subjective d'adynamie psychique.

Si les neurasthéniques ont une préoccupation constante, c'est qu'ils ont avant tout un grand nombre d'idées à la fois vagues et fuyantes, qui leur donnent le sentiment d'une force

(1) Hecker (voir *Archives de neurologie*, 1894, t. II) a montré que l'angoisse neurasthénique est un effet plutôt qu'une cause. Elle ne s'accompagne pas de battements de cœur, de contracture pharyngo-œsophagienne, de sensation de froid, comme l'angoisse des sujets normaux ; elle est la répercussion constante de la débilité mentale et du trouble somatique.

(2) Cf. Altabas. *El siglo medico*, mars 1895.

amoindrie, comprimée et incomplète en tout leur être.
Leur air sombre, leur physionomie attristée tient au moins
autant qu'à leur douleur injustifiée, au sentiment qu'ils
éprouvent de ne pouvoir se ressaisir, d'être flottants, indéterminés, sans caractère précis, sans représentations nettes.
Il n'est pas étonnant que dans ces conditions la vie leur
paraisse insupportable. Tout concourt à leur faire sentir
leur détresse mentale : leurs rêves agités, leurs cauchemars
fréquents influent sur leur état psychique pendant la veille
et viennent jeter dans le cours déjà si troublé de leurs
réprésentations de nouveaux germes d'émotions morbides,
de nouveaux motifs d'angoisse.

C'est pourquoi de tels malades ont des idées fixes, et généralement des idées fixes d'une nature particulière : des obsessions[1]. Caz... a peur de devenir fou. « Je ne crois pas devoir
le devenir, nous dit-il, mais cela me tourmente comme une
idée qui vient et dont on ne peut se débarrasser. » Voici comment cette idée « est venue » : le malade a pris d'abord conscience de son affaiblissement intellectuel, il ne peut plus faire
une addition, il perd la mémoire, il ne comprend qu'à peine
le peu qu'il lit avec une grande fatigue ; très affecté par
ces constatations successives, il se sent envahir par la tristesse ; des maux de tête naissent, augmentent, s'établissent
à demeure. Leur persistance, leur continuité harcèlent
l'esprit, exigent une explication : la plus aisée, c'est qu'on
devient fou. L'inquiétude d'abord vague se précise ainsi.
Bien des faits viennent prouver qu'elle est injustifiée,
mais l'esprit n'a plus assez de vigueur pour contrebalancer
par une action purement logique la puissance de l'imagination. L'obsession non réfrénée grandit ; elle occupe

---

[1] D'après Meynert, l'anémie corticale affaiblirait les centres cérébraux
d'association ; il en résulterait, par hyperhémie compensatrice, une irritation des centres sous-corticaux (*Jahrbuch. f. psychiatrie*, XI, 3, 1893),
d'où s'ensuivraient des obsessions. C'est toujours le même abus des centres hypothétiques et la même absence d'explication psychologique.

tous les instants ; impossible de lutter avec efficacité contre elle.

D'autres idées fixes naissent à la suite d'une violente émotion, d'un choc mental dont on ne peut se remettre, d'une représentation trop vive qu'on ne peut chasser (frayeur de la mort, du choléra, etc.). Mais ces causes occasionnelles ne peuvent être pernicieuses que pour des sujets prédisposés, incapables de se ressaisir à cause de leur instabilité [1]. Elles sont d'autant plus dangereuses qu'on se méfie moins de leur nocivité ; car souvent la conception, la représentation, l'émotion qui a donné naissance à l'obsession a pu passer inaperçue, et on l'ignore alors même qu'on en subit les conséquences ; il suffit d'un accident insignifiant pour faire germer une idée fausse, qui prend de la consistance pendant que les autres fuient, qui se transforme au point de voiler son origine et engendre des phénomènes morbides par lesquels elle ne trahit pas sa propre nature.

M. Pierre Janet a rattaché de nombreux troubles de la vie mentale à la permanence de modifications conscientes ou subsconscientes, à des « idées fixes ». Ces derniers mots ne désignent pas d'après lui « uniquement des idées obsédantes

(1) D'après Mercier, l'état le plus favorable au développement des idées fixes est un état de distraction : la phrase musicale bourdonne toujours la même, par exemple, quand on est occupé à jardiner, à peindre, à dessiner, toutes occupations peu absorbantes. Hughlings Jackson pense que les idées normales peuvent devenir des idées fixes par suite d'un changement morbide dans le cerveau, changement qui pourrait même survenir pendant le sommeil. Grashey, (*Allg. Zeitsch. f. psych.* L. 5), estime que les idées chez le sujet obsédé sont normales, qu'il se produit une modification normale de l'humeur à la suite d'une sollicitation normale de la sensibilité, mais que c'est le terrain sur lequel les idées et les sentiments germent qui est morbide ; il semble qu'on doit dès lors conclure à une altération foncière, primordiale de la personnalité dans tous les cas d'idées fixes. Thomson et Westphal font de l'obsession une maladie mentale particulière caractérisée par des idées et des actes impératifs, parfois des tics convulsifs, de l'écholalie et de la coprolalie (voir *Année psych.* 1895, p. 877). MM. Souques et Brissaud (*Nouvelle Iconographie de la Salpêtrière*, 1894) ont montré comment les obsessions, les idées fixes peuvent déterminer non seulement les troubles psychiques décrits par M. P⁺ Janet, mais encore des changements biologiques tels qu'un considérable amaigrissement.

d'ordre intellectuel, mais aussi des états émotifs persistants, des états de la personnalité qui restent immuables, en un mot des états psychologiques qui une fois constitués persistent indéfiniment et ne se modifient plus suffisamment. pour s'adapter aux conditions variables du milieu environnant[1]. » Ainsi M. Janet désigne par « idées fixes » à peu près tout ce que nous considérons comme des manifestations. de la « stabilité morbide. »

Mais il les étudie presque exclusivement chez des hystériques. Or, l'hystérique semble surtout remarquable par son instabilité, par les variations de son humeur, de ses aptitudes, de tout son caractère. Sans doute, il adopte souvent une manière d'être pathologique bien déterminée pour une certaine période, et nous avons reconnu que l'instabilité hystérique n'exclut pas la stabilité de stigmates en nombre variable ; cependant l'inconstance reste le fait le plus commun, le plus caractéristique. Donc en étudiant la stabilité morbide uniquement chez les hystériques, on risque fort de lui attribuer des conséquences qu'elle n'a pas, de lui prêter un rôle qu'elle ne joue pas.

Il nous importe tout d'abord de savoir si « l'idée fixe » est cause ou effet. « Nous ne cherchons pas, dit M. Pierre Janet[2], lesquels de ces troubles physiologiques sont primitifs et déterminent les autres ; c'est là une dispute tout à fait oiseuse. Tous ces phénomènes sont aussi importants les uns que les autres. » N'est-ce pas renoncer à toute explication. scientifique et se confiner dans la pure description ? Mais. M. Janet lui-même est souvent sorti de la réserve qu'il semblait s'être imposée par les lignes que nous venons de citer. « Les troubles de la perception, les altérations curieuses de la mémoire, la diminution considérable de la volonté et de

(1) *Névroses et idées fixes.* Paris, F. Alcan, 1898, p. 2.

(2) *Ibid.*, p. 192.

l'attention » sont, d'après lui [1], « des symptômes fondamentaux » qui « permettent le dévelopement de l'idée fixe », laquelle à son tour engendre «¡ des actes, des paroles, des délires et aussi de nouveaux troubles de la sensibilité, de l'attention et de la mémoire, symptômes postérieurs qui se surajoutent aux premiers ». Car si « les stigmates, l'anesthésie elle-même peuvent être la conséquence indirecte de l'existence d'une idée fixe, d'un état émotif persistant, je ne crois pas qu'il en soit toujours et nécessairement ainsi ». De l'aveu même de M. Janet, la question de l'antériorité de certains troubles psychiques sur d'autres est donc loin d'être oiseuse ; et, en outre, toutes les observations rapportées par lui tendent à établir que la stabilité morbide est postérieure à l'instabilité mentale des esprits débilités par la maladie ou congénitalement débiles ; ce que nous nous appliquons à montrer. M. Janet nous dit, en outre, que « les commandements négatifs », consécutifs au rêve subconscient, au développement de l'idée fixe « augmentent l'aboulie, mais ne l'ont pas créée [2] ». — « La force des idées fixes vient précisément de la faiblesse des idées nouvelles acquises à chaque moment [3] ». — L'aboulie, l'amnésie, les troubles de la perception sont les manifestations d'un état « qui constitue le fond de la maladie, et qui rend possible les idées fixes [4] ». De telles expressions ne peuvent laisser de doutes : pour M. Janet comme pour nous la stabilité morbide est consécutive aux troubles que nous avons présentés comme des marques d'instabilité. Nous nous demandons maintenant si tous les faits rapportés par M. Janet à l'action de l'idée fixe sont vraiment des conséquences de la stabilité morbide. Sans doute les crises hystériques, avec leurs troubles intellectuels

(1) *Loc. cit.*, p. 217-218.
(2) *Ibid.*, p. 31.
(3) *Ibid.*, p. 53.
(4) *Ibid.*, p. 68.

et moteurs : hallucinations, illusions, spasmes, contractures, paralysies, paraissent provenir d'un retour de l'esprit à des conceptions terrifiantes, à des souvenirs doulou-
reux, à des pensées ou des sentiments qui ont provoqué la
première crise et qui « *restent* » dans l'esprit (nous verrons
plus loin si l'on peut, à rigoureusement parler, s'exprimer
ainsi), prêts à surgir de nouveau ou à déterminer, sans
apparaître eux-mêmes, des phénomènes pathologiques. Mais
la « rêverie subconsciente ininterrompue », qu'incrimine
M. Janet [1], est faite de ces représentations plus virtuelles
qu'effectives, qui sans cesse s'ébauchent en chacun de nous,
en parfaite correspondance avec son caractère ; c'est le
cours ininterrompu de l'activité mentale inférieure, de
celle qui n'est pas aperceptive et dont les moments successifs sont nécessairement bien liés. Chez l'homme au
caractère craintif la peur est toujours prête à passer de la
puissance à l'acte ; s'il a des motifs persistants de frayeur,
une frayeur déterminée est toujours latente en lui : il n'y a
en tout cela rien qui ne soit très normal; ce qui est morbide, c'est que certaines représentations s'actualisent, qui
devraient être *réduites* par des antagonistes plus puissants;
c'est, par exemple, que la frayeur se reproduise sans cesse
avec tous les désordres qui la constituent et la suivent,
alors qu'aucun motif d'effroi n'existe, ou qu'un aussi grand
effroi n'est pas justifié.

L'existence « subconsciente » de tendances, d'émotions,
d'idées, plutôt latentes qu'actuelles, encore en puissance,
et d'un ordre déterminé par les circonstances antérieures ou
par un événement exceptionnel (une violente émotion, un
traumatisme, un accident quelconque), loin de nous étonner
nous semble aisément compréhensible: il est tout naturel
qu'un fait passé ait contribué à diriger dans un certain sens

le cours de nos représentations obscures et que son influence ait été d'autant plus grande qu'il était moins accoutumé. Mais que le cours des états clairement conscients soit sans cesse interrompu par des rêveries ou des conceptions absurdes, par « l'actualisation » de virtualités qui n'ont pas droit à la pleine lumière, voilà qui est anormal, qui décèle l'absence d'un caractère ferme et manifeste l'instabilité mentale.

Ne faudrait-il pas réserver dès lors le nom d'idées fixes à des représentations de nature plus ou moins émotionnelle, qui s'opposent à tout divertissement, qui concentrent et systématisent à leur profit l'activité mentale, qui sans cesse ramènent la pensée à un ordre d'idées ou de sentiments dont les objets extérieurs, la raison, la réflexion tendraient à l'éloigner. De telles représentations non seulement sont des « formations secondaires », dans un esprit instable, mais elles tendent à envahir tout le champ de la claire conscience, d'où la distraction du sujet a chassé leurs antagonistes. On ne peut les confondre avec des représentations obscures qui persistent en nous sans jamais se modifier beaucoup, comme celles qui constituent l'instinct de nutrition ou de reproduction ; celles-ci ne deviennent idées fixes qu'autant qu'elles ont usurpé l'empire dans notre personnalité. Ce qui caractérise une idée fixe, c'est non pas seulement sa permanence ou plutôt sa répétition persistante, c'est aussi sa tendance à prédominer dans la claire conscience d'où elle devrait être bannie. Cependant certains processus qui aboutissent à des « idées fixes » ont, comme nous l'avons indiqué plus haut, leur point de départ dans des modifications très obscures du moi : le malade n'en voit nettement que le couronnement, qui souvent même reste inaperçu à cause de la violence de la crise immédiatement provoquée. M. Janet a pu souvent découvrir, à l'aide de l'écriture automatique ou des souvenirs que le sujet accuse

dans l'état de somnambulisme, en un fait de stabilité morbide la véritable source d'une manifestation pathologique.
Mais on aurait le tort de trop généraliser en attribuant toujours à des « idées fixes » inconnues des troubles psychologiques que peuvent aisément expliquer d'autres phénomènes de l'esprit, et qui doivent même ne point recevoir
d'autre explication tant que l'on n'aura pas découvert derrière
eux une représentation tendant d'une façon permanente à
établir sa suprématie illégitime dans la claire conscience.
Prenons pour exemple l'allochirie [1] : M. Janet fait appel à
« une illusion, je ne sais laquelle, peut-être à cette loi qui
nous fait accorder plus d'importance au phénomène final
d'une série et oublier le signe quand nous tenons la chose
signifiée » ; il croit à une habitude pathologique s'ajoutant à
l'anesthésie, à l'hypoesthésie ; mais pourquoi voit-il derrière
cette habitude, « comme une sorte d'idée fixe élémentaire [2] » ?
Rien ne semble justifier une telle supposition. L'anesthésique
(ou plutôt le paresthésique) est avant tout un distrait, et par
accident seulement un obsédé. Or, « tous les allochiriques
sont plus ou moins des anesthésiques. Il en résulte que
d'une manière générale ils localisent mal [3] » ; ils localisent
en effet ordinairement dans la partie du corps qui est symétri-
que de celle qu'ils croient ne pas sentir : il se crée par conséquent dans leur esprit une association entre les impressions
fournies par un côté et la notion du côté opposé. Leur illusion
ne pourrait être détruite, nous l'avons vu plus haut, que par
un travail critique dont ils sont incapables : la cause de
sa persistance est donc bien plutôt négative que positive.

Si l'hypothèse d'une idée fixe est à notre avis inutile à
l'explication de l'allochirie, il n'en est pas de même des
insomnies par obsession, des illusions des « possédés »

(1) *Op. cit.*, p. 138.
(2) *Op. cit.*, p. 262.
(3) *Op. cit.*, p. 255.

qui rapprochent certains hystériques des monomanes ou
des malades atteints de délire systématique, des crises
hystériques qui sont souvent la conséquence d'idées fixes,
favorisées par la faiblesse du caractère, l'inconstance des processus normaux, leur discontinuité. M. Janet l'a bien montré.
Mais la théorie psychologique fondamentale qu'il a adoptée
l'oblige, tout en expliquant les psychopathies par un « défaut
d'activité cérébrale [1] » à concevoir chaque idée comme une
réalité indépendante subsistant par soi et, par conséquent
subceptible de se *fixer*, au détriment du cours normal de
la pensée. L'idée fixe est le produit d'une subconscience qui,
par suite de la désagrégation psychologique, agit spontanément, automatiquement, détermine des actes, pense et sent
à sa façon. Une synthèse de représentations se trouve ainsi
réalisée à part ; ces représentations au lieu d'être emportées
comme par le courant de la vie mentale, persistent, restent
identiques à elles-mêmes, comme des objets inertes : c'est
de la pensée concrétée, solidifiée. Mais cette solidification se
produit-elle réellement, peut-elle se produire ? Une représentation, une pensée, un sentiment, nous le répétons, n'est
pas une chose, c'est une partie d'état de conscience, et la
conscience n'existe qu'à la condition de changer : il n'y a
donc pas « d'états psychologiques qui une fois constitués
persistent indéfiniment ». L'idée fixe ne peut donc pas s'expliquer par la désagrégation mentale. M. Janet a dit avec
raison que l'altération de la puissance d'attention « semble
surtout étroitement liée avec le développement des idées
fixes ». Or, « l'essentiel dans l'attention n'est ni de se fixer
sur un objet unique, ni de se diviser trop facilement sur
des objets multiples, mais de partir d'objets multiples pour
les ramener à l'unité, de savoir synthétiser » [2]. Il s'ensuit
que lorsque l'attention se fixe sur un objet unique ou se

---

(1) *Op. cit.*, p. 352 et 368.
(2) Voir p. 73, *ibid.*

disperse trop aisément sur des objets multiples sans les ramener à l'unité synthétique, les troubles de l'esprit naissent fatalement. Mais il importe de savoir si la fixité de l'attention, si la dispersion doivent être considérées dans la simultanéité ou dans la succession. La fixité de l'attention n'a de sens que si l'on envisage la succession des états de conscience, et sa dispersion est difficilement conçue dans l'instant. L'absence de fixité dans l'attention, c'est l'instabilité mentale même. M. Janet a donc reconnu indirectement que l'instabilité morbide est, plutôt que la désagrégation mentale, la cause des idées fixes.

Celles-ci sont ordinairement liées à un sentiment de crainte. Or, dans certains cas, une crainte injustifiée détermine, comme nous l'avons vu au sujet des phobies, la réalisation de ce que l'on craint. Mart... craint d'avoir des tremblements et des troubles du langage : cette crainte devient une « idée fixe »; bientôt, le malade présente plusieurs crises de mutisme avec tremblement de tous les membres. Pe... redoute la fatigue des yeux ; il en vient à ne pouvoir supporter la lumière vive et à être obsédé par l'idée de chercher l'obscurité.

Inversement, l'obsession peut engendrer des « phobies[1] ». L'agoraphobie tient parfois à l'obsession du vide, la manie du doute à l'obsession de l'erreur. Arn... craint sans cesse de se tromper : après avoir mis une lettre dans la boîte d'un bureau de poste, il erre autour de ce bureau jusqu'au moment où il éprouve le besoin irrésistible d'entrer pour demander si vraiment le pli est cacheté, si l'adresse est complète, etc. Une telle manie ne va pas sans une certaine

(1) Freud distingue la phobie de l'obsession, parce que, dit-il, dans l'obsession, l'état émotif est justifié par des idées tandis que, dans la phobie, l'anxiété est primitive, sans idée qui la provoque. Nous ne pouvons mieux faire que de reconnaître une anxiété primitive, conséquence de l'instabilité mentale ; mais il faut ajouter à cette aptitude à la phobie en général, la cause de telle phobie déterminée : ce peut être une obsession particulière.

amnésie et sans des troubles variés de la sensibilité, de l'appétition, de l'émotivité. Elle se rattache à ce qu'on appelle la « folie du doute », que M. Paulhan a essayé d'expliquer par une exagération de l'association par contraste. Mais on peut être très prompt à imaginer les contraires sans être pour cela obsédé par la crainte de se tromper ; or cette crainte est le fond de la manie dubitative, c'est elle qui donne aux conceptions contraires, spontanément éveillées, toute leur puissance.

L'obsession peut aussi se traduire objectivement par des actes qui ont toute l'apparence des actes impulsifs. X... est obsédé par l'idée de tuer une fille publique ; après avoir longtemps résisté, un jour, subitement, il cède : l'accomplissement du crime lui procure une vive satisfaction ; elle lui donne le repos. D... croit avoir la syphilis et un cancer de l'estomac ; il entreprend de longs voyages qui ressemblent à des fugues, en vue de consultations multiples ; de temps à autre il est en proie au désespoir, aux impulsions violentes ; au cours d'une crise mélancolique il tue sa maîtresse... On peut expliquer ce meurtre par l'obsession, car il est vraisemblable que le malade a rendu sa victime responsable de ses douleurs imaginaires, au moment où son esprit de plus en plus affaibli ne lui a pas permis de voir l'absurdité de la supposition.

Comme l'a vu M. Pierre Janet, les hyperesthésies, les hyperalgésies viennent de l'association de certaines impressions avec des idées fixes ou obsédantes ; celles-ci éveillent, préparent l'attention en faveur de celles-là ; les impressions à leur tour sont comme des signaux, à l'apparition desquels une sorte de crise atténuée, ou simplement un état pénible, un souvenir trop net d'une douleur ancienne ou d'une sensation très vive, se reproduisent. L'association est généralement bizarre, tout à fait accidentelle. Mais en outre, nous avons souvent remarqué que la plupart des hyperesthésies ou des hyperalgésies coexistent avec des anesthésies ou des analgésies portant soit sur des sens différents, soit sur des parties différentes du tégument ou de l'organisme. Cette coexistence vérifie une fois de plus la théorie qui donne pour condition à la stabilité morbide une instabilité elle-même pathologique.

III

De l'idée fixe il faut rapprocher la conception délirante lorsqu'elle a une évolution systématique. Il n'est peut-être pas d'aliénation mentale sans une systématisation plus ou moins apparente, sans une certaine fixité sous l'incohérence la plus manifeste [1]. Mais il est des principes de systématisation (par exemple l'assonance des mots), tels qu'autant vaudrait qu'il n'y en eût point [2]; d'autres, au contraire, quoique encore indignes de remplir la fonction qui leur est dévolue, donnent une apparence logique aux paroles et aux actes des aliénés. Parmi ces facteurs de liaison psychologique, se montrent au premier rang les idées de satisfaction, de grandeur, de richesse, de persécution, d'humilité, de désespoir, de ruine, les idées religieuses, érotiques, hypocondriaques.

Entre les différentes folies que ces principes dominent, « s'il existe des différences, elles ne sont que dans la forme : la pensée est la même ; c'est le moule dans lequel

(1) C'est seulement dans l'extrême démence que toute systématisation mentale disparaît ; c'est dans la paranoïa (délire systématisé) qu'elle est plus considérable que dans toutes les autres formes d'aliénation mentale.
Del Greco (Il manicomio, fasc., 3-4, 1891) caractérise l'évolution de la paranoïa par une réaction aperceptive persistante en face d'un travail de dissociation mentale qui se développe de façon à irriter la fonction de synthèse psychique.
(2) Le désir de rechercher des mots qui présentent des assonances devient parfois une obsession, qui écarte toute saine occupation. Voir plus haut l'observation d'un maniaque, p. 99, note 2.

elle est jetée qui diffère [1] ». Il s'agit toujours d'une orientation permanente du sujet, déterminée par une opinion
fausse ou une tendance sans contrôle, sans frein : la vie
psychique se trouve transformée en une sorte de rêve bien
lié, où les images hallucinatoires remplacent les perceptions,
où le délire « arrive à revêtir les caractères d'une logique
désespérante [2] ». Il ne faut donc pas faire de la mégalomanie,
de l'érotomanie, du délire de la persécution autant de
formes irréductibles les unes aux autres. « On observe
assez fréquemment, dit M. Dagonet, le passage, la transformation d'un délire dans un autre, ou la combinaison,
l'association de divers délires dans le même individu... Ils
alternent quelquefois les uns avec les autres et viennent
ainsi constituer la folie circulaire, le délire mélancolique à
forme ambitieuse, la mégalomanie avec délire de la persécution, etc. » En outre, si les médecins ont eu raison, au point
de vue clinique, de multiplier les entités morbides, le
psychologue, placé à un autre point de vue, a le droit de
voir dans différentes formes de l'aliénation mentale de simples
variétés d'un type unique : celui des psychoses où la stabilité morbide est un résultat de la prédominance anormale
d'un principe d'ordre inférieur.

La folie systématique est ordinairement précédée par un
délire généralisé, une incohérence primitive, dans tous les
cas par une sorte de confusion mentale. Au sein de ce chaos,
un centre parvient à se former ; un sentiment devient pré-
pondérant. Au lieu de réduire le fait à sa juste valeur, le
malade veut l'expliquer. S'il n'en trouve point en lui-
même les causes, il les cherche hors de lui : dans la
méchanceté des hommes, dans la bonté de Dieu, dans le
juste hommage rendu à sa valeur, ou dans l'injuste mépris
qu'on lui témoigne, ou dans la crainte qu'il inspire. S'il les

---

(1) Ball et Rittl. *Diction. des sciences médicales*, art. *Délire.*
(2) Dagonet. *Annales médico-psych.*, t. I, 1895.

voit en lui, il les conçoit dignes de leur effet, qu'il estime extraordinaire ; il se croit excessivement vicieux et coupable, ou excessivement bon et puissant. « Il explique alors pourquoi les autres hommes en jugent autrement : il les imagine prévenus, intéressés, hostiles. Dès ce moment, la personne est *transportée dans un monde individuel,* imaginaire, et ne s'accorde plus, ne s'entend plus qu'avec elle-même [1]. » L'aliéné modifie totalement sa conception du dehors en même temps que se modifie celle qu'il avait de lui-même ; il néglige avec une facilité surprenante les impressions les plus vives, les sources communes de représentations objectives, pour les remplacer par quelques visions plus conformes à son état d'esprit ; le mégalomane prend l'asile où il est enfermé pour son palais, ses compagnons pour ses domestiques, les ennuis qu'il doit supporter pour autant de vexations qu'entraîne sa grandeur ; le mystique prend un roman pour un livre sacré et y lit religieusement les commandements divins ; il voit autour de lui la foule repentante ; en passant d'une butte à une autre, il croit parcourir le monde et remplir son auguste mission. C'est pourquoi, dans le délire de persécution du type Falret-Magnan (à évolution systématique), la période d'interprétation délirante et d'hallucinations précède la période de manie ambitieuse ; car c'est seulement sur un fonds d'instabilité mentale que peut s'établir un délire systématisé ; c'est grâce à la faiblesse de toutes les idées, de tous les autres sentiments qu'un sentiment morbide parvient à dominer l'évolution d'une personnalité.

De toutes les tendances humaines il n'en est peut-être pas de plus communes que les tendances ambitieuses. L'orgueil s'exagère fréquemment dans les maladies mentales [2].

---

(1) Renouvier. *Op. cit. Psych.*, t. II, p. 9.
(2) Cf. notre étude sur les *Rapports des sentiments d'orgueil et de la débilité mentale* (Gazette des sciences médicales, Bordeaux, 24 janvier 1897).

Les maniaques sont rarement modestes, et les mélancoliques ne sont humbles qu'en apparence : on a prétendu avec raison que leur tristesse ne tient qu'à des idées de grandeur. Ces idées ne peuvent prendre une telle importance dans l'esprit de l'aliéné, quel qu'il soit, que parce que sa vie « est toute en l'air », n'est qu'une suite de desseins qui n'ont pas le temps de se réaliser, et de rêves dont les contradictions ne sont pas aperçues. Il en résulte que les malades ont une confiance illusoire en leur force : ils n'en font jamais l'épreuve ; ils disent sans cesse : « Si je voulais, je pourrais faire le bonheur de l'univers... je pourrais renverser cette tour, déraciner ces gros arbres ; » tout leur semble aisé parce qu'ils n'entreprennent jamais rien. Aussi certains aliénés sont-ils pleinement heureux et s'imaginent-ils être les plus puissants des hommes ; parce que Napoléon III personnifie aux yeux de l'un d'entre eux le pouvoir suprême, il est Napoléon III, se pare de décorations et se croit au palais des Tuileries.

Mais à côté de ces délirants ambitieux et satisfaits, il en est qui comme eux se conçoivent puissants, et cependant ne sont pas si éloignés du réel qu'ils ne sentent en eux une faiblesse qui les afflige. Il y a alors contradiction entre le « moi conçu » et le « moi senti » ; le « moi conçu » reste le moi véritable : un mélancolique n'avoue pas que son orgueil est illégitime ; quant au « moi senti » il est extériorisé, transformé en puissances indéterminées ou qui se précisent, en obstacles apportés par le dehors et contre lesquels aucune énergie humaine ne saurait lutter. Il devient quelque chose de mystérieux et de terrible, comme l'antique Destin.

Dor... fuit les regards des hommes ; il s'étend à plat ventre sur l'herbe aux carrefours des chemins, il mange des racines, et il est profondément orgueilleux et triste. Mais avant de tomber dans cet état de mélancolie, il a été un bon ouvrier tonnelier et un heureux négociant en vins, souriant, bon homme, généreux ; après quelques années, il n'a pu continuer à gérer ses affaires : tout était en désordre dans sa maison comme dans son esprit. On a essayé de le faire travailler : il avait oublié son métier ; on lui a donné une tâche aisée dans une usine : il n'a pu s'y fixer, ses distractions l'ont rendu insupportable ; enfin il a préféré le vagabondage à la vie régulière, et ce n'est qu'après avoir atteint en apparence le dernier degré d'instabilité pathologique qu'il en est arrivé à subir la stabilité morbide d'un sentiment désormais prédominant : la tristesse.

De nombreux malades trouvent la raison de cette tristesse dans les fautes qu'ils ont commises. Ils s'accusent de crimes monstrueux, d'autant plus graves que l'orgueil de ces malheureux est plus grand ; ils croient ne mériter aucune compassion : ce sont des « persécutés humbles ». On s'accorde à établir entre eux et les mélancoliques une distinction qui a son importance au point de vue clinique, mais qui pratiquement ne repose pas toujours sur des différences bien nettes [1]. Les persécutés ont des « dédoublements subits de la personnalité », des hallucinations motrices impulsives que les mélancoliques ne présentent pas ; c'est que plus instables, ils extériorisent plus facilement les causes de leur débilité mentale en des agents mieux définis, et qu'ils peuvent ainsi attribuer leurs souffrances à des personnes de leur entourage ou même à des collectivités [2]. Déj.... accuse les jésuites d'avoir cherché à le ruiner, à entraver la réalisation de ses projets grandioses ; il se plaint sans cesse d'être la victime d'hommes à la fois si puissants et si méchants ; s'il le voulait, il pourrait leur faire beaucoup de

(1) Comme le reconnaît le Dr Semelaigne.

(2) C'est aussi peut-être, comme le prétend Sandberg (*Allg. Zeitsch. f. psych.*, t. II, 1895), que le milieu leur apparaît comme mystérieusement modifié : d'où défiance à son égard.

mal, mais il aime mieux pardonner les injures, oublier les
auteurs des maux soufferts et « vivre dans la tristesse pour
valoir toujours davantage ». Les persécutés orgueilleux
cependant deviennent aisément des « persécutés-persécu-
teurs » (Lasègue). Il est conforme à la nature humaine que
celui qui se croit entravé, cherche à détruire l'obstacle qui
l'arrête. Quand on croit avoir des mérites exceptionnels, il
est tout naturel que l'on traite en ennemis, que l'on voue
aux plus affreux supplices ceux que l'on suppose capables
d'inventer par méchanceté foncière d'atroces persécutions.
On voit des persécutés s'associer pour tuer leur gardien, et
accomplir leur crime avec une habileté, un luxe de précautions, un raffinement de cruauté qui contrastent avec
la débilité de leur esprit.

Quand il ne va pas jusqu'au crime par esprit de vengeance,
le fou orgueilleux réclame avec énergie la punition de ceux
qui l'ont lésé. C'est ainsi qu'un délire de revendication a pu
être récemment étudié par M. Cullerre[1]. Il est vrai que
dans les deux cas rapportés par l'auteur les sentiments de
cupidité, de jalousie, prennent autant d'importance que les
sentiments d'orgueil. Les deux sujets « s'imaginent avoir
des droits supérieurs à leurs cohéritiers », non seulement
parce qu'ils s'estiment eux-mêmes supérieurs aux autres,
mais encore et surtout parce qu'ils exagèrent une tendance
commune aux gens intéressés. « En matière d'intérêt, il
est de pratique habituelle de manifester les prétentions les
plus extravagantes. Les droits les plus contraires à la loi et
au bon sens sont revendiqués journellement par des gens
qui ne sont pas fous, qui ne sont que passionnés[2] ». La
passion d'acquérir la fortune ou d'amasser de l'argent se
rencontre, en effet, très fréquemment chez des gens que l'on
considère comme sains d'esprit, mais qui manquent cepen-

(1) *Annales médico-psychologiques*, 1897, n° 3, p. 353.
(2) Cullerre. *Ibid.*, p. 367.

dant de cet équilibre des sentiments caractéristique de l'homme normal. Ceux qui n'ont jamais connu que le labeur, qui n'ont eu d'autre dessein, pendant de longues années, que d'augmenter non pas tant leur valeur morale et leur bien-être que « leurs biens », qui n'ont pas reçu d'autre éducation que celle qui consiste à dire : « Sois économe, rangé, prudent, afin de posséder toujours davantage ; » qui enfin ont grandi dans le respect de la richesse acquise, sont voués, si leur esprit devient débile, à ce genre particulier de folie qui a pour fondement la cupidité, et qui affecte des formes diverses selon que le malade se croit riche ou pauvre, puissant ou ruiné. S'il se croit riche et puissant, sa folie pourra être rangée parmi les délires ambitieux, les mégalomanies ; s'il se croit pauvre, on le classera parmi les persécutés ou les mélancoliques.

Le délire de la cupidité peut d'ailleurs évoluer d'une façon systématique et présenter successivement un « délire de dépossession » et un « délire de revendication », correspondant le premier au délire du persécuté, le second au délire du persécuté-persécuteur, que l'on rencontre dans d'autres formes du « délire systématisé à évolution progressive ». Lal... commence par s'affliger de ne pouvoir gagner davantage ; elle voit ses bœufs malades, ses vignes ravagées par la grêle, son chais vide (hallucinations et délire) ; puis elle se désole parce qu'elle a tout perdu, parce qu'elle a dû contracter des dettes : on va venir saisir les meubles, le linge ; on la persécute pour sa pauvreté ; enfin, elle se tourne vers ses enfants qu'elle accuse de l'avoir dépossédée, revendique ses droits, voit partout des débiteurs, les poursuit d'amères récriminations, les menace, se croit menacée à son tour, refuse toute nourriture et meurt d'inanition (avant d'avoir atteint la phase mégalomaniaque qui termine si souvent l'évolution de semblables délires).

La cupidité se traduit souvent par la manie processive

que les Allemands ont nommée « paranoïa quærulens ». Au
lieu de revendiquer leurs prétendus droits par des paroles
vaines, certains aliénés les revendiquent en justice ; quand
on leur donne tort sur un point, ils trouvent matière à chi-
cane sur un autre et importunent les juges jusqu'au moment
où l'on reconnaît leur folie et les fait interner, car ils sont
dangereux par les accusations graves qu'ils portent contre
autrui, par les torts imaginaires qu'ils imputent à leurs
propres parents, à leurs amis aussi bien qu'aux personnes
qui n'ont jamais eu de relations avec eux. Rien ne peut les
désarmer, personne ne peut les convaincre : ils n'ont d'attention que pour leurs affaires, leurs procès ; ils sont incapables de toute autre occupation ; enfermés, ils songent
encore à intenter des actions, à combiner des accusations
qu'ils savent rendre vraisemblables. Cependant, de plus en
plus victimes de leur imagination, ils s'acheminent vers la
démence mégalomaniaque.

L'orgueil peut encore s'unir au désir de posséder de hautes
connaissances : ainsi naît la « paranoïa inventoria », dont
le Dr Serge Soukhanoff a donné un exemple[1]. Le malade s'entretient raisonnablement des choses vulgaires, mais avec
une excessive distraction ; il néglige complètement ses
affaires, ne parle bientôt plus que des lois de la nature, et
bien qu'il ignore les principes élémentaires de la physique,
il publie des opuscules qu'il va colporter de village en village et dans lesquels il traite par exemple « de l'engraisse-
ment de la terre par le soleil ». Il s'est fait une conception
absurde, mais bien coordonnée en elle-même, des forces
naturelles et des phénomènes qu'il a observés avec les yeux
de l'ignorance vaniteuse ; aussi passe-t-il pour un savant
auprès des sottes gens qui n'ont jamais soupçonné sa folie.

A côté des aliénés que séduit la science sont ceux qui

(1) Cf. *Annales médico-psychol.*, oct. 1898.

trouvent dans des conceptions religieuses la satisfaction de leur orgueil : ils deviennent les élus de Dieu ; ils sont illuminés ou martyrs, proposés à l'admiration du monde ou voués à la haine des méchants, à l'exemple de Jésus. Les sentiments qu'ils éprouvent, contraires à leurs idées de piété ou de grandeur, sont attribués à une autre personnalité, au démon entré en eux pour les tenter ou les persécuter. Quelquefois, au contraire, ils s'estiment eux-mêmes indignes de posséder tant de lumières, tant de bonté, et ils attribuent leurs sentiments élevés à la venue de Dieu ou d'un saint en leur âme ou en leur corps. Anna R... croit « qu'une divinité tutélaire est descendue en elle ; elle l'entend, elle la sent respirer dans sa poitrine ; grâce à ses inspirations, elle a maintenant le don des langues et fait des incantations bizarres sur tout ce qui l'entoure[1] ». — « Saint Michel et le dragon luttent en moi, » dit un vieux prêtre, qui articule involontairement des « voix internes, basses, pénétrantes », et qui dans son moi parvient à distinguer trois personnalités.

Le sentiment religieux fréquemment se sépare de l'orgueil et parvient à le dominer : c'est alors un sentiment plus factice, plutôt dérivé de l'éducation que se développant naturellement, fait, comme l'a indiqué M. Ribot, de peur, d'égoïsme et d'un peu d'amour ; il est très répandu parce que nul n'est plus contagieux[2] (surtout aux époques où l'esprit critique fait généralement défaut), parce qu'aucun sentiment n'est plus propre aux esprits débiles, enfin parce qu'il se rattache à l'instinct de la conservation. Mais il est aussi très instable et il ne se maintient en apparence qu'en se modi-

(1) Vallon et Marie. *Archives de Neurologie*, janvier 1891, n° 13, p. 27.

(2) Le 12 décembre 1890, les journaux citaient le cas de deux jeunes filles russes, Madeleine K... et Agathe O..., qui, parties en pèlerinage pour Rome et Lourdes, tombèrent en défaillance à Rome. Madeleine eut la première des accès de folie mystique suivis d'accès de fureur ; mais son exaltation ne tarda pas à gagner Agathe. Toutes deux durent être internées.

fiant continuellement. Chez les aliénés, il passe progressivement des formes les plus complexes aux formes les plus
simples, les plus rapprochées de l'instinct fondamental
auquel il doit en partie son existence.

Les plus désintéressés seuls se montrent mystiques : l'a-
mour de Dieu, le désir de le contempler, de tomber en extase,
d'éprouver la suprême béatitude dans le plus grand éloignement des choses matérielles et par la plus complète
abnégation, tels sont les mobiles de tous leurs actes. Leur
instabilité mentale leur procure un détachement exceptionnel
des « choses de la terre » ; elle entraîne les anesthésies, les
illusions, les hallucinations, les délires, qui leur permettent
de concevoir comme réalisés tous leurs desseins, d'éprouver
toutes les satisfactions qu'ils rêvent. Ils voient « Dieu, les
Anges, la Vierge, au milieu d'une pluie d'or et d'argent » ;
ils entendent « la parole divine qui ne ressemble en rien à
la parole humaine », des « voix intellectuelles qui sont dans
l'intérieur de l'âme tandis que les voix corporelles frappent
les oreilles externes du corps ».

Mais à mesure que croît la débilité mentale, l'amour fait
place à l'égoïsme et à la crainte ; il ne reste enfin des sentiments religieux que ce qu'ils ont de pire, une sorte d'ido-
lâtrie superstitieuse.

On a souvent signalé les rapports étroits du sentiment
religieux et de l'érotisme. Beaucoup de femmes mystiques
sont en même temps des érotomanes, et beaucoup de possessions démoniaques ou divines ne sont conçues que grâce
au sentiment amoureux. Le don de soi-même, la béatitude,
l'extase des théomanes se retrouvent dans l'amour chevale-
resque ou platonique, dans l'amour intellectuel de certains
autres délirants [1].

(1) Be... présente ce mélange souvent observé de sentiments religieux
et de sentiments amoureux. Mais chez elle la pudeur l'emporte sur l'érotisme, et atteint une intensité exceptionnelle. Elle ne peut souffrir
qu'une partie quelconque du corps soit nue, et elle fait éloigner un enfant

Comme le sentiment religieux, le sentiment amoureux est instable dans ses formes supérieures : il descend vite de la passion tendre à l'appétit bestial que l'instinct sexuel suffit presque à constituer. Au cours des psychoses érotiques, la jalousie morbide est d'abord le signe le plus apparent d'une aggravation du trouble mental. Fr... devient inquiet : il croit que sa femme le trompe (car il lui faut donner un motif à son inquiétude, dont la cause réelle est le désordre de la pensée, l'instabilité pathologique.) Pour confirmer ses soupçons, il invente mille ruses ; il est uniquement préocupé de ses stratagèmes et néglige ses affaires, commet toutes sortes de maladresses, perd tout sens pratique, toute sensibilité normale, tout pouvoir de réflexion et de contrôle de soi-même. Au bout de quelque temps, la jalousie disparaît[1] ; elle fait place à des impulsions érotiques, et, peu à peu, Fr... atteint la bestialité la plus dégradante.

Les sentiments orgueilleux, religieux et amoureux cachent sous une forme parfois très élevée les trois instincts fondamentaux de l'être : instinct de développement, instinct de conservation, instinct de reproduction, qui sont rarement détruits, qui par conséquent à défaut d'autres principes de systématisation deviennent les principes directeurs de la vie humaine.

Il ne suffit pas de dire que « l'exagération morbide des sentiments de crainte ou d'amour, par exemple, fait

qui porte culottes courtes et chaussettes ; elle s'imagine que les femmes qui l'entourent sont des filles publiques qui par leurs paroles obscènes la détournent de ses actes de piété et retardent l'heure où son salut éternel sera assuré. Elle a fréquemment des extases dans lesquelles elle prétend voir Dieu et la Vierge ; elle ne prend aucune nourriture sans leur en avoir demandé l'autorisation ; elle aime Dieu et les anges d'un amour infini et ne parle sans cesse que de pureté, de chasteté, d'offrande au Seigneur ; elle veut être possédée par Dieu seulement et, avide d'amour, elle conçoit des unions mystiques d'une volupté sans égale.

(1) Nous avons montré plus haut que la jalousie disparaît quand la débilité mentale croît.

234 LES FAITS PSYCHO-PATHOLOGIQUES

naître la mélancolie ou l'érotomanie »; il faut dire aussi d'où vient cette exagération morbide. Il ne suffit pas de constater la stabilité morbide; il faut en voir la cause dans ce qui est en apparence son contraire : l'instabilité pathologique. C'est, en effet, celle-ci qui en supprimant la direction volontaire, en rendant inconstants les sentiments supérieurs, en affranchissant l'imagination de tout contrôle, permet à l'aliéné de vivre une vie incohérente (sinon en elle-même, du moins par rapport au milieu) sans en apercevoir l'incohérence, de se mettre en opposition avec tout ce qui l'entoure sans reconnaître son erreur. Pour être constant à l'excès dans le chimérique, il faut être inconstant à l'excès à l'égard du réel.

La stabilité morbide tient dans tous les cas que nous venons de parcourir à la constance d'une tendance à sphère très restreinte qui détermine une activité mentale fort réduite. La continuité de la vie psychique est sans doute assurée, puisque c'est toujours le même principe qui domine les états successifs; mais c'est une vie psychique bien appauvrie que celle où les aperceptions sont reliées les unes aux autres non par la raison et la volonté, mais par la crainte ou l'appétit, ou tout autre mobile d'ordre inférieur : c'est un système mental bien morbide que celui qui ne peut comprendre, à titre d'aperceptions, ni les plus hautes synthèses intellectuelles, ni les sentiments les plus complexes, ni des volitions raisonnables. Son devenir ne fait qu'imiter le devenir normal : il a une « pseudo-continuité ».

IV

Plus un être présente d'instabilité, plus la stabilité de son esprit est d'ordre inférieur : toute la vie psychique tend ainsi à s'anéantir progressivement et l'on se rapproche du sommeil ou de la mort.

L'état léthargique a souvent prêté à la confusion de cette vie ralentie avec la mort. Il consiste en une suspension de l'exercice de toutes les fonctions biologiques, mais l'immobilité qui s'ensuit ne tient qu'à une impuissance extrême d'objectiver la pensée, de réaliser des représentations motrices. Les manifestations extérieures ou certaines conditions biologiques de l'activité représentative ne pouvant pas se produire, la plupart des représentations ne s'achèvent pas ! : il n'y a qu'une hyperexcitabilité générale qui parfois se manifeste par une vibration incessante des paupières. L'innervation reste diffuse parce que la « dispersion mentale » est à son maximum; une inertie apparente résulte de la répétition continuelle de processus identiques, d'une très grande simplicité. Si l'on parvient à donner à « l'hyperexcitabilité générale » un moyen de se transformer en activités définies, par l'adjonction d'une excitation nouvelle (par exemple par un mouvement répété d'élévation et d'abaissement d'un bras, ou par la compression des globes oculaires), l'état cataleptique se produit. « Ici encore, dit Charcot[2], il y a une inertie mentale, mais moins profonde, moins absolue que dans la léthargie... Mais le groupe (de muscles) mis en activité reste étroitement limité ». L'immobilité est complète pour tous les autres groupes, sauf pour ceux qui intéressent la vie organique, et encore la respiration est-elle rare et superficielle; il n'y a de langage que par imitation (ou écholalie). Quant aux muscles mis en activité, ils conservent pendant un temps variable la même tonicité (le bras peut rester tendu pendant plus d'une demi-heure). Si le malade persévère dans la même attitude, c'est qu'aucune

---

(1) L'imagination ne fait pas défaut, s'il faut en juger d'après le témoignage de personnes qui prétendent se souvenir de leur état mental pendant la léthargie et qui, peut-être, ne se souviennent que de la phase la plus rapprochée de l'état normal. Ces personnes prétendent avoir élaboré des conceptions et même eu des perceptions, mais comme dans un rêve, aucun mouvement volontaire ne leur étant permis.

(2) *Op. cit.*, III, p. 338.

représentation ne réussit à s'imposer à son esprit en dehors de celle qui a été d'abord imposée ou suggérée : celle-ci gouverne l'activité mentale tout entière, et si elle est susceptible de développement, elle se complète automatiquement, comme l'a montré M. Janet, entraînant des attitudes de tout le corps en conformité avec elle. Les mains jointes suggèrent l'idée de la prière : cette idée seule occupe dès lors la pensée et détermine une attitude recueillie ou suppliante. Dans cet état de « monoïdéisme », le malade reste donc systématiquement étranger à tout ce qui l'environne, il est « anesthésique » à l'égard de toutes les impressions : ici encore ce n'est pas la préoccupation intense qui entraîne la distraction, mais c'est « l'énorme distraction » qui est la condition d'une préoccupation hors de proportion avec sa cause.

L'extase n'est qu'une sorte de catalepsie. D'ailleurs, d'après le Dr Lemaître[1], l'état cataleptique pourrait se rencontrer dans la plupart des névroses, dans les délires toxiques, dans la manie, la mélancolie, la confusion mentale, la folie périodique, la faiblesse intellectuelle; la « catatonie » de Kahlbaum se réduirait à des phénomènes cataleptiques chez les dégénérés. Cet état ne peut donc manquer de présenter une grande variété d'aspects. Si l'extase est le plus connu, c'est que peut-être l'extase religieuse est de tous les faits psycho-pathologiques celui auquel les écrivains mystiques ont accordé le plus de faveur. Ils l'ont décrite, comme l'a fait par exemple sainte Thérèse, en des termes qui ne laissent aucun doute sur l'étroite liaison de l'exaltation religieuse et de certains phénomènes morbides.

M. Dumas[2] a signalé un cas de dépression chronique qui semble relever d'un mode intermédiaire entre la tendance permanente à la catalepsie et la stupeur complète. « L'activité

(1) Des états cataleptiques dans les maladies mentales. Paris, 1895.
(2) Revue philosophique, 1896, t. II, p. 30.

est nulle ; le malade passe ses journées immobile dans la cour, adossé contre une colonne ou assis contre un mur. Il ne répond pas quand on lui parle ou répond par monosyllabes ; en revanche, il obéit automatiquement à tous les ordres donnés d'une voix forte : « Levez-vous ! marchez ! arrêtez-vous. » Quelques aliénés qui se sont aperçus de cette obéissance passive et automatique, se mettent parfois derrière lui pour commander l'exercice : « Un ! deux ! » et T.., marche au pas militaire aussi longtemps que son caporal improvisé continue ses commandements. » De même que le cataleptique, ce malade n'exécute une action qu'autant qu'on la lui impose ; et il tend parfois à la continuer automatiquement, bien que parfois aussi il s'arrête dès que les vives incitations cessent ; il n'a donc pas au même degré que le cataleptique l'aptitude à persévérer dans une manière d'être suggérée; il serait plutôt porté, comme le mélancolique frappé de stupeur, à rester dans l'engourdissement.

Dans la stupeur mélancolique, en effet, le sujet reste immobile, aphone, apathique ; si on lève un bâton sur lui, il ne fait rien pour éviter le coup ; les injures, les menaces ne sauraient l'émouvoir. Dans son extrême impassibilité, il semble ne plus penser, ne plus sentir : tout devenir parait suspendu en lui. Et cependant dans son esprit se succèdent des visions terrifiantes ; un interminable défilé se poursuit devant ses yeux. De là, son inertie ; de ce flux continu rien ne reste ; il n'y a plus de souvenir, plus de prévision, plus de liaison entre les représentations.

C'est ainsi que la stabilité extrême naît dans la plus grande instabilité, et qu'au terme de la démence, sous la forme la plus grave de l'aliénation mentale, nous trouvons enfin la discontinuité psychique la plus complète [1].

(1) La paranoïa à son dernier terme vient ainsi se confondre avec la confusion mentale. C'est que sans doute, malgré son apparence d'activité mentale systématique, elle enveloppe, comme l'a vu le D\r Chaslin, une tendance à la « dissociation alogique des idées ».

DIVERSES FORMES DE L'INSTABILITÉ PATHOLOGIQUE
SELON L'AGE, LE SEXE, LA FONCTION ET LE MILIEU SOCIAL

I

L'instabilité psycho-pathologique revêt diverses formes selon l'âge, le sexe, la fonction que l'on remplit, le milieu social dans lequel on vit : nous continuerons à la rechercher sous toutes ces variétés morbides de la débilité mentale.

Certaines psychoses affectent plutôt la jeunesse que la vieillesse ; d'autres sont plus propres à l'âge mûr. La chorée est surtout une maladie de l'enfance, à l'âge où la coordination des mouvements n'est pas encore bien établie (d'après le Dr Murray les névroses infantiles sont plutôt d'ordre moteur que d'ordre intellectuel). L'épilepsie et l'hystérie infantiles sont plus rares que l'épilepsie et l'hystérie des jeunes gens : M. Pitres estime que l'épilepsie débute parfois entre cinq ou neuf ans, l'hystérie à la puberté ou après la puberté seulement ; la mélancolie, les idées fixes proprement dites, la neurasthénie sont ou bien absentes ou bien tout à fait exceptionnelles. « Les maladies mentales dans l'enfance, dit le Dr Mills, de Philadelphie, sont nécessairement limitées à un petit nombre, car pour le développement de quelques formes d'insanité, une certaine évolution des facultés normales est indispensable... La paranoïa est inobservable sous sa forme typique avant la puberté ; mais la paranoïa abortive [confusion mentale à son début] n'est pas rare dans la jeunesse. En outre, certains enfants sont obsédés par des idées impératives, persistantes, par des impulsions morbides ; » des tendances pathologiques au suicide et à l'homicide ont été observées ; l'agoraphobie, la claustrophobie sont fréquentes ; les caprices

contradictoires le sont encore plus. Bref, les diverses psychoses des dégénérés semblent se retrouver dans l'enfance
avec leur relative indétermination.

L'enfant en général reste longtemps oscillant entre la
paresse et l'ardeur, entre l'égoïsme et le désintéressement,
les tendances jalouses, exclusives, et les tendances généreuses, libérales. Les enseignements si variés qu'un jeune
être reçoit, les événements si divers qui le troublent, les
maladies qui l'assaillent, en un mot, tout le dehors lutte
contre la faible puissance de la raison immanente, le plus
souvent seule à solliciter sourdement un devenir régulier.
Or, ce ne sont pas les impressions extérieures qui font naître
une personnalité : la faillite du pur empirisme est aussi
aisée à constater au point de vue psychologique qu'au point
de vue critique. Pour qu'un moi déterminé, qui reste le plus
longtemps possible identique à lui-même, puisse graduellement se former au sein des variations continuelles du
dehors, ne faut-il pas que dès la naissance il existe, comme
un point central, un minimum de caractère particulier, une
idée directrice originale qui serve de noyau pour la constitution
de la personnalité à venir [1] ? Sans un tel centre de plus en
plus puissant, toute la vie mentale ne serait qu'instabilité.

Mais les jeunes enfants n'ont pas un moi nettement constitué ; leur personnalité varie avec les influences qu'ils
subissent. Elle ne commence à se fixer que lorsqu'ils ont
fait un peu l'expérience du milieu auquel ils doivent particulièrement s'adapter. Dans la première période de leur
adaptation, les enfants normaux prennent insensiblement
des habitudes en harmonie les unes avec les autres; ils

---

(1) Ceux qui voudraient réduire toute la nature à des habitudes oublient
combien la « seconde nature » est incompréhensible sans un noyau primitif. On peut dire que la première nature exprime la relation d'un produit nouveau avec les agents qui l'ont précédé et l'entourent actuellement,
tandis que la seconde nature témoigne de l'action du sujet sur lui-même
et de sa réaction à l'égard du milieu.

adoptent peu à peu des modes de réaction (provisoires ou définitifs, mais de plus en plus cohérents) à l'égard des différentes forces du milieu dans lequel ils doivent se développer; leur caractère apparaît ainsi de plus en plus net, complexe et singulier, au sens strict du mot. Tous les enfants n'effectuent pas ce progrès normal : les plus débiles, ou bien montrent de bonne heure une tendance presque invincible à la dissipation et à la distraction, ou bien font preuve d'une docilité exagérée. L'enfant dissipé ou trop docile ne s'intéresse de lui-même à rien pendant assez longtemps pour que son intelligence, sa sensibilité, son activité se développent normalement. Il n'apprend guère; dans les jeux, par exemple, ou bien il suit fidèlement la règle traditionnelle parce qu'il ne saurait innover, ou bien il innove sans cesse parce qu'il ne saurait se maintenir dans un état déterminé d'intelligence et de vouloir[1]. La débilité mentale est, il est vrai, souvent masquée par d'apparentes aptitudes à connaître et à agir. C'est pourquoi on peut se méfier des enfants trop précoces, des « petits prodiges » qui imitent si bien les grandes personnes ou qui font tant illusion par leur grande mobilité d'esprit : ce sont souvent des prédisposés aux psychoses. Mieux vaudrait discipliner leur intelligence que la « surmener », comme le font si souvent par vanité des parents qui ignorent totalement l'art de l'éducation et qui se ménagent parfois inconsciemment de cruelles déceptions.

Le défaut de caractère suffit d'ailleurs à entraîner, outre l'épilepsie et l'hystérie, si fréquentes chez les jeunes gens, des perversions sexuelles, psychoses généralement moins graves que l'hystérie et l'épilepsie, mais dangereuses au point de vue social et moral en même temps que souvent funestes au développement intellectuel. Elles naissent à l'âge

---

(1) J. Morel constate que les jeunes dégénérés sont tous mal équilibrés, incapables de travail intellectuel, mus surtout par des appétits d'ordre inférieur ; que vaniteux et pleins d'eux-mêmes, malgré leurs tendances dépravées, ils sont « le jouet de l'instabilité mentale ».

de la puberté ou dans les quelques années qui suivent et pendant lesquelles l'éducation, les mœurs doivent tendre à réfréner des instincts très forts [1]. Autour de la puberté, de quatorze à vingt-quatre ans environ, apparaît aussi l'hébéphrénie, « sorte d'inconsistance mentale », accompagnée de perversion morale avec irritabilité, irrégularité du caractère, tendances à l'onanisme et au suicide. Les malades ont de fréquentes hallucinations, des idées délirantes de persécution ou de mysticisme ; la dépression mélancolique s'établit sur l'instabilité primitive ou fait suite à une excitation maniaque, qui cependant mène quelquefois tout droit à la démence.

De vingt à trente ans, toutes les psychoses peuvent éclore, à la suite des travaux pénibles, des préoccupations, des excès si fréquents à cet âge ; mais la mélancolie est plus rare que la manie et l'hystérie. Entre trente et soixante ans, la mélancolie devient au contraire moins rare que la manie ; les formes morbides sont plus graves parce que sans doute la « poussée de la jeunesse » fait défaut pour réagir contre les causes débilitantes. Nous avons déjà vu que, chez les femmes, l'âge climatérique apporte une aggravation fréquente (25 cas sur 100 environ) à l'aliénation mentale, ou fait éclore des psychoses latentes.

On a quelquefois considéré la démence sénile comme une conséquence naturelle de la vieillesse ; mais nous avons cru établir qu'il y a une vieillesse normale, état idéal de santé dans l'âge le plus avancé ; que les psychoses de la vieillesse sont des maladies que l'on peut éviter, bien qu'il soit très facile de les contracter, à cause du déclin naturel des forces mentales. On n'en constate pas moins que beaucoup de vieillards sont impuissants à réprimer en eux les

[1] On a préconisé avec raison, comme moyen prophylactique, l'étude qui est un puissant dérivatif, en attendant le mariage qui devrait être contracté le plus tôt possible en dépit des préoccupations d'ordre économique qui, trop souvent, le retardent. En effet, l'étude et la vie de famille sont deux disciplines qui s'opposent à l'instabilité mentale.

manifestations d'instincts inférieurs; cette impuissance suit l'incapacité d'acquérir de nouvelles notions, elle-même consécutive à l'aboulie et à l'« atechnie ». Toute régression précipitée s'accompagne de faits anormaux tels que les tendances au suicide, aux attentats à la pudeur, à l'exhibitionnisme. Nombreux sont les vieillards qui commettent ces fautes réputées à bon droit ignobles, et qui sont condamnés comme des criminels véritables, alors qu'il faudrait les traiter en malades : ce ne sont pas de simples impulsifs, ils sont victimes de la persistance morbide de certains instincts, seuls capables de survivre à la ruine de l'intelligence et des sentiments. On a souvent constaté chez les gens âgés une exaltation des sentiments de cupidité, qui, jointe à la mélancolie, rend fréquents, dans les psychoses séniles, les délires de la persécution, de la dépossession, de la revendication, les idées fixes de spoliation et de ruine, les hallucinations pénibles, les impulsions au suicide; c'est que l'amour de l'argent et de la propriété est une forme de cet instinct fondamental de la conservation personnelle qui subsiste le dernier dans les consciences qui s'éteignent[1]. Au terme de la démence sénile, il ne reste, comme nous l'avons dit plus haut, qu'un être sans raison, sans mémoire, une sorte d'automate qui n'a plus qu'un désir, celui de se nourrir, et encore ce désir est-il perverti : Duz..., par exemple, mélange de la terre et du riz pour se faire une nourriture plus abondante; elle dévore sans mesure:

Ainsi chaque âge a ses psychoses particulières : la jeunesse a trop de vitalité pour admettre la mélancolie, et c'est dans la vieillesse que les formes les plus graves apparaissent parce que la débilité mentale alors a un double fondement : l'affaiblissement morbide et l'affaiblissement normal.

---

(1) Cf. la thèse du D' Schœffer, Lyon, 1896.

II

Nous avons vu comment la menstruation, la grossesse, la ménopause, états passagers « d'instabilité physiologique », inévitables et à peine anormaux, semblent particulièrement favorables à l'éclosion des psychopathies. Aussi la femme peut-elle paraître déjà beaucoup plus exposée que l'homme aux troubles de l'esprit : en effet, ceux-ci sont plus fréquents dans le sexe féminin que dans l'autre. L'hystérie, par exemple, se rencontre sans doute chez l'homme aussi bien que chez la femme, et même les hystériques mâles sont le plus gravement atteints ; mais c'est d'abord chez des femmes qu'on l'a constatée, c'est surtout en elles qu'on l'a étudiée ; et encore de nos jours, bien que la plupart des médecins soient délivrés du préjugé très ancien [1] qui faisait de l'hystérie une sorte d'érotomanie ou un malaise engendré par les mouvements désordonnés de l'utérus, la plupart d'entre nous sont cependant portés à négliger l'hystérie mâle et à faire exclusivement sur des femmes leurs expériences de suggestion et d'hypnotisme.

La folie transitoire sévit à peu près également dans les deux sexes ; mais les formes graves de l'aliénation mentale, le délire chronique à évolution systématique, la mélancolie, les monomanies érotiques ou mystiques se rencontrent plus fréquemment dans le sexe féminin. La statistique de Parchappe, que cite M. Féré [2], montre que de toutes les causes morales de l'aliénation mentale l'orgueil et l'ambition déçue seulement ont plus d'influence sur les hommes que sur les femmes. Pour 99 femmes atteintes de manie érotique on ne trouve que 46 hommes, et à 31 hommes atteints de délire mystique on peut opposer 74 femmes. —

[1] V. le *Timée* de Platon.
[2] *Pathologie des émotions*, p. 293, 1re édition.

D'après Kræpelin, la femme est plus souvent que l'homme affectée par la catatonie de Kahlbaum ; or, la catatonie diffère des psychoses périodiques par la persistance de troubles accentués et par l'exceptionnelle faiblesse psychique que ses accès entraînent ; elle est une forme plus grave que l'hystérie, et ce n'est donc pas seulement par la fréquence des cas, mais encore par leur gravité, que la psycho-pathologie du sexe féminin l'emporte sur celle du sexe masculin [1].

La raison en est tout d'abord dans la faiblesse naturelle de la femme ; sa moindre énergie biologique entraîne une moindre énergie mentale et par conséquent une tendance plus marquée à l'instabilité morbide. On a souvent remarqué combien la plupart des femmes ont plus d'imagination que de jugement, plus de mémoire que de réflexion, plus de passion que de volonté. Leurs écrits exercent un attrait qui surtout vient de l'aisance, de la variété et de l'imprévu : il y manque trop souvent de l'esprit de suite. « Je n'ai jamais rencontré de femme, dit Lamennais, qui fût en état de suivre un raisonnement pendant un demi-quart d'heure... Elles ont des qualités d'un charme particulier, inexprimable ; mais en fait de raison, de logique, de puissance de lier des idées, d'enchaîner les principes et les connaissances, d'en apercevoir les rapports, la femme, même la plus supérieure, atteint rarement à la hauteur d'un homme de capacité médiocre. » Les exceptions sont cependant plus nombreuses que ne le pensait Lamennais ; et M. Rebière, dans un ouvrage récent [2], a pu en rappeler beaucoup. M. Paulhan [3] a « rencontré quelques femmes capables de suivre des raisonnements abstraits et de faire preuve d'une logique assez sûre et assez étendue » ; mais il convient que « la femme, en général et

(1) Sidgwick et Galton ont remarqué que les femmes sont plus prédisposées que les hommes aux hallucinations.

(2) *Les femmes dans la science*, 1897.

(3) *Esprits logiques et Esprits faux*, p. 347.

sauf exception, est plus réfractaire que l'homme à la démons-
tration purement intellectuelle [1]... Elle niera un fait, repous-
sera une conséquence, fera valoir de mauvaises raisons, des
pleurs ou des crises de nerfs pour ne pas modifier ses idées
et ne paraîtra pas même supposer qu'il existe une démons-
tration intellectuelle ». L'esprit féminin semble éprouver,
au lieu du besoin de systématiser, celui de parcourir le
plus possible de questions, de briller par de rapides aperçus.
C'est ce qui fait que les petites filles ont déjà « l'air plus
intelligent » que les garçons du même âge : elles sont plus
« éveillées », plus brillantes ; mais déjà aussi elles sont
plus frivoles. « La frivolité, dit M. Paulhan (qui donne bien
à ce mot le sens d'instabilité intellectuelle) est plutôt féminine. »

Elle s'accompagne d'instabilité dans les tendances et les
émotions. Que de femmes sont surtout impulsives, ne suivant guère que « les élans de leur cœur » ! De tous les
sentiments, le plus stable est assurément l'amour maternel,
qui se dément si rarement ; mais n'a-t-il pas dans l'organisme et dans les habitudes presque fatalement contractées
sa principale raison d'existence et de stabilité ? n'est-il pas
plutôt un instinct, et à ce titre ne doit-il pas avoir une place
à part ? Hors cet amour maternel, combien peu de tendances
féminines sont assez fortes pour résister aux impulsions
qu'une vive imagination rend encore plus fréquentes ? Quant
aux émotions, elles prennent trop souvent un caractère
pathologique. « L'exquise sensibilité féminine » est généralement un défaut. Les plaisirs et les douleurs sont trop vivement ressentis. Il est vrai qu'il faut distinguer les douleurs
morales des douleurs physiques : à l'égard de ces dernières,
la femme montre une endurance dont beaucoup d'hommes
sont incapables ; elle semble même parfois douée d'une sorte

(1) *Op. cit.*, p. 312.

d'analgésie. Mais les douleurs morales, les malaises provoqués par le chatouillement ou l'énervement lui deviennent vite insupportables.

Peu de femmes résistent à la fatigue d'un effort prolongé : seuls les travaux du ménage, les occupations variées de la vie domestique conviennent en général au tempérament féminin à cause de la discontinuité de son énergie psycho-motrice. Enfin, la femme a une volonté plus faible que celle de l'homme : elle est ordinairement soumise à une volonté virile, et, dans tous les cas, elle est prête à en subir l'ascendant. Sans doute elle apporte parfois de la mutinerie dans son obéissance, des caprices dans sa docilité, mais sa mutinerie et ses caprices soulignent à nos yeux sa faiblesse. Elle a besoin d'être guidée, soutenue, réconfortée, et ce besoin de direction que M. Pierre Janet a constaté chez les hystériques trouve ses premières manifestations même chez la femme normale : l'attachement de la grande majorité des femmes à une religion, à des pratiques dévotes, le montre bien, quelle que soit l'origine que l'on assigne aux sentiments religieux.

Est-ce à dire que la femme soit vouée à une sorte de débilité mentale, qu'elle soit nécessairement au point de vue mental un être anormal ? Nous croyons au contraire que la tendance aux psychopathies qui s'accuse chez certaines femmes vient surtout des mauvaises habitudes contractées dans la jeunesse, des préjugés dont le sexe féminin est victime ; car, selon le mot de M. Paulhan, le type féminin que l'expérience nous fait constater « est un type *social* plutôt qu'un type « naturel » [1].

---

(1) *Op. cit.*, p. 347. Lombroso a essayé de mettre en opposition les fonctions intellectuelles et les fonctions de la génération ; sans doute « la maternité, tout en perfectionnant la moralité de la femme, risque le plus souvent de lui fermer la haute activité intellectuelle » (G. Richard) ; mais la régression mentale n'est ni fatale, ni définitive quand elle se produit. Cf. Lourbet. *La femme devant la science contemporaine*. Alcan, 1896.

La plupart des femmes vivent dans une étroite dépendance à l'égard de certaines règles d'éducation qui leur enseignent la soumission, la retenue, l'humilité, sans développer en elles l'esprit d'initiative et de libre examen. Le christianisme a incontestablement relevé la situation morale de la femme ; mais n'a-t-il pas omis de lui donner une pensée indépendante, une volonté ? La façon dont sont élevées chez nous beaucoup de jeunes filles ne les prépare pas à l'action, à la fermeté, à la constance volontaire ; trop souvent on favorise l'éclosion des manifestations de l'instabilité mentale par les jeux comme par les enseignements. Au moment de la puberté, à l'âge où la personnalité prend une orientation décisive, à cette période critique par excellence, et pour la vie mentale surtout, aucune méthode pédagogique spéciale n'est suivie, aucun soin particulier n'est pris en vue de la culture de la sensibilité, de l'intelligence et de la volonté : aussi les années qui suivent présentent-elles de fréquentes crises psychologiques et morales devant lesquelles le médecin hoche la tête comme dans un aveu d'impuissance, et en face desquelles le psychologue-moraliste semble n'avoir pas encore songé à un traitement. On aurait tort de croire que les études musicales, si répandues de nos jours dans toutes les classes de la société qu'elles semblent nécessairement entrer dans un plan d'éducation des jeunes filles, aient en général d'heureux résultats : elles achèvent souvent d'apporter le désordre dans l'esprit ; la musique, excellent délassement pour les gens sains, augmente la mélancolie, exagère l'émotivité morbide ; les airs tristes dépriment, les airs gais irritent les névropathes. Nous insisterons plus loin sur ce point.

Est-il besoin maintenant de rappeler les avantages du sexe masculin ? Par nature, par éducation, par nécessité sociale, l'homme est plutôt enclin au raisonnement qu'à l'imagination, à l'action qu'à la passion ; sa conduite est plus

subordonnée à la logique qu'à l'instinct et au « cœur »,
l'esprit de système est plus développé chez lui que « l'esprit de finesse ». Cependant une mauvaise éducation, l'absence de discipline intellectuelle et morale, l'habitude du
désœuvrement font que certains jeunes gens deviennent
efféminés ou pervers. D'après Havelock Ellis, en se civilisant
l'homme se serait efféminé ; mais le féminisme chez certains
hommes semble plutôt un des mauvais côtés d'une civilisation imparfaite qu'une conséquence directe de tout progrès dans la voie de la civilisation. Pour ne pas tomber
dans cette sensibilité maladive, dont les manifestations, toujours excessives, sont autant de pas faits vers l'abandon
total de l'énergie virile, on s'habitue parfois à réduire la
portée de certaines tendances qui devraient cependant rester prédominantes ; on devient aboulique non plus par
défaut d'inhibition, mais par défaut d'appétition. Les gens
« blasés », qui ont ainsi perdu toute fraîcheur de sentiment, en sont bientôt réduits à supporter le règne des
caprices, tout comme ceux qui s'adonnent au libertinage.
Le dilettantisme enfin, qui consiste à apporter de la frivolité
dans toutes les occupations et à traiter avec mépris toutes
les croyances vigoureuses, ne sert qu'à déguiser la paresse
d'esprit et le désordre intellectuel.

Mais on voit déjà que, en général, les hommes doivent
la plupart de leurs psychopathies à leurs fonctions sociales
plutôt qu'à des prédispositions se rattachant à leur sexe.

III

Toute besogne dégradante [1] ou accomplie avec répugnance

(1) On a remarqué avec raison (Cf. Gilles de la Tourette, *Traité clinique et thérapeutique de l'hystérie*), que chez les prostituées l'aliénation mentale est fréquente, par suite non pas tant de lésions organiques que des craintes continuelles, des désordres psychiques, de l'abjection morale où les jette leur honteux métier.

amène d'abord de l'impatience, ensuite de la tristesse, parfois de la mélancolie ou de la manie.

Les fonctions qui entraînent une grande responsabilité, qui offrent sans cesse à l'esprit l'idée de dangers, réels ou imaginaires, mènent aisément aux psychopathies ; les mécaniciens des chemins de fer, par exemple, ont souvent des troubles de l'esprit. Il est curieux de constater combien sont relativement nombreux les cas de folie chez les médecins et les fonctionnaires des hospices d'aliénés surtout à la fin de leur carrière : supposer que les gens prédisposés à l'aliénation mentale recherchent précisément des emplois dans les asiles de la folie serait faire une hypothèse aventureuse ; il faut donc admettre que le spectacle des désordres psychiques, la lente influence d'un milieu aussi pathologique, font naître dans l'esprit une crainte toujours croissante : celle de devenir fou. Or, nous avons déjà constaté que la crainte d'un mal, surtout quand elle est constamment entretenue, peut entraîner ce mal lui-même. C'est ce qui justifie en un sens l'assertion populaire, assurément fondée sur l'observation de nombreux faits : « la folie est contagieuse ». La solidarité de l'homme et du milieu ne saurait guère être plus manifeste au point de vue pathologique : le médecin qui vit dans un milieu d'insanité se laisse peu à peu envahir par elle.

Les gens de lettres, les artistes sont, eux aussi, exposés à perdre la raison, d'abord à cause des privations que s'imposent au début de leur existence la plupart d'entre eux, pauvres et isolés ; ensuite à cause de leurs travaux pénibles, de leurs angoisses morales, des luttes de toutes sortes qu'ils doivent soutenir avant d'acquérir la renommée, mais surtout par suite de la forme hallucinatoire que prennent nécessairement leurs plus fortes conceptions. La composition littéraire, la production artistique en général, exigent parfois une sorte d'aliénation, grâce à laquelle l'écrivain, le peintre,

le sculpteur, le musicien donnent pour ainsi dire un peu
de leur propre vie à des créations qui, sans ce sacrifice,
resteraient vagues comme des ombres. Il faut une singulière
énergie psychique pour rester soi-même en revêtant successivement diverses personnalités, en incarnant tour à tour
les idées les plus différentes. Peut-être pourrait-on dire
sans paradoxe que la vie d'un artiste ne présente une
continuité normale qu'à la condition d'être employée tout
entière à la réalisation d'une seule œuvre, dans laquelle
l'auteur met toute son âme ; encore faut-il que cette œuvre
ait une unité systématique, une idée directrice de beaucoup
supérieure aux éléments variés qui servent simplement de
moyens pour la réalisation de cette fin unique. Aussi les
romanciers, les auteurs dramatiques ont-ils généralement
un personnage, un rôle, un type de prédilection, auquel
ils donnent le maximum de valeur, de vitalité ; tous les
autres personnages, tous les autres rôles, tous les autres
types sont plus ou moins conventionnels et plutôt « façon-
nés » qu'organisés et vivants. Un peintre, un sculpteur, un
musicien a sa manière propre de représenter, de composer ;
il a comme une conception unique de son art, et ses productions diverses en sont autant de manifestations : une seule
fois peut-être dans sa vie il donnera la mesure de son génie,
et ce sera en synthétisant ce qu'il y avait de meilleur dans
chacune de ses productions antérieures, ébauches de son
chef-d'œuvre.

Mais ceux qui n'ont qu'un médiocre talent épuisent leur
énergie psychique dans la diversité de leurs productions
plus ou moins hétérogènes. Ils font vainement des efforts
qui les débilitent. Rien n'est plus dangereux que de se
croire né pour l'art, car la production esthétique exalte
l'énergie mentale ou consume. Si elle est pernicieuse aux
hommes, à plus forte raison le serait-elle à la plupart des
femmes; aussi ont-elles généralement la prudence de

s'abstenir des tentatives périlleuses que l'art comporte.

Ni les études scientifiques, ni les affaires agricoles, industrielles ou commerciales ne sont spécialement causes de psychopathies ; elle constituent plutôt une excellente gymnastique intellectuelle [1]. Mais quand à la fatigue entraînée par elles s'ajoutent des privations, des inquiétudes, des émotions violentes ; quand la pauvreté ou les maladies ruinent la santé du corps, celle de l'âme est d'autant plus délicate. Des deux sexes celui qui semble résister le plus aux privations, celui dont la misère physiologique semble troubler le moins l'esprit, est peut-être le sexe féminin : c'est un fait étrange, mais souvent constaté et qui s'explique sans doute par cette sorte d'anesthésie à l'égard des douleurs physiques, que nous avons signalée un peu plus haut. Il faut ajouter que la femme, plus vite abattue que l'homme, tombe plus vite dans cette demi-torpeur qui la préserve des égarements et du délire. L'homme, au contraire, éprouve, lorsque la faim, la soif, le désespoir le harcèlent, des hallucinations étranges, des impulsions féroces, comme on a pu le constater dans deux naufrages, celui de la *Méduse*, et celui plus récent (1897) de la *Ville-de-Saint-Nazaire* [2]. Ces phénomènes psychiques attestent d'ailleurs encore la plus grande énergie mentale de l'homme, car l'instabilité de l'halluciné et du délirant est, en réalité, moins pathologique que la stabilité qui résulte de la torpeur ou de la mélancolie.

IV

Les faits sociaux, les forces sociales déterminent des psychopathies dont l'instabilité mentale est encore la condition.

(1) Comme nous l'indiquons plus loin.
(2) Voir le rapport du capitaine et particulièrement celui du médecin du bord, 8 mars 1897.

Que de délires sont causés par les événements politiques, la misère économique, l'agitation révolutionnaire, la prédication religieuse ! que d'impulsions au crime, au suicide, à la débauche, que de manifestations morbides d'enthousiasme exagéré ou de frayeur sont dues à des causes sociologiques !

Mais la contagion morale ne suffit pas à expliquer certains accès de joie, d'admiration, de colère qui s'emparent de presque tous les individus dans une foule. On attend avec impatience la venue d'un cortège officiel, et chez quelques sujets de nombreuses illusions naissent : ce sont ces mêmes sujets qui impulsifs, coutumiers d'émotions exagérées, dépourvus d'inhibition volontaire, instables en un mot, perdent toute retenue au moment où l'impression tant attendue se produit. Dans ces esprits surchauffés, les événements prennent une importance extraordinaire ; tout est prétexte à ovations, à manifestations désordonnées ; la foule, au milieu de laquelle ils s'agitent, se laisse émouvoir et à son tour surexcite les premiers excitateurs.

La peur est encore plus communicative que le rire et l'enthousiasme ; la vue de quelques enfants, de quelques femmes qui fuient effrayés jette les instables dans une frayeur excessive : ils fuient, eux aussi, entraînant la masse populaire qu'ils effarent par leurs cris, leurs attitudes, leur air bouleversé ; ainsi naissent les paniques dont l'impression sur les cerveaux débiles est si durable, parfois si pernicieuse.

Les gens qui manquent d'esprit critique sont de la même façon voués aux croyances absurdes, qui jettent le désordre dans l'intelligence comme la peur le met dans les mouvements. La vue de prétendus miracles fait naître l'exaltation religieuse ou mystique avec son cortège d'hallucinations. Les convulsionnaires de Saint-Médard ont bien montré au siècle dernier les effets de certaines causes sociologiques sur les instables ; les « possessions démoniaques » de plus en plus rares, il est vrai [1], sont les conséquences de superstitions locales ou régionales agissant sur de faibles intelligences pour les débiliter d'abord, pour les dominer ensuite.

Il y a une contagion du suicide : on voit fréquemment un suicide succéder à un suicide dans un même lieu, dans un même bourg, dans un même internat ; il semble que l'exemple donné suffise à faire passer à l'acte des tendances morbides nées dans certains esprits, comme nous l'avons montré plus haut, par suite de leur instabilité. M. Durkheim [2] estime qu'en outre il existe « pour chaque peuple une force collective, d'une énergie déterminée, qui pousse les hommes à se tuer » : il ne nous appartient pas de discuter ici ce que contient de vérité ce « réalisme social » de M. Durkheim ; mais en admettant qu'il y ait vraiment une force sociale [3] qui impose à certains individus le suicide, il importe de voir par quels intermédiaires elle l'impose. La débilité mentale, l'instabilité psycho-pathologique peuvent seules rendre un sujet susceptible de subir presque passivement l'action de cette force collective ; quant à la forme particulière de l'instabilité mentale, elle peut avoir pour cause l'état de « désintégration » ou « d'anomie » de la société à un moment donné de son développement ; elle peut aussi avoir des causes purement psychologiques. Dès que l'instabilité l'emporte chez un homme, celui-ci est bien plus que l'être normal porté à imiter en général, et à imiter surtout les exemples bizarres, exceptionnels, pathologiques ; très peu docile aux injonctions de la raison, il reçoit avec complaisance celles de la « conscience sociale » en ce qu'elle a d'anormal, d'asystématique. Il semble que le morbide exerce un attrait particulier sur l'être morbide ;

(1) M. Janet en a cependant observé. Voir *Névroses et Idées fixes*.
(2) *Le Suicide*, liv. III, Paris, F. Alcan, 1897.
(3) Cf. *Rapports de la Psychologie et de la Sociologie*. Communication au Congrès des sociétés savantes en 1898.

tout ce qui manifeste le déséquilibre social frappe vivement l'instable ; plus le cours de ses idées est discontinu, plus le cours normal des événements extérieurs le contrarie, l'irrite, et plus aussi lui plaisent les soubresauts, les événements extraordinaires, imprévus, sans lien apparent les uns avec les autres. Ce n'est pas seulement l'idée d'une « belle mort », d'un beau « crime » qui séduit certains esprits débiles ; c'est encore celle d'un bouleversement social, celle de l'anarchie. Lombroso fait des conceptions anarchistes la conséquence « des mensonges conventionnels de nos institutions et des vices du régime parlementaire », en même temps que « d'un altruisme exagéré joint à la néophilie » ; il leur assigne donc à la fois des causes sociologiques et des causes psychologiques; mais il n'a pas assez remarqué combien, chez les dégénérés, l'instabilité des tendances entraîne facilement la perversion des instincts et des inclinations, la ruine des sentiments moraux et sociaux. Quand un instable entend des prédications haineuses qui exaltent la vertu de certains remèdes sociaux extraordinaires, toutes ses sympathies vont vite aux hommes capables de concevoir et d'exécuter de si surprenants projets : il vient grossir l'armée des mécontents, la secte criminelle [1]. « L'anarchisme » dans l'individu est une véritable psychopathie, déterminée par des facteurs sociaux en un sujet de caractère faible; l'apparente fermeté dans les convictions, l'héroïsme en face des dangers, des supplices, de la mort, viennent de l'état d'esprit (comparable au monoïdéisme, à l'extase, à la fixité morbide) auquel d'incessantes exhortations, des suggestions puissantes, des auto-suggestions mêmes amènent l'anarchiste militant.

En résumé, la société, non seulement toujours en voie de

---

(1) Cf. Tarde. Revue des Deux-Mondes, 15 novembre 1893. *Foules et sectes au point de vue criminel.*

devenir, mais généralement vouée à la discontinuité dans l'évolution, à toutes sortes de heurts dans un progrès tantôt lent, tantôt rapide, tantôt systématique et tantôt anormal, n'est qu'en partie responsable de certains faits psycho-pathologiques, qui ne trouvent ni dans les causes sociologiques seules ni dans les causes psychologiques seules une explication satisfaisante, mais qui toujours impliquent l'instabilité mentale.

TROISIÈME PARTIE

CONCLUSIONS PRATIQUES

Nous avons tenté de faire entrer la Pathologie de l'esprit dans le domaine de la Psychologie, et de rendre à cette dernière science, dans l'étude des psychopathies, la prépondérance qu'elle paraît parfois avoir perdue au profit de la physiologie et de la médecine. Pour achever de remplir notre tâche, il nous faut d'abord montrer comment le concours de la Psycho-pathologie et de la Psychologie normale s'impose en vue de la constitution d'une science complète de l'esprit ; puis dire quels services nous attendons de cette science pour le bien de l'humanité.

A. — PSYCHOLOGIE NORMALE ET PSYCHOPATHIES

Les faits morbides ne sont pas foncièrement identiques aux faits normaux : ils relèvent de formes psychiques inférieures. Ils sont différents des faits observés chez les enfants et les vieillards, car l'enfance et la vieillesse sont des devenir réguliers. Cependant, c'est par la psychologie de l'enfant, du vieillard et de l'être normal en état de sommeil que s'effectue le passage du pathologique au normal. Car, comme l'étude des enfants et des vieillards, l'étude des psychopathies aide à établir la hiérarchie des formes psychiques. La psychogenèse a pour auxiliaire la psychopathologie, et toutes deux sont indispensables à la psychologie normale qui doit donner la raison du devenir mental.

On a souvent dit que la psycho-pathologie est l'auxiliaire de la psychologie normale ; mais on a fondé cette assertion sur différentes raisons. Pour les uns, la nature, dans les cas morbides, effectue spontanément le travail de dissociation que fait l'expérimentateur dans les sciences de la nature, que ne peut généralement faire le psychologue (à cause du respect moral que nous devons tous avoir pour la personnalité humaine), et qu'implique cependant l'analyse objective des fonctions mentales et des faits de conscience. Pour d'autres, les cas pathologiques proviennent de l'exagération des processus normaux et rendent ceux-ci beaucoup plus manifestes, plus faciles à étudier par suite de leur « grossissement ». Mais il convenait, semble-t-il, de se demander tout d'abord si les faits psycho-pathologiques ne sont pas d'un tout autre ordre que les faits psychiques normaux ; si la mémoire, la sensibilité, l'activité dans l'état de maladie sont identiques aux mêmes fonctions dans l'état de santé ; si enfin il existe un passage du pathologique au normal.

Or, nous avons cru établir que les fonctions mentales du sujet normal ne sont pas, comme celles du sujet malade, affranchies du contrôle de la volonté raisonnable ou de l'inhibition que doivent exercer les tendances supérieures sur les tendances inférieures en vue de la systématisation totale des énergies du moi. Donc les faits pathologiques appartiennent à une synthèse d'un autre genre, évoluant d'une autre façon ; ils ont, avec des relations différentes, une nature différente. Si une véritable désagrégation mentale était possible, les facultés dissociées ne sauraient être foncièrement différentes des facultés associées ; les idées resteraient les mêmes, qu'elles entrent dans une synthèse ou dans une autre, puisqu'elles seraient autant d'éléments en eux-mêmes immuables, faisant partie tantôt d'une subconscience et tantôt de la conscience supérieure ; l'aspect présenté normalement par le synthèse des fonctions mentales disparaîtrait seul : la forme enlevée, la matière subsisterait encore. Les pierres ne changent

pas de nature et de configuration propre, qu'elles fassent
partie d'une maison ou d'un amas; et il est bien plus aisé
de les étudier quand on peut les prendre séparément,
que lorsqu'elles forment une élégante construction. —
Mais nous avons vu que les faits psychiques ne sont pas
dés objets concrets comme les pierres ou les meubles;
ce sont, non des *choses*, mais des *fonctions* d'un sujet,
unique malgré la diversité de ses facultés, seul concret,
constituant seul une réalité complète; ce sont des manifestations passagères de l'activité mentale, des actes indivis
dont on ne peut pas séparer, réaliser à part, solidifier les
éléments.

Une « vivisection mentale » supposerait l'isolement ou la
destruction de l'une des parties qui constituent le système
indivis de la personnalité, à un moment donné de son
existence. Sans doute, on réussit par la suggestion (et la
nature y parvient dans les états d'hypnose) à rendre « subconscients », c'est-à-dire moins clairement conscients, des
représentations, des souvenirs, des sentiments; on atténue
ainsi l'influence exercée par une fonction mentale; on la
supprime en quelque sorte. Mais peut-on par exemple
supprimer la perception et la mémoire et laisser subsister l'activité rationnelle, l'activité volontaire, l'émotivité
même? N'est-il pas des fonctions qui disparaissent par le
seul fait de la disparition d'autres fonctions subordonnées?
Et peut-on dès lors comparer la suggestion ou l'hypnose
aux vivisections des physiologistes ? Il faut du moins
reconnaître combien plus grandes que celles du corps
sont la plasticité, la mobilité, l'instabilité de l'esprit; ce
qui fait que les mêmes modes d'investigation ne donnent
pas les mêmes résultats, et qu'une sorte de vivisection
dans une forme mentale entraîne la destruction immédiate de cette forme tandis que la vivisection biologique
laisse pour un certain temps subsister à peu près intégra-

lement la forme biologique totale légèrement atteinte.

Mais ces considérations sur la « vivisection mentale » nous montrent déjà qu'il est des fonctions psychologiques plus complexes dont la condition nécessaire est l'existence d'autres fonctions plus simples; d'autre part, la psycho-pathologie nous fait voir que la disparition de la puissance volontaire entraîne l'apparition d'une existence psychique dans laquelle les fonctions inférieures (à l'état normal subordonnées au caractère, aux tendances dominatrices stables) n'ayant plus leur contrepoids habituel, s'exagèrent, prennent une importance extraordinaire et jouent un rôle pour lequel elles ne sont pas faites. C'est là ce qu'on peut appeler un « grossissement »; c'est surtout un changement qualitatif d'importance : il nous fait connaître, par exemple, quels effets peuvent avoir l'amour, ou la pitié, ou le sentiment religieux, ou une représentation quelconque, lorsque de subordonnée elle devient pour un assez long temps souveraine dans une conscience.

A tous les degrés de la décadence mentale que décèlent les psychopathies, nous constatons de nouvelles formes de conscience, de nouveaux principes dominateurs avec leur influence propre, plus ou moins grande, il est vrai. Nous apprenons ainsi quels sont les effets particuliers de l'imagination, des instincts, des diverses tendances, des habitudes, quand rien ne les réfrène plus. La psycho-pathologie éclaire donc la physiologie de l'esprit aux yeux de quiconque a bien compris que le sujet normal possède la forme la plus haute que puisse revêtir une personnalité (dans les conditions où il se trouve); et qu'au-dessous de cette forme, il en est un grand nombre, de plus en plus pauvres, qui, lorsqu'on part de la plus simple pour revenir à la plus complexe, servent de matière les unes aux autres et deviennent normales par cette subordination. La psychologie de l'être normal adulte ne peut guère étudier les systèmes inférieurs [1], avec leurs fonctions plus ou moins nombreuses, que comme des moyens ; la psychologie morbide peut les étudier comme fins, en eux-mêmes.

Sans doute la psychologie normale comprend celle des enfants, des vieillards, des sujets en état de sommeil, et elle se trouve étudier ainsi des formes inférieures à celle de l'être adulte dans le plein exercice de ses fonctions mentales. C'est par là que s'effectue le passage de la science du morbide à celle du normal. Toutefois ni l'enfance, ni la vieillesse normales ne nous présentent des phénomènes aussi variés que les psychoses : car l'enfant et le vieillard ont le premier une lente évolution vers la forme la plus haute de la personnalité, le second une lente régression ; tandis que nos malades, loin d'offrir à nos investigations un progrès continu ou une décadence continue, sont des instables chez qui prédomine tantôt une direction et tantôt une autre ; qui, sont capables de présenter plusieurs fois dans leur existence de rapides évolutions en des sens contraires et jusqu'à des stades variés ; la vie de certains névropathes n'est qu'une série de « recommencements ».

Il n'en reste pas moins vrai que la fin de la psycho-pathologie, comme celle de la psycho-genèse et de la psychologie comparée, est la connaissance de la *hiérarchie des formes mentales*, connaissance qui repose sur le principe suivant qui fixe les rapports de toute forme à toute matière : les formes supérieures ne peuvent exister avant que les formes inférieures ne soient réalisées ; quand celles-ci sont détruites, celles-là ne peuvent subsister ; quand les premières disparaissent, celles qui leur sont immédiatement inférieures en complexité doivent leur succéder. (Dans les psychopathies le passage d'une forme à une autre s'effectue

---

[1] Comme a tenté de le faire Maine de Biran qui passe du système affectif aux systèmes sensitif, puis perceptif, puis réflexif, sans une connaissance suffisante de chacun d'eux.

parfois avec une très grande rapidité, grâce aux crises qui diminuent considérablement la durée des états intermédiaires.)

S'il est intéressant de connaître l'esprit adulte, il n'est pas moins intéressant de savoir comment il est devenu ce qu'il est. La psycho-genèse montre, avec le secours de la psycho-pathologie, comment une forme est nécessaire quand une autre est posée comme devant être réalisée, et, puisque le système supérieur est en puissance dans le système inférieur, comment il existe en celui-ci une tendance à réaliser celui-là alors qu'il n'est pas encore. C'est donner le pourquoi de l'évolution mentale que relier ainsi par une loi ses différentes phases. C'est mieux connaître le moi que savoir ce qu'il doit être et comment il peut y parvenir. S'il est vrai que le moi est plutôt une série d'actes qu'une *chose*, son devenir est bien plus intéressant encore que sa nature à un moment donné ; ce devenir est au plus haut degré digne de faire l'objet d'une étude psychologique approfondie. — Enfin, si la psychologie peut avoir des conséquences pratiques, rien ne saurait mieux diriger la thérapeutique mentale et la pédagogie que la connaissance du normal et de son opposé le pathologique.

B. — LA THÉRAPEUTIQUE MENTALE ET LA PÉDAGOGIE PRÉVENTIVE

I. La guérison de l'être moral. Il faut distinguer l'être « amoral », l'instable, de l'être immoral : il est difficile de guérir le premier ; sa moralité reste toujours précaire. — II. La guérison de l'être mental. Il y a une thérapeutique mentale comme il y a une thérapeutique des corps. La psychiâtrie ne doit pas être confondue avec la pratique de la suggestion. Celle-ci favorise le développement du mal au lieu d'amener la guérison. L'avis de M. Pierre Janet : la rééducation, la discipline et le bonheur. Difficultés : les troubles somatiques consécutifs aux troubles psychiques. Erreur de Pinel, Esquirol et Leuret ; dangers de la musique. Possibilité de guérir l'instabilité mentale au début de ses manifestations. Tentatives de thérapeutique mentale. — III. La pédagogie rationnelle. Veiller à la formation du caractère.

I

Nous devons d'abord nous préoccuper de la guérison de cet être moral qui est comme l'efflorescence de la nature mentale et dont l'épanouissement peut être empêché par l'insuffisante vitalité de l'être psychologique.

Si la moralité est, comme nous le croyons, dans l'effort volontaire, dans l'effort pour le maintien comme dans l'effort pour le choix d'un système pratique, l'instable est un être « amoral ». L'instabilité morbide, en effet, apparaît dans un mode d'existence inférieur à la vie normale, au point de vue psychologique et moral : qui dit inférieur ne dit pas contraire. Les dégénérés, les fous, tous ceux qui sont atteints d'une psychopathie passagère ou durable, ne sont pas, par cela même, des êtres immoraux : l'immoralité vraie leur fait aussi complètement défaut que la vraie moralité et ils ne sont généralement pas responsables des apparentes décisions qu'ils prennent.

La vie offre quelques grandes occasions de donner à la conduite une orientation librement déterminée. Le choix de nouvelles idées directrices s'impose alors, et il est souvent précédé d'une crise pénible [1] : ce n'est pas sans effort que l'on établit un nouveau système d'états de conscience d'après une nouvelle finalité. Le choix d'une carrière, le mariage, certains actes civils, religieux, politiques, des entrées en relations, des ruptures, en somme, toutes les décisions graves, qui par leurs conséquences retentissent longtemps dans la vie d'un homme, déterminent chacune, surtout quand leur gravité est nettement aperçue, un retour

---

(1) Cf. Marion. *La solidarité morale*, ch. IV, p. 145 sqq., surtout p. 149, Paris, F. Alcan.

de l'être sur lui-même, une position anxieuse du problème moral. Le choix libre qu'on fait va pour longtemps, pour toujours peut-être, aliéner la liberté; peut-être va-t-on opter pour l'immoralité contre la vertu... Dans la suite, par « respect humain », par quelque faux point d'honneur, on risque de se trouver entraîné dans une direction, si loin qu'il sera trop tard pour revenir en arrière quand l'erreur sera manifeste... La responsabilité encourue dans ces circonstances effraye tous ceux qui manquent de volonté sans manquer d'intelligence. L'instabilité se manifeste alors par des tergiversations, des velléités contradictoires, et en définitive par un abandon de soi-même aux influences extérieures, par une sorte d'abdication en face de la volonté d'autrui ou des tendances les plus fortes. Les actes sont suggérés et non voulus. la méchanceté n'est pas intentionnelle; les conséquences n'en sont pas moins funestes.

Le criminel, l'être immoral, au contraire de l'instable, commet systématiquement des actes contraires à la loi morale; il viole sciemment des droits; il méconnaît volontairement ses devoirs. Il a adopté un système d'actions s'engendrant les unes les autres pour former une série qui constitue une affirmation constamment renouvelée de tendances vicieuses. Si une telle personnalité est au point de vue social un élément vraiment pathologique[1], au point de vue mental les divers moments de son existence ne sont pas des faits pathologiques; le véritable criminel n'est pas foncièrement malade comme l'hystérique ou l'aliéné; il n'a de psychopathie que par accident[2].

C'est que le mal et le bien sont également des principes

---

(1) M. Tarde a bien montré que le criminel est dans la société un élément pathologique, précisément parce qu'il ne peut former avec les autres hommes un tout cohérent, parce qu'il est en contradiction avec le système social dans lequel il doit vivre.

(2) Exception faite des criminels-nés, plus proches de la brute que de l'homme, qui persistent dans des sentiments anti-sociaux ou immoraux parce qu'ils sont incapables de s'élever mentalement plus haut.

de détermination volontaire, que le vice et la vertu peuvent également être érigés en système : il n'y a pas de contradiction à être vicieux quand, en principe, on refuse de croire à « l'éminente dignité de la personne humaine », ou à l'importance capitale du bonheur individuel, ou à la nécessité d'une organisation sociale quelconque. Le véritable criminel n'est donc pas un instable; c'est un misérable qui renie les croyances chères aux plus nobles représentants de l'humanité. Dès lors, seuls des mobiles exceptionnels pourront modifier la direction prise par lui dans sa conduite : s'il change de principes, s'il refuse d'obéir à la loi néfaste qu'il s'était imposée, il est capable de devenir un homme profondément vertueux. Il ne faut jamais désespérer d'une conversion morale ; plus le mal est grand, plus il est difficile de l'extirper, mais plus grand est le bien qu'on peut espérer amener. On ne doit guère craindre des vrais criminels qu'ils retournent à la mauvaise voie quand ils en sont franchement sortis, leur fermeté dans le vice doit faire bien augurer de leur constance dans l'observation du devoir. Toute la difficulté est dans la conversion.

Ceux dont il faut toujours redouter la rechute, ce sont les instables, et cela parce qu'ils n'ont ni une véritable immoralité, ni une véritable moralité. Ils sont tantôt bons, tantôt mauvais ; leurs prétendus vices sont comme leurs vertus : des états passagers. Ce ne sont pas des êtres immoraux et anti-sociaux comme les vrais criminels; mais parfois ce sont des fauteurs de troubles bien plus pernicieux que les grands crimes. Dangereux par leur mobilité d'esprit même, qui permet aux inclinations perverses de prédominer en eux au moins aussi souvent que les inclinations morales, ils sont divers, souples, n'éprouvent point de scrupules à changer de tactique, à revêtir des caractères différents. C'est ce qui fait que, comme les enfants « vicieux », ils ont de la malice et de la fourberie. (De là vient encore [1] l'accusation de mensonge, de dissimulation et de perversité portée surtout contre les hystériques.) En général les dégénérés sont donc plutôt malfaisants; ils ne sentent pas ce frein, que la volonté raisonnable met aux esprits pondérés : confiants ou méfiants, orgueilleux ou humbles, ils renouvellent leurs dangereuses tentatives autant de fois que leur instabilité leur permet de nouvelles conceptions ou de nouvelles tendances.

Quand l'instabilité excessive détermine une stabilité morbide ; quand naissent, par conséquent, les idées fixes, les phobies et les impulsions, les monomanies et les délires systématisés, l' « amoralité » de la personne est indiscutable. La volonté ne peut plus s'opposer aux tendances irrationnelles, le raisonnement ne peut plus lutter contre les obsessions et les hallucinations. Les actions commises font partie d'une série trop courte, qui n'a qu'un trop faible lien avec la série antécédente et la série suivante, pour qu'il y ait imputabilité à la personne entière. Il n'y a pas de responsabilité encourue par un « moi » qui n'a pas d'identité personnelle. Toute sanction serait injuste, car elle atteindrait un moi autre que le moi responsable, un moi qui ne peut pas considérer comme vraiment « siennes » les actions commises. D'ailleurs, toute sanction serait sans efficacité : le développement de l'instabilité morbide dans un sujet tend à anéantir en lui la logique des actions, solidaire de la logique des pensées. Or, pour qu'une punition ait un effet moral, il faut qu'elle vienne apporter un nouveau motif, un nouveau mobile dans les délibérations qui lui sont postérieures. Quand il n'y a plus de vraie délibération, il n'y a plus de place pour l'effet attendu de la sanction. Le délinquant par accident prend en vain la résolution de ne plus retomber dans ses erreurs, dans ses fautes : les bonnes résolutions

(1) Voir plus haut p. 122.

des dégénérés disparaissent avec l'état de la personnalité qui les a vues naître. Tout le bon vouloir des névropathes ne saurait prévaloir contre l'abandon qu'ils ont fait d'eux-mêmes aux imprévus du caprice.

Comme l'a bien montré M. Renouvier, de tels malades sont en proie au vertige, « cet effet terrible de l'imagination », auquel nous sommes tous exposés parce que tous nous avons quelque tendance à l'instabilité morale. « Nous sommes amenés à marquer d'un caractère commun et les états où la personnalité est comme anéantie, ses fonctions cessant d'être réfléchies et volontaires sur tous les points à la fois, et ceux (qu'il faut supposer habituels cependant) où le vertige a lieu sur un point quelconque dont le jugement exigerait mûre réflexion et une volonté bien informée, grâce à l'appel des motifs de toutes sortes... Mais, même dans la veille, en pleine raison, qui n'a éprouvé quelque tentation vertigineuse, d'une espèce ou d'une autre, de celles qui, de proche en proche, conduiraient à l'abîme un homme dont la conscience ne se détournerait pas ? » Cette expérience que nous avons en effet presque tous faite nous permet de juger de l'état moral des dégénérés dans les circonstances les plus communes et de voir combien il s'éloigne d'une réelle immoralité.

On voit aussi par ce qui précède combien il est difficile d'exercer, par des admonestations ou des punitions même sévères, une heureuse influence sur les esprits instables. Peut-on cependant désespérer de leur amélioration morale ? — Mais il nous faut maintenant élargir le problème, car s'il est impossible de rendre à nos malades une pleine valeur morale par des appels réitérés à leur bonne volonté, à leur raison, à leurs plus hauts sentiments, c'est qu'une guérison mentale doit précéder la guérison morale. Nous nous demanderons donc s'il faut désespérer de leur amélioration mentale en général ?

II

A priori, il semble légitime d'inférer de la guérison des maladies du corps la possibilité de guérir les maladies de l'esprit. Si l'emploi de remèdes, d'agents susceptibles de contrebalancer par leurs effets biologiques l'influence pernicieuse d'autres agents du même ordre, permet de remédier aux troubles somatiques, on doit pouvoir remédier aux troubles psychologiques non seulement par des moyens biologiques, mais surtout par des procédés d'ordre purement mental. La répugnance des physiologistes pour la thérapeutique mentale pourrait bien n'avoir d'autre fondement qu'un préjugé combattu par M. Renouvier : celui qui fait « ranger les symptômes intellectuels et moraux parmi les dépendances simples de la maladie physique. Les vues des aliénistes ou plutôt leurs habitudes d'esprit et de profession à cet égard sont visiblement entachées d'un vice de méthode dont je me défends, tout en accordant l'existence d'un point de départ organique pour tous les cas où l'on peut le constater. Mais nos aliénistes supposent arbitrairement : 1° que les premiers termes de la série de désordres sont de nature exclusivement biologique, *toujours;* 2° que les faits de perversion du jugement sont des conséquences nécessaires de l'état pathologique proprement dit. Cependant, sur le premier point, l'observation permet d'admettre des cas où la déviation mentale précéderait les perturbations organiques et pourrait en devenir la cause. Sur le second, rien ne prouve que certains symptômes représentatifs ne puissent être éludés ou supprimés par une éducation ou par une médication de même nature, c'est-à-dire intellectuelle et morale, tandis que la maladie suivrait peut-être son cours avec les symptômes physiques et vitaux qui lui appartiennent en propre. La biologie n'aura donc pas d'objections graves à m'opposer si je place dans une intervention régulière et constante de la volonté dans les phénomènes représentatifs un moyen efficace de résistance à l'aliénation [1]. »

Les psychopathies exigeraient en conséquence un médecin de l'âme combinant ses efforts avec celui du corps. Ce médecin de l'âme n'a-t-il pas été dans certains cas l'homme d'église, le saint chrétien ou le soufi musulman [2], qui en faisant appel à la foi religieuse du malade provoquait en lui un état mental salutaire ? Certains prétendus miracles ne sont-ils pas des guérisons de l'âme qui entraînent celle du corps ? des guérisons qui n'ont rien de mystérieux, car tous ceux qui connaissent bien le moyen de frapper l'imagination, de créer et de confirmer d'énergiques croyances, de gouverner les esprits, en sont capables. C'est pourquoi le philosophe, le psychologue, qui connaît la nature de l'âme, ses fonctions et leurs modes, son état pathologique et le principe de ses habitudes morbides, semble pouvoir et devoir être le médecin des maladies mentales.

« Il existe, dit encore M. Renouvier, un développement propre et spontané des fonctions représentatives duquel réciproquement certains faits organiques dépendent. On pourrait donc s'occuper de faire obstacle à la naissance ou au progrès des affections imaginatives et passionnelles, éléments spéciaux du vertige du jugement et du vertige de l'acte.

« En fait, on ne nie pas que certains hommes soient capables de lutter contre leurs hallucinations dans l'ordre mental. D'autre part, l'autopsie ne révèle pas de désordres organiques bien sensibles chez certaines classes d'aliénés ; et si ces désordres existent, comme on doit bien le présumer,

(1) Renouvier. *Op. cit.*, t. II, p. 12. Ce passage de l'œuvre de M. Renouvier est foncièrement en accord avec nos différentes conclusions. Ce n'est pas cependant pour l'appuyer par des faits et de nouveaux arguments que nous avons entrepris cette étude : notre attention s'est portée sur lui quand notre travail a été presque achevé.

(2) *Les confréries musulmanes.* Depont et Coppolani, 1897 Alger, Jourdan édit.

ils ont pu être acquis ou aggravés à la suite des déviations représentatives, et pourraient alors s'amender en même temps que ces derniers [1]. »

Kant fit lui-même l'expérience de l'efficacité que M. Renouvier attribue à la thérapeutique mentale. « La critique, dit M. Boutroux [2], démontre que la raison peut être volonté et que la volonté a un rapport avec les phénomènes. La raison doit donc, *elle aussi, posséder une vertu curative.* Et, en effet, l'homme peut beaucoup par la seule énergie de sa volonté pour modifier son état physique. Kant allègue son expérience personnelle ; il sait au moyen de la force morale se garder de l'hypochondrie, maîtriser même des états spasmodiques. »

Non seulement pour Kant et M. Renouvier, mais pour quiconque admet que, comme nous croyons l'avoir montré, il y a des maladies dont le fond est purement psychologique, il doit y avoir, semble-t-il, une thérapeutique dont le fond soit purement mental, une psychiâtrie au vrai sens du mot, relativement indépendante de la médecine fondée sur la pure biologie.

Cette psychiâtrie a trop souvent été confondue jusqu'ici avec la pratique de la suggestion. Par la suggestion, en effet, on peut faire disparaître le sentiment très vif de la douleur causée par certains maux ; de même, on peut détruire l'aperception d'idées fixes, de préoccupations morbides, et les hallucinations, les illusions, les délires qu'elles entraînent ; on peut modifier par conséquent la personnalité, lui donner un aspect nouveau, et donner au cours des pensées nettement conscientes une direction en apparence normale. De là, les espérances qu'a fait naître en d'excellents esprits la pratique de la suggestion hypnotique, espérances que Wundt raille assez lourdement dans son livre « Hypnotisme et Suggestion [3] ». Il semble craindre « le zèle intempestif des ama-

---

(1) Renouvier. *Op. cit.*, t. II, p. 37.
(2) Article *Kant* de la Grande Encyclopédie.
(3) Cf. p. 146 sq. de la trad. française, par Keller.

teurs en hypnotisation..., qui croient avoir trouvé dans la suggestion non seulement un remède contre toutes les maladies
morales dont nous souffrons, mais encore le grand levier
du progrès... On suggérera à l'enfant d'être à l'avenir bon
et obéissant... En cas de rechute, on reprendra la cure sug-
gestive... Le coupable ne quittera plus la prison sans s'être
amendé ; par suite de la suggestion, il s'en ira en homme
complètement retrempé dans la morale... »

S'il est vrai que des médecins ou des psychologues se
soient fait illusion au point de justifier les railleries de Wundt,
il n'est pas hors de propos de rappeler ici et les véritables
effets de la suggestion, et les conditions dans lesquelles
elle peut se produire. Dire : « la suggestion *supprime* une
douleur, une tendance perverse, une idée fixe », c'est
parler sans exactitude. Contentons-nous d'affirmer qu'elle
chasse du champ de l'aperception les représentations
gênantes. On peut réduire les états de claire conscience ; il
ne s'ensuit pas qu'on supprime une représentation qui fait
partie nécessairement de l'état mental à un moment donné :
de claire elle devient obscure et n'en continue pas moins à
exercer une influence ; au lieu de se manifester par une
préoccupation, par une obsession, elle se manifestera par
des impulsions soudaines, aussi inexplicables en apparence
qu'irrésistibles. M. Pierre Janet a fait voir comment la suppression par suggestion d'une idée fixe laisse subsister des
idées fixes secondaires plus ou moins obscures, elles-mêmes
indéracinables [1]. On a donc beau créer un moi nouveau en
apparence ; ce moi n'est que superficiel, ce n'est pas lui qui
détermine la plupart des actes ; la personnalité ancienne,
qu'un instant ne peut détruire ou changer profondément, subsiste derrière ce faux aspect. Et quand il s'agit
de sujets très instables, qui changent vraiment à tout ins-

---

(1) *Histoire d'une idée fixe*. Revue philos., 1894.

tant, que sert de leur donner par suggestion une forme nouvelle qui ne tardera pas à disparaître, qui s'évanouira d'autant plus rapidement qu'elle aura été plus facilement acceptée?

D'ailleurs, comment la suggestion pourrait-elle être un remède alors que le développement de la suggestibilité est la conséquence de l'état morbide? Pour être suggestible, c'est-à-dire crédule à l'excès, prêt à admettre même l'absurde si l'absurde est impérieusement affirmé, il faut être d'abord incapable de systématiser ses pensées, d'apercevoir les incohérences, les contradictions; il faut ne pas pouvoir se gouverner soi-même, n'avoir plus ni volonté, ni moi indépendant, ni devenir normal. Les plus instables sont les plus suggestibles; moins on est malade mentalement, plus on est sceptique, au vrai sens du mot, sur les affirmations d'autrui ou sur les données de son imagination. Or, pour qu'une suggestion agisse au point de modifier un devenir mental, il faudrait qu'elle fût fermement adoptée, énergiquement embrassée, ce dont un instable est incapable. Elle ne peut donc être qu'un appel à l'instabilité même. Pour obtenir un résultat illusoire, on aboutit, en employant la suggestion, à la ruine de plus en plus complète de ce moi que l'on voudrait sauver [1].

M. le Dr Pierre Janet [2] ne condamne pas comme nous la suggestion qui, dit-il, « est en réalité un merveilleux agent thérapeutique »; cependant il ne veut pas en « exagérer la portée », et il semble vouloir surtout faire consister « le traitement psychologique en une éducation de l'esprit ». Il faut, pense-t-il, que le médecin « prenne la direction com-

(1) Nous écrivions en 1892 : « Développer ce mode pathologique de la croyance, c'est contribuer à la ruine de la personnalité et à l'établissement du règne de l'automatisme ». (Étude sur la suggestion. Gazette des sc. méd., 2 octobre 1892.) La même idée a été exprimée par M. P. Janet en 1894.

(2) Revue philosophique, février 1897 et Névroses et idées fixes.

plète de l'esprit du malade » et réduise ensuite sa domination au minimum de façon « à lui apprendre peu à peu à
s'en passer ». Il est bon ,en outre, de compléter le traitement
psychologique « par l'hygiène, certaines médications physiques et surtout la gymnastique graduelle de l'attention ».
Comme méthode générale, M. Janet se prononce pour la
complaisance contre la sévérité. « Il faut chercher à diminuer la fatigue de la pensée en simplifiant la vie des
malades. (C'était aussi l'avis d'Herbart qui craignait que la
tension intellectuelle ne fît qu'aggraver le mal [1].) Le véritable
traitement de l'hystérie, disait Briquet, c'est le bonheur. J'ai
essayé de comprendre quel était ce bonheur qui convenait
aux hystériques : c'est, à mon avis, la simplicité, presque
la monotonie d'une existence facile qui diminue les efforts
d'adaptation. »

M. Janet considère ses malades comme soumis à la désagrégation mentale par suite du rétrécissement du champ de
leur conscience : aussi veut-il pour de tels sujets un mode
d'existence simple correspondant à leur puissance psychique
diminuée ; il ne veut pas imposer à « la fonction de synthèse mentale » une tâche au-dessus de ses forces. Mais s'il
est vrai que la fonction de synthèse mentale s'exerce surtout
dans le temps pour relier des moments successifs, s'il est
vrai que la persistance de l'attention est la condition même de
« l'étendue du champ de l'aperception » ; si en définitive la
faiblesse du caractère et de la volonté est la cause primordiale des psychopathies, n'importe-t-il pas tout d'abord de
fortifier le caractère, de discipliner l'activité, d'habituer le
sujet malade à être sévère pour lui-même et à tenter sans
cesse de plus vastes entreprises en faisant sans cesse de
plus grands efforts? Briquet voulait traiter les hystériques
par le bonheur; mais le bonheur n'implique-t-il pas une

(1) Cf. H. Dereux. *Revue pédagogique*, 1890, t. I et II.

continuité mentale ; n'est-il pas une continuité affective
dont les hystériques sont incapables ? Le bonheur s'ajoute non
pas même à l'activité en général, mais seulement à l'activité
dont les moments sont bien liés ; or, la continuité mentale
exige l'effort ; il faut donc non pas « diminuer les efforts
d'adaptation », mais au contraire les encourager en les
dirigeant vers un même but. La discipline s'impose bien
plutôt que la complaisance, une discipline non pas rebu-
tante, mais bienveillante et éclairée. Contraindre à l'effort
serait en effet, presque une contradiction. Pinel, Esquirol
et Leuret ne l'ont peut-être pas assez évitée.

Pinel est le premier qui ait « déterminé les vues à
remplir dans le traitement moral des aliénés ». Il était con-
vaincu de la nécessité d'unir les données de la psychologie
à celles de la physiologie pour connaître les maladies mentales [1]. Esquirol avait étudié les « Leçons de philosophie » de
Laromiguière et avait été frappé du rôle joué, en psychologie
surtout depuis Condillac, par la théorie de l'*attention*.
« L'étude pathologique des facultés de l'âme, écrivait-il,
conduirait-elle aux mêmes résultats que ceux auxquels s'est
élevé M. Laromiguière dans ses leçons de philosophie ? Des
faits nombreux justifieront cette donnée psychologique sur
laquelle repose un principe fécond de thérapeutique des
maladies mentales. » Flourens, dans son *Essai physiologique sur la folie* [2], dit d'après Esquirol : « L'attention
joue un rôle distinct dans chaque folie : le maniaque ne
peut la fixer sur rien, le monomaniaque ne peut la détourner de l'objet sur lequel elle s'est concentrée, le fou par
démence est trop faible pour avoir une attention soutenue ;

---

(1) Cf. son *Traité médico-philosophique de l'aliénation mentale*. Le
médecin peut-il, se demandait Pinel, « tracer toutes les altérations ou
perversions de l'entendement humain, s'il n'a profondément médité les
écrits de Locke et de Condillac et s'il ne s'est rendu familière leur doctrine » ? (*Ibid.*, 2ᵉ édit., p. xι.)

(2) Page 130.

chez l'imbécile, chez l'idiot, l'attention manque... Il faut donc réduire le maniaque à un très petit nombre de sensations vives, inattendues, qui fixent son attention[1]; il faut pour arracher le monomaniaque à ses idées concentrées, détourner, disperser son attention; il faut exciter l'attention affaiblie du fou par démence, etc... Le retour de l'attention est toujours le signe le plus certain du retour même de la raison. »

Leuret[2] se prononce exclusivement en faveur du traitement moral. Il le considère « comme le seul qui soit propre à guérir la folie; et pour combattre cette maladie le traitement physique, celui qui consiste dans l'emploi des saignées, des bains, des préparations pharmaceutiques, semble aussi inutile qu'il pourrait l'être à celui qui, dans une discussion de philosophie ou de morale, s'aviserait d'employer ces moyens pour combattre ses adversaires ». Qu'opposons-nous « à ceux que nous croyons dans l'erreur ?... Des objections. Faisons de même avec les aliénés car les aliénés sont des hommes qui se trompent». Ils ne peuvent plus réprimer leurs désordres intellectuels; il faut faire leur éducation. Et d'abord « il ne faut jamais leur laisser dire que des choses sensées ». « L'éducation de son esprit, dit Leuret en parlant d'un de ses malades, a commencé par sa parole; il a dit des choses vraies, conformes à la raison, et bien qu'il les ait dites à contre-cœur, après les avoir souvent répétées, il y a ajouté foi. » L'habitude des actes sensés lui rend le goût de la raison. L'éducation se continue par un procédé plus difficile à employer : « occuper fortement l'esprit du malade d'idées tout opposées à celles qui le tourmentent. » Leuret faisait lire tout haut ses malades en voie de guérison devant un auditoire nombreux; il leur faisait jouer dans des comédies

---

(1) D'après la théorie de Condillac, qui faisait dériver l'attention de l'intensité de l'excitation.

(2) *Fragments psychologiques sur la folie* (1834) et *Traitement moral de la folie* (1840).

des rôles spirituels ; « on s'identifie à son rôle et l'on finit par avoir de l'esprit, de l'ironie ». En définitive, il « imposait » la raison à ses aliénés, leur faisait « rétracter leur folie comme on rétracte un mensonge ».

Les doctrines de Pinel, d'Esquirol et de Leuret ont été généralement abandonnées parce que leurs exagérations les ont rendues ridicules auprès d'esprits superficiels, parce que surtout la psychologie qui leur servait de fondement était trop sommaire et ne correspondait pas à la complexité des faits qu'elle prétendait élucider. Il a manqué à ces fondateurs de la psychiâtrie le sentiment des difficultés que rencontre quiconque veut gouverner une âme : il n'est pas plus aisé de disperser ou de concentrer l'attention que d'imposer la raison à un sujet, qui par « son état spécial semble fermé à toute influence et rendu pour ainsi dire incommunicable [1] ». Un malade ne devient raisonnable ou attentif que s'il le veut bien ; la dicipline brutale ne donne point de résultats, si ce n'est qu'elle développe la tendance à la dissimulation. L'éducation demande plus de souplesse, de dextérité, d'esprit critique, de pénétration psychologique que ne le pensaient Pinel, Esquirol et Leuret. Comme l'a bien vu M. Janet, il est nécessaire que le psychiâtre gouverne le malade par des conseils persuasifs, par une sorte de pénétration progressive dans le moi qu'il aspire à diriger. Il lui faut prendre de plus en plus possession de l'esprit du névropathe, ainsi que l'éducateur s'empare de l'esprit de l'enfant. Il doit pouvoir commander sans risquer d'essuyer un refus, afin de mener un malade confiant, par une contrainte imperceptible, où il lui est nécessaire d'aller. Il importe tant d'éviter que le sujet ne se rebute, qu'il ne conçoive, contre celui qui le guide ou contre les moyens à employer, des préventions qui empêcheraient le succès définitif, qu'ici plus qu'en toute autre

(1) Renouvier. *Op. cit.*, II, 37.

thérapeuthique le maître et l'ami doivent se confondre dans le médecin [1].

Cela ne suffit pas. Puisque l'instable manque de pouvoir systématique, notre dessein serait de lui en donner. La volonté lui fait défaut ; amenons-le à la liberté par la servitude. Imposons-lui une discipline qui lui enseigne à s'en imposer une lui-même ; refaisons-lui un « moi », non pas un « moi » quelconque, mais celui qui convient à ses aptitudes particulières ; ne l'abandonnons pas avant qu'il n'ait jugé par lui-même, qu'il n'ait résolu de nombreux problèmes pratiques. Pourquoi ne pas le jeter dans les affaires, ne pas lui susciter à dessein des ennuis, afin de l'obliger à la décision prompte, à la hardiesse et à la persévérance dans le vouloir ? Pourquoi ne pas amener, toujours sans contrainte apparente, l'hystérique anesthésique, l'halluciné, à observer avec attention des objets de plus en plus riches de formes et de qualités ; remonter avec eux la gamme des sons et des couleurs en leur faisant rechercher les intermédiaires, les exercer aux contacts les plus variés ; puis leur proposer des exercices logiques, les habituer à analyser les pensées et à les enchaîner rigoureusement ; éliminer peu à peu les associations mentales trop aisées, les conceptions capricieuses, les plus promptes de toutes ? Viendraient ensuite des occupations de plus en plus constantes, l'exercice de plus en plus prolongé d'une aptitude pratique, l'apprentissage d'un métier ; enfin toute une casuistique morale compléterait les effets obtenus par la pratique de la dialectique intellectuelle et par l'acquisition de l'habilité corporelle. Voilà ce qu'exigerait en théorie la thérapeutique mentale. Mais dans la pratique, combien de difficultés naissent que le théoricien ne soupçonne pas !

---

(1) Voir dans un article de M. Letellier cité plus loin, *Trois mois de pédagogie vécue*, combien l'affection du médecin pour le malade a d'heureuses conséquences.

Comment espérer tout d'abord la guérison de ces aliénés qui, déjà âgés, ont pendant de nombreuses années vécu avec satisfaction leur vie anormale ? Tout s'oppose en eux, et au point de vue mental et au point vue biologique, à la restauration de la santé, c'est-à-dire du cours régulier des représentations : ils ont adopté en quelque sorte un caractère morbide par suite d'habitudes vicieuses devenues plus fortes que la nature; l'atrophie de certains centres nerveux, la dégénérescence plus ou moins apparente de nombreux points de l'écorce cérébrale n'ont pu manquer de se produire en conséquence d'une activité psychique incomplète; des connexions nerveuses indispensables à la vie normale ont dû disparaître. Alors même que l'on pourrait pour un instant faire recouvrer à l'aliéné sa continuité mentale perdue, il serait impossible de la lui conserver, car, le mal physiologique produit, les troubles permanents engendrés ne seraient pas si tôt réparés. L'intégrité des fonctions biologiques essentielles, condition nécessaire d'une activité psychologique normale, faisant défaut, le triomphe de la thérapeutique mentale serait plus qu'éphémère.

D'ailleurs, nous avons reconnu qu'on n'impose pas la guérison de leur esprit à nos malades, qu'on peut seulement la leur proposer : il faut donc restreindre nos tentatives à ceux qui peuvent nous comprendre, grâce à certains moments de lucidité. Considérons par conséquent comme incurables : 1° les déments, incapables de coordination mentale, de pensée véritable, 2° les monomanes, qui se complaisent dans leur délire ambitieux, mystique, érotique, mélancolique. On ne peut qu'attendre pour eux, comme on est contraint de le faire pour tous ceux dont la psychose est d'origine biologique (lésion nerveuse ou trouble somatique, intoxication, maladie infectieuse) une modification imprévisible de l'organisme mettant un terme à leur existence ou apportant une guérison inespérée. Car il est des exemples de guérison des maladies mentales par les maladies ou les troubles de l'organisme. La théorie de « l'antagonisme microbien [1] » veut que les microbes de la fièvre typhoïde, par exemple, détruisent les « microbes ou les virus psycho-pathogènes ». Peut-être faut-il admettre qu'une profonde modification somatique permet, dès que l'énergie psycho-physiologique de l'individu renaît, la constitution d'un nouveau mode d'existence, plus cohérent, plus normal que le précédent; à la faveur de la crise qui entraîne la disparition des mauvaises habitudes, peut-être le caractère foncier s'affirme-t-il de nouveau et reprend-il la direction de l'évolution mentale.

En dehors de ce secours fortuit que la nature apporte au médecin, bien peu d'aide semble lui venir des médicaments qu'il emploie : il ne réussit d'ordinaire qu'à atténuer les manifestations psychopathiques, à mettre le malade hors d'état de nuire aux autres. Le séjour obligatoire au lit est un des moyens préconisés pour « diminuer l'excitation motrice et intellectuelle, rendre le délire pauvre et monotone ». « La pratique de l'alitement, dit Bernstein [2], a montré que les manifestations furieuses des malades se trouvent considérablement modérées. » Mais l'alitement forcé n'amène-t-il pas un état de faiblesse croissante qui dans la suite aggrave la psychose? Ne vaudrait-il pas mieux s'abstenir de tout traitement quand on est en présence de malades reconnus incurables, et se borner, en leur assurant la vie matérielle la plus confortable possible, à les prémunir les uns contre les autres et à nous prémunir contre leurs écarts de conduite.

L'emploi de la musique dans le traitement moral de la folie a été, comme le dit M. Ribot (*Psychologie des sentiments*. p. 105-107), préconisée depuis les médecins grecs jusqu'à Leuret [1]. Mais on peut constater que beaucoup

---

(1) Cf. Charon. *Annales médico-psych.*, 1896, t. I, p, 334.
(2) *Annales médico-psych.*, 1897, t. I, p. 60.

d'aliénés sortent des concerts qu'on leur offre, de la salle où ils jouent du piano, du violon, de la harpe, plus agités ou plus mélancoliques. Nous avons déjà fait observer que les airs tristes augmentent la tristesse, les airs gais exacerbent la manie des fous. « La musique, dit M. Sorel (*Revue philosophique*, 1890), est un art dangereux toujours prêt à faciliter les progrès de la démence ou de l'immoralité [1].» Aristote (*Politique*, viii, 1342 b. 2) signalait déjà l'influence pernicieuse de la flûte sur le développement des passions.

Il semble, pour les raisons que nous avons exposées plus haut [2] (à propos de l'instabilité des émotions), que la musique va à l'encontre du but posé par la thérapeutique mentale ; au lieu de concentrer l'attention, elle la disperse, si l'on peut s'exprimer ainsi, sans établir entre les moments successifs du devenir mental une solide liaison. En apparence, tout n'est qu'avantages : « Avant tout, dit M. Dauriac [3], la musique est une chose qui plaît... Nul n'ignore ni la réalité du plaisir musical, ni son intensité... Elle surpasse celle des autres plaisirs esthétiques... Tout homme par cela qu'il est homme a plus de chances d'être plus immédiatement et plus facilement ou remué par la musique, ou même simplement réjoui que par la peinture ou la sculpture ou n'importe lequel autre des beaux-arts. » C'est « qu'elle n'exprime rien de ce qui est exprimable à l'aide du mot », c'est qu'elle « n'exige pour plaire qu'un faible effort d'intelligence, qu'elle fait appel à moins de facultés [4] ».

(1) A vrai dire le procédé a changé, car, comme le fait remarquer M. Dauriac, les anciens n'employaient, ne connaissaient que la mélodie ; nous avons en outre l'orchestration et l'harmonie (*Etudes sur la psychologie du musicien*, Rev. phil., 1896, XLII, p. 169).

(2) Voir p. 153.

(3) *Psychologie du musicien*, ch. vi. — Voir Revue philosophique, janvier, avril et juillet 1896.

(4) Cf. Magy. *De la science et de la nature*, 1885. L'art musical complète, par un mode qui lui manquait, le système général d'expression de l'âme humaine.

« La musique ne plaît pas seulement aux oreilles ; elle nous met assez souvent dans un état général ou de trouble, ou d'excitation, ou de bien-être. Donc elle agit manifestement sur l'organisme : ce qui n'est le cas ni de la peinture ni de la poésie. » L'animal pourra donc être sensible à la musique : « c'est assez ce qui a lieu... Chez l'homme le plaisir musical peut naître là où la culture de l'esprit est à peine commençante. — Il ne serait donc pas nécessaire pour être sensible à la musique d'avoir une âme raisonnable »; il semble par conséquent que la musique soit comme un moyen de pénétration dans les âmes les plus fermées à l'action du psychiâtre.

Mais M. Dauriac nous apprend, après M. Lechalas[1], que la musique, par l'intermédiaire du nerf auditif et du nerf pneumogastrique, « fait naître l'angoisse, trouble la respiration et par suite la circulation ». Sans doute le véritable musicien est autant ému par l'intelligence de la phrase musicale que par l'action physiologique des sons ; mais la plupart des hommes sont comme des animaux en qui le trouble somatique prédomine. Sans doute l'émotion, quelle qu'elle soit, est toujours un fait psychologique et non pas « essentiellement organique », mais l'émotion musicale engendrée en des esprits débilités, n'en reste pas moins un état pathologique. « Sans doute, la musique, comme le dit encore M. Dauriac, est éminemment propre à augmenter les plaisirs de l'âme[2], » ceux qui « apaisent, détendent ou excitent, en exaltant la conscience de l'équilibre et de la

_____

(1) *Revue philos.*, t. XVII, 1894.

(2) « La musique n'éveille pas, à proprement parler, des émotions ; elle renforce celles que l'on éprouve ; elle prend la teinte agréable ou pénible déjà répandue sur les états psychiques du sujet par les tendances prédominantes et les émotions qui en sont la conséquence. » Elle ne peut donc pas servir à combattre ces tendances morbides ; elle ne peut qu'exalter chez les aliénés « les vagues sentiments d'inquiétude, d'instabilité, d'attente indéfinie auxquels dans les jours sombres il nous arrive à tous d'être plus ou moins sujets ». (Dauriac.)

santé et qui sont généralement bienfaisants » ; mais
encore faut-il, pour que la musique ait ces effets, que
l'on soit en bonne santé : le malade, mentalement débile, n'est déjà que trop enclin par lui-même aux émotions exagérées, aux plaisirs morbides. Quand on n'a
pas de santé, comment « jouir de l'exaltation du sentiment
de la santé »? La théorie de Kant, qui fait de la musique
« un stimulant ou un apaisant », est vraie pour les êtres
normaux ; elle ne vaut pas pour les êtres morbides.
L'emploi de la musique semble donc, en déprimant ou en
irritant le malade, contribuer à accroître sa débilité mentale. Il faut par conséquent abandonner en général ce mode
de traitement.

Quand l'instabilité pathologique ne disparaît pas sous la
stabilité morbide (par conséquent dans la manie aiguë, l'hystérie, la neurasthénie récentes), la thérapeutique mentale proprement dite, celle dont nous avons plus haut esquissé le plan,
peut être efficace. Il faut bien des fois, sans doute, recommencer la rééducation du malade, car au moment où l'on
croit toucher au but, les espérances conçues s'évanouissent :
le sujet revient à son idée fixe ou à son délire. Le médecin
psychologue doit donc apporter dans sa tâche non seulement
beaucoup d'habileté et de fermeté, mais de la patience et de
la persévérance. L'éducation mérite bien alors d'être appelée
une suggestion : elle a pour but l'acceptation d'un système
d'idées et de croyances par un sujet à qui ces idées et ces
croyances se présentent presque sans cesse comme une
bienfaisante obsession. Pour que le traitement moral ait
une pleine efficacité, il importe que, dès qu'il le peut, le
malade fasse un effort volontaire pour se guérir lui-même.
« Sans une énergique exertion de ma volonté, dit le Dr Kan-
dinsky [1] (qui devenu fou fut interné pendant deux ans), mes

---

(1) *Archiv f. psych.*, XI Band, Heft. 2.

hallucinations seraient sans doute devenues permanentes et
mes facultés mentales se seraient complètement éteintes ;
mais après que je me fus accoutumé à les considérer comme
des hallucinations, je pus d'abord lire... Quand l'activité
mentale fut redevenue régulière, les hallucinations devin-
rent plus pâles et moins fréquentes : elles disparurent au
bout de quelques mois. » L'exercice volontaire de plus en
plus étendu des fonctions intellectuelles rendit progressivement ce malade à la vie normale.

Mais c'est surtout au début des manifestations psychopathiques que l'efficacité de la thérapeutique mentale est
incontestable. Au moment où l'on voit la volonté faiblir,
la force du caractère faire place à l'indécision et céder
devant l'instabilité, il faut venir au secours de cette volonté,
de ce caractère incapables de soutenir seuls une lutte de
tous les instants.

M. Letellier, dans une étude intitulée : « Trois mois de
pédagogie vécue[1] », a donné à notre théorie de la thérapeutique mentale une confirmation précieuse. Chargé de la
guérison d'un sous-officier en apparence morphinomane, en
réalité aboulique et frivole, il est parvenu à le « décider à
une vie de travail et... à devenir un homme ». Il a usé des
deux procédés généraux que nous indiquions au temps même
où il en faisait usage : il a gagné la confiance du malade
dont il s'est fait un ami, et il l'a discipliné. « Je n'ai été là,
dit-il, que l'impitoyable soc qui déchire et remue » ; mais « si
j'ai été dur, cela n'a pas été sans souffrances de ma part,
et je ne l'ai été qu'au nom de principes supérieurs à moi
comme à mon ami. » Pour détruire une attitude pathologique il s'est efforcé d'incarner l'attitude normale : il a
opposé à une force réelle une autre force réelle, à une formule vivante une autre formule vivante. « La pédagogie

(1) *Bulletin de l'Union pour l'action morale*, 4ᵉ année, nᵒˢ 10 à 20.

vraie doit être mouvement et vie comme la matière à laquelle elle s'applique[1]. »

Les enfants névropathes ont déjà attiré l'attention de nombreux médecins et pédagogues. En Allemagne, en Angleterre, aux États-Unis, dans les pays scandinaves, il a été créé sous différents noms des « instituts médico-pédagogiques » en vue de l'orthopédie morale. Sans doute l'éducation particulière qui y est donnée rencontre fréquemment ces obstacles insurmontables dont parlait Herbart[2] et qui proviennent de conditions purement organiques : il est bien difficile de faire atteindre un haut degré de développement mental à des idiots ou à des imbéciles dont le cerveau est anormal ; M. Bourneville cependant cherche à faire leur éducation en fixant leur attention sur des représentations de plus en plus complexes. En Allemagne on a organisé des classes spéciales pour les enfants médiocrement doués[3] ; en Angleterre on trouve pour les jeunes délinquants faibles d'esprit des « Reformatories » et des « Industrial Schools » dont le principe fondamental est le redressement mental et moral par la discipline[4]. Dans les pays scandinaves, il existe, d'après le rapport de Mlle Matrat[5], des asiles d'enfants

(1) Sans doute, nous ne nous associons pas à toutes les déclarations contenues dans cette étude ; nous ne croyons pas que « le mal moral en son fond n'est qu'amour du fini (*Loc. cit.*, p. 440) » ; que « le levier de l'action éducatrice, c'est la sainteté, c'est-à-dire l'égoïsme assujetti et pacifié, la nature assouplie jusqu'au fond par un vouloir supérieur, surnaturel (*Ibid.*, p. 437) » : ces formules sont à notre avis trop empreintes de mysticisme ; nous n'en adopterions pas sans les plus expresses réserves d'autres, telles que « l'esprit peut tout » ; mais il en est d'autres plus « terre-à-terre », qui nous paraissent d'un bien plus grand intérêt : « se défier de la prédication et de l'enseignement verbal (*Ibid.*, p. 44) », « faire entendre au malade la langue de l'action » ; « si l'on n'atteint pas les volontés, l'œuvre de la guérison des corps est infirme » ; voilà des préceptes dont la thérapeutique mentale devrait s'inspirer : ils sont d'un « médecin de l'âme » qui les a mis en pratique.

(2) Cf. les lettres 22, 23 et 24 d'Herbart à Griepenkerl. — (H. Dereux, *Revue pédag.*, 1890.)

(3) Cf. *Revue pédagog.*, 1885, I, p. 466.

(4) *Ibid.*, 1883, I, p. 260.

(5) *Ibid.*, 1888, II, p. 485.

anormaux, véritables établissements d'éducation, avec des procédés appropriés. A leur sortie, les idiots mêmes sont capables d'exercer « une petite industrie » : on développe leur entendement par une « méthode essentiellement active », par des exercices pratiques, en leur apprenant à se servir d'instruments, à accomplir de petites besognes, à remplir des fonctions de plus en plus complexes. Aux États-Unis enfin, des expériences très variées sont faites sur l'éducation des enfants anormaux. On y trouve plus de 200 établissements qui comptent environ 35.000 élèves (sourds-muets ou faibles d'esprit). Les enfants moralement abandonnés, au nombre de 20.000, ont 60 maisons de refuge où de nombreux maîtres s'occupent de corriger leurs mauvaises habitudes mentales et morales[1]. « Nulle part et jamais, dit M. Blum, on n'a montré autant de sollicitude à l'égard des enfants anormaux, et les hommes les plus dévoués, les meilleurs esprits des États-Unis concertent leurs efforts pour rendre à la société ces êtres qui semblaient perdus pour elle. Ces efforts, quand ils ne trouvent pas dans l'épilepsie un obstacle insurmontable, ne sont pas complètement inutiles. »

Partout s'affirme ainsi la croyance plus ou moins raisonnée à la possibilité de guérir les psychopathies naissantes sans autres remèdes que des procédés pédagogiques appropriés. Il n'était peut-être pas inutile de donner à cette croyance un fondement philosophique en montrant la nature foncièrement psychologique de nombreuses névroses.

---

(1) M. W. Barr, dans un article récent (*Intern. Journ. of Ethics*) insiste sur l'établissement d'écoles spéciales pour ceux des « defective children » (idiots et imbéciles), reconnus susceptibles d'éducation : ils demandent en moyenne quatre fois plus de temps que les enfants normaux. Quant à ceux dont la débilité est irrémédiable, il réclame simplement leur internement, en vue d'obvier aux dangers qu'ils font courir à la société.

III

On voit, d'après ce qui précède, que la pédagogie est inti-mement liée à la thérapeutique mentale, qui ne vaut guère que pour les enfants et quelques adultes dont les tendances pathologiques sont encore mal déterminées. Mais la pédagogie doit plutôt prévenir que guérir : les enfants dont la débilité est congénitale sont relativement peu nombreux, tandis que tous les enfants normaux sont exposés aux maladies mentales. Ce que l'hygiène est à la médecine du corps, la pédagogie doit l'être à la psychiâtrie. Esquirol concevait à côté de la thérapeutique mentale une « hygiène morale », qui devait consister tout entière dans l'art de diriger les passions ou de les combattre en les soumettant au joug de la raison par l'attention et la réflexion ; qui devait prémunir les hommes contre les sources sociales de maladies mentales, telles que certaines mœurs, certains vices de l'éducation, certaines idées dominantes. Le fanatisme, disait-il, a causé autrefois de nombreuses folies ; de nos jours les troubles politiques, l'exaltation de certains sentiments sont encore des causes occasionnelles de l'explosion des névroses et des causes efficientes de leur persistance : un esprit se développant conformément aux règles de l'hygiène morale n'y serait point exposé.

« Pensons aux moyens préventifs, écrit M. Renouvier, je veux dire à l'influence d'une éducation rationnelle sur le genre humain... Rien n'a été tenté jusqu'à ce jour, et les générations successives se développent dans un triste abaissement des fonctions volontaires au profit exclusif de la mémoire... puis de l'imagination et de la logique particulière de chaque profession... enfin des passions qu'on contraint de dissimuler et qui ne dominent que mieux. » Les éducateurs de nos jours se sont prononcés généralement contre

l'abus des exercices de mémoire et contre le despotisme
des maîtres. Il n'est pas inutile sans doute d'enseigner
aux enfants une mnémotechnie rudimentaire, de les exercer à la « rémémoration volontaire » ; mais il faut constamment opposer à l'acquisition indispensable de nombreux
souvenirs un exercice continuel du jugement, dans la plus
grande indépendance d'esprit. Il y aura toujours trop d'érudition dans l'enseignement donné aux enfants et aux tout
jeunes gens ; ils apprennent trop docilement et ne font pas
assez d'efforts pour comprendre, pour apprécier, pour choisir. D'autre part, bien qu'il soit nécessaire d'habituer les enfants à l'obéissance, les jeunes gens à la retenue, n'est-il
pas dangereux de réprimer brutalement les manifestations
naïves de tendances qui devront être maîtrisées, mais ne
pourront être détruites ? Le libéralisme dans l'éducation doit
évidemment se concilier avec une sévérité prévoyante ; les
enfants intimidés ne valent pas mieux en grandissant que
les « enfants gâtés » : devenus hommes, ils n'ont pas plus
de fermeté de caractère en général les uns que les autres,
ceux-ci parce qu'ils n'ont pas connu de frein, ceux-là parce
qu'ils ne savent pas se passer de tutelle. Toutefois, c'est
surtout la trop grande indulgence des parents et des maîtres
pour les enfants étourdis, distraits, capricieux, passionnés
qui nous exposerait à voir s'accroître le nombre des instables. Quand les crimes passionnels deviennent plus fréquents, quand les jurys montrent une excessive indulgence
pour les criminels que la passion a aveuglés, c'est qu'il
n'existe plus dans la masse populaire un sentiment qui ne
fait pas défaut aux sociétés moralement prospères : l'aversion pour l'homme passionné à l'excès ; c'est que l'instabilité mentale est devenue chose commune. Les emporte-
ments des enfants, les dérèglements des jeunes gens ne
sont pas plus excusables que les crimes passionnels ; quand
les parents les tolèrent sans crainte d'encourir la réproba-

tion publique, c'est trop souvent parce qu'ils se sentent eux-mêmes incapables de résister à leurs impulsions et qu'ils sont déjà enclins à l'instabilité pathologique.

Généralement on fait alterner l'indulgence et la répression : une telle méthode est de toutes la plus pernicieuse ; elle introduit l'instabilité dans l'éducation qui devrait être foncièrement son antagoniste. Il est nécessaire de substituer partout à l'empirisme pédagogique l'esprit de système dont toute psychopathie est la négation. Il faut, dit avec raison M. Renouvier, « donner l'habitude de l'attention et de l'étude », rétrécir le domaine de la crédulité par le développement du sens critique, « exercer la réflexion propre et indépendante, fortifier la volonté, créer l'habitude d'une comparaison désintéressée des motifs de juger et de croire » ; en un mot, enseigner à l'enfant à douter et à vouloir, à se maîtriser et à être libre.

Il ne nous appartient pas de proposer et même d'esquisser un plan d'éducation rationnelle. Les travaux de MM. Marion Buisson, Compayré et B. Pérez en France ; de Preyer, de James Sully, à l'étranger, parmi beaucoup d'autres ; les études de MM. Queyrat et Payot (sur « les caractères et l'éducation normale », et « l'éducation de la volonté ») nous dispensent de longs développements à ce sujet [1] : l'éducation rationnelle, conséquence de la connaissance scientifique de l'enfant, est une œuvre déjà entreprise, et nous n'avons qu'à en constater une fois de plus la haute portée déjà comprise par tous les esprits philosophiques. Cependant nous devons indiquer les conséquences directes du principe pédagogique que nous avons essayé d'établir en oppo-

_____

(1) Voir Picavet et Laloi. *Instruction morale et civique ou Philosophie pratique*. Voir aussi dans les *Arch. für Systematische Philosophie*, III° volume, l'étude de P. Natorp sur les *Fondements d'une théorie de l'Education de la Volonté*. La famille, l'école et la communauté des adultes, organisée spécialement pour des fins éduc.. ives, sont les trois organes essentiels d'un système pédagogique complet.

sition avec le principe le plus général des psychopathies.

Plusieurs systèmes d'éducation sont en présence : l'éducation allemande, malgré l'influence considérable exercée par Basedow qui voulait « former des hommes[1] », « faire la culture de l'énergie », vise surtout à l'érudition ; l'éducation anglaise vise autant, depuis Brinsley, Milton et Locke[2], à l'harmonie des fonctions mentales et des fonctions corporelles qu'au développement de la puissance intellectuelle ; l'éducation française est surtout intellectualiste, malgré les tendances pratiques de certains réformateurs de l'enseignement secondaire ; l'éducation américaine cherche sa voie et prend pour guide une science à laquelle on a donné un nom nouveau : la « paidologie[3] » ; un peu partout enfin on trouve des disciples de Tolstoï[4] qui reconnaissent plus ou moins explicitement à l'enfant « le droit de suivre les impulsions de son âme », et qui poussent le libéralisme en matière d'éducation jusqu'à laisser à l'élève le soin de se moraliser lui-même spontanément, de décider de ce qu'il apprendra et de choisir le moment où il l'apprendra.

Nous avons déjà dit comment, à notre avis, il importe de concilier l'indulgence et la sévérité, et combien l'excès dans le libéralisme ou dans l'autoritarisme serait dangereux ; en outre, au point de vue moral et social, il semble impossible de ne pas admettre que la famille et l'État ayant des devoirs de protection et d'aide à l'égard des jeunes, ont aussi des devoirs d'éducation et le droit corrélatif d'user de moyens disciplinaires et de prendre des décisions qui engageront leurs pupilles dans une voie déterminée ; seul un

---

(1) Cf. Pinloche. *Réforme de l'éducation en Allemagne.* Paris, Colin, 1889.

(2) Cf. Parmentier. *Histoire de l'éducation en Angleterre.* — Max Leclerc. *L'éducation des classes moyennes et dirigeantes en Angleterre.* Colin, 1894.

(3) Cf. O. Chrisman. *Histoire de la Paidologie,* Dissert. inaugurale.

(4) Cf. Tolstoï. *La liberté à l'école, Le progrès de l'instruction publique en Russie.*

individualisme outrancier peut, sous prétexte de respecter la prétendue « liberté » de l'enfant (liberté d'un être dont la raison n'est pas encore développée et dont la volonté n'existe pas encore, liberté fictive par conséquent), interdire aux parents ou aux maîtres, représentants de la famille et de l'État, d'exercer une contrainte tempérée par l'indulgence, une action réfléchie, ferme quoique affectueuse.

Le plus tôt possible cependant, l'enfant doit être affranchi d'une tutelle qui, trop prolongée, aboutirait, nous l'avons déjà dit, à la ruine de l'esprit d'initiative. Cet affranchissement ne peut se faire que graduellement, et doit correspondre au développement successif des diverses fonctions mentales. L'organisation de la liberté dans les jeux s'impose tout d'abord. Or, les jeux sont inséparables de ce qu'on a appelé à tort « l'éducation physique », c'est-à-dire d'un développement réglé et harmonieux des fonctions biologiques. Un antique adage montre comment de tout temps une éducation systématique, non de l'esprit pur, mais de l'homme, comprit la liaison étroite de la santé du corps et de la santé de l'âme; tous les pédagogues anglais réservent à la question des exercices corporels et des jeux de plein air une place considérable dans leurs études et l'on n'attribue pas à tort à l'éducation semi-athlétique qu'ont reçue les jeunes gens en Angleterre leurs qualités d'endurance et leurs aptitudes pratiques. Les jeux réglés sont à la fois une distraction et une discipline; ils habituent au respect de la règle établie en même temps qu'ils développent l'esprit d'initiative; ils préparent même, comme nous l'avons montré ailleurs [1], l'éclosion de vertus sociales. Car au même temps où les modes de l'activité acquièrent plus de précision et d'harmonie, il importe de faire la

---

(1) *L'éducation physique à l'école primaire*. Bordeaux, Gounouilhou, 1893. Cf. *Revue pédagogique*, 1894, t. I, p. 129, et les ouvrages de Max Leclerc, P. de Coubertin, Dr Tissié.

culture des sentiments [1]. Chez l'enfant la faculté émotionnelle est, de toutes, celle qui demande le plus grand soin ; en France, on s'adresse peut-être trop tôt à l'intelligence ; mieux vaudrait parler au cœur. Les criminalistes italiens jettent un cri d'alarme en constatant les progrès continuels de la criminalité enfantine dans tous les pays ; Garofalo [2] estime avec raison qu'on ne remédiera pas à ce mal social par les seules mesures coercitives généralement adoptées ; il veut faire acquérir à l'enfant une répugnance en quelque sorte instinctive pour la faute, pour les inclinations cruelles, basses, violentes, pour les actes commis sous l'influence de la passion. Il importe, en effet, que l'enfant apprenne de bonne heure à réfréner des inclinations qui naissent et grandissent bien vite dans l'individu abandonné à lui-même, et surtout dans le jeune être social, livré à la contagion morale, à l'influence pernicieuse de milieux où les mauvais exemples abondent. La culture des sentiments élevés, désintéressés, esthétiques, est le premier moment de la « viriculture [3] » ; elle doit précéder celle de la Raison pratique ; elle permet de commencer, suivant l'heureuse formule de M. B. Pérez, « l'éducation morale dès le berceau ». Car, ainsi que l'a remarqué James Sully [4], l'altruisme, par exemple, se développe de si bonne heure chez l'enfant qu'à l'âge de dix-neuf mois il semble éprouver un sentiment de pitié pour une bête souffrante, et que plus tard, vers l'âge de trois ans, il est attristé de la peine qu'une faute commise par lui a faite à ses parents ; on sait aussi que, bien jeune encore, il éprouve des émotions esthétiques [5] : s'il confond ordinairement ce qui est vilain et ce qui est

(1) Cf. Payot. *L'Éducation de la volonté*, Paris, F. Alcan.
(2) *L'Educazione popolare in rapporta alla criminalita in Italia*, 1896.
(3) Nous empruntons le mot au titre d'un ouvrage de M. G. de Molinari : *La Viriculture*. Paris, Guillaumin, 1897.
(4) *Études sur l'enfance*, trad. A. Monod. Paris, F. Alcan, 1898.
(5) Voir *L'art et la poésie chez l'enfant* de M. B. Pérez, F. Alcan.

mal, c'est qu'il comprend ce qu'est le laid et non pas encore ce qu'est le mal. Il juge de celui-ci par celui-là, et on peut mettre à profit son aversion pour le laid en vue de son éducation morale.

L'égalité d'humeur, la continuité dans les émotions et les appétitions nous ont paru au plus haut point désirables ; l'éducateur devra donc éviter les surprises, les frayeurs, les émotions vives que d'ordinaire on n'épargne guère aux enfants ; il devra surtout réprimer les brusques explosions de colère qu'amènent des caprices contrariés, tandis qu'il encouragera toutes les inclinations généreuses, provoquera toutes les émotions saines. L'enfant de neuf à quinze ans exige des soins de tous les instants : sa préparation à une existence beaucoup plus large, beaucoup moins exempte de périls de toutes sortes, ne peut se faire que très lentement avec une délicatesse que l'affection paternelle ou maternelle peut seule donner à l'éducateur ; car c'est un problème pratique difficile à résoudre que celui d'initier à une vie qui présente tant de laideurs morales un être dont la naïveté, la candeur des sentiments ne devraient, semble-t-il, recevoir aucune atteinte.

Il est regrettable que les mœurs françaises ne s'accommodent pas d'un système d'éducation employé en Angleterre et aux États-Unis : celui qui consiste à réunir pour tous les exercices scolaires dans les mêmes salles d'un même établissement ou dans les mêmes jardins, les mêmes cours, les mêmes champs de jeux, des enfants de sexe différent. N'est-il pas bien certain que grandissant les uns auprès des autres ils acquerraient des qualités nouvelles qui ne leur seraient pas inutiles plus tard, dans la vie sociale ; les garçons de la délicatesse et du raffinement, les filles de l'aisance et de la franchise [1] ? Comment supposer que des garçons bien élevés

_____

(1) Cf. un article de Mlle Camus. _Revue universitaire_, 5ᵉ année, nᵒ 9, où l'auteur constate que les jeunes filles retirent de la coéducation des sexes

ne considéreraient pas leurs compagnes presque comme leurs sœurs et ne prendraient pas l'habitude, en observant devant elles une indispensable retenue, d'être plus mesurés, plus courtois, plus complaisants en toute circonstance? Ce serait donc une discipline naturelle des sentiments et de leurs manifestations que nous procurerait la coéducation des sexes. Les femmes pourrraient en outre, bénéficier d'une éducation pratique supérieure à celle que reçoivent généralement les jeunes filles.

Hommes et femmes, en effet, ont également besoin de faire l'apprentissage de la vie réelle, de ses exigences et des meilleurs moyens d'y répondre. Dans le système social, chacun doit avoir une valeur propre qui lui vienne de son aptitude à remplir une fonction déterminée, à exercer un métier. L'éducation doit donc tendre à faire que chacun prenne conscience de sa place, dans le tout dont les éléments solidaires sont les facteurs de la vie sociale [1] ; ainsi l'individu sent mieux une obligation constante qui dérive de sa dépendance naturelle à l'égard de la Société ; il s'aperçoit qu'une discipline s'impose à son activité comme à ses sentiments.

Mais la discipline de l'intelligence accompagne nécessairement celle du sentiment et de l'activité ; elle reçoit un complet développement par l'instruction scientifique.

La forme littéraire ne peut être que l'aspect extérieur des vérités morales ou scientifiques, des croyances ou des fantaisies de l'imagination; elle est un produit de l'art : elle implique par consé‸ ‸nt une technique qui requiert à son tour un apprentissage, et tout apprentissage est une discipline; aussi la culture littéraire n'est-elle pas une forme d'éducation négligeable; mais elle ne suffit pas à l'esprit,

en Amérique « plus de franchise et de simplicité dans leurs rapports avec les jeunes gens ».

(1) Cf. Durkheim. *De la division du travail social*, Paris, F. Alcan.

précisément parce qu'elle n'a qu'une valeur formelle. De son côté, l'imagination demande à être réfrénée : la culture exclusive de cette fonction mentale produirait des hallucinés. Restent les croyances et les vérités scientifiques comme matière d'éducation : il ne saurait être question de les enseigner d'une façon dogmatique ; il faut donc faire appel à la raison pour les établir dans l'esprit des enfants. La raison trouve peut-être en elle-même certains principes sans le secours de l'expérience ; mais en général elle ne fait qu'apercevoir les principes derrière les faits d'expérience ; l'éducateur amènera donc son élève au contact des faits. Mais il se gardera d'un excès blâmé avec raison par Guyau et par M. B. Pérez : il ne « dispersera » pas l'attention comme on le fait par ce qu'on a appelé « l'enseignement par l'aspect », par ce qui n'est en réalité qu'un amusement pour les esprits enclins au vagabondage, ou un autre genre d'exercice de mémoire pour les esprits dociles. Ce procédé fait appel à la passivité de l'esprit alors que l'éducation doit être plutôt une continuelle excitation à une plus grande activité mentale, à l'attention, à l'effort pour réfléchir, comprendre, juger. M. Pérez indique avec raison, comme moyen de cultiver le jugement, les interrogations, les objections qui empêchent la prévention et la précipitation. M. Blum [1] voudrait que « les faux raisonnements, habituels et propres à l'enfant soient combattus » ; mais les sophismes de l'enfance viennent de l'inexpérience, et c'est en initiant l'élève à la consultation méthodique de l'expérience qu'on peut le mieux les combattre. Cette initiation sera en même temps une sorte d'introduction à la vie scientifique, faite de recherches, de doutes, d'hypothèses, nécessairement imprégnée de cette bonne foi que donne l'énergie du caractère quand on en use pour des fins morales (au nombre desquelles nous

(1) *Revue philosophique*, 1897, t. XLIII, p. 522.

mettons la découverte du vrai). La recherche scientifique
a une valeur éducative qu'elle tient à la fois de son but
et de ses procédés logiques, rigoureux, systématiques.
Unie à la culture des sentiments et à celle de l'activité, la
culture intellectuelle permet à l'enfant de développer l'ensemble harmonieux de ses facultés et de devenir l'homme
de science et d'action, habile et vertueux, que la raison propose comme fin suprême à tout éducateur.

CONCLUSION

A ces questions posées au début de notre étude : de quelle nature doit être l'explication des faits psycho-pathologiques ? quel en est le fondement ? — nous avons répondu : L'explication générale des véritables psychoses doit être purement psychologique, car elle a pour fondement la loi d'instabilité mentale. Les explications particulières, correspondant à chacune des formes morbides, seront nécessairement psycho-physiologiques, par suite des troubles somatiques consécutifs au trouble mental et provoquant à leur tour de nouveaux désordres psychologiques.

Nous avons cru montrer ce qu'il faut entendre par continuité psychologique normale ; nous avons ensuite donné des exemples de discontinuité mentale empruntés à la plupart des psychopathies. Après avoir indiqué le rôle de la psycho-pathologie dans la constitution d'une science de l'esprit, nous avons conclu bien plutôt encore qu'à une thérapeutique mentale, souvent inefficace, à une pédagogie, préventive parce qu'elle sera rationnelle.

Le devoir des philosophes est de ne pas abandonner entièrement aux médecins l'étude des troubles de l'esprit, étude qui permet de mieux connaître le moi normal et de diriger les efforts des pédagogues et des psychiâtres vers une fin morale : la fermeté de la volonté et du caractère, qui fait la puissance de la pensée et la grandeur d'âme.

VU ET LU

En Sorbonne, le 21 avril 1898,
par le Doyen de la Faculté des Lettres de l'Université de Paris,

A. HIMLY

VU ET PERMIS D'IMPRIMER

Le Vice-Recteur de l'Académie de Paris

GRÉARD

TABLE ALPHABÉTIQUE DES AUTEURS

CITÉS OU CONSULTÉS

1. D'ADHÉMAR (M^mc). — Nouvelle Éducation de la femme, 1897.

2. ALTABAS. — Neurasthénie (El siglo medico, mars 1895).

3. ANGIOLELLA. — Sulla localizazione delle all. verb. psyco-motr.

4. ARNAUD. — Communication à la Société médico-psych., 1896.

5. ARTIGUES. — Essai sur la valeur séméiologique du rêve. Thèse méd. Paris, 1884.

6. ASCHAFFENBURG. — (Allg. Zeit. f. Psych. XLII.) Sur les délires de la fièvre typhoïde.

7. AZAM. — Amnésie périodique ou dédoubl. de la personnalité (Bordeaux, 1877).

8. AZOULAY. — (Année psych. 1895.) Psychologie histologique.

9. BAILLARGER. — Des hallucinations, des causes qui les produisent, etc. (Acad. de médecine.) — Hallucinations dans un état intermédiaire entre la veille et le sommeil (Annales méd.-psych., 1845).

10. BALL et RITTI. — (Dict. des Sc. médic. — Art. Délire.)

11. BALLET (G.). — (Archives de Neurologie, 1896, II.)

12. BARR (M.-W.). — « Defective children » (Internat. Journ. of Ethics, vol. VIII, n° 4).

13. VON BECHTEREW. — Les éléments nerveux et leurs relations mutuelles, 1896 (Neur. Centr., 1896, XV).

14. BERGSON. — Les données immédiates de la conscience. Paris, Alcan, 1880. — Matière et mémoire. Alcan, 1896.

15. BERNARD (Cl.). — Physiologie opératoire, p. 250.

16. BERJON. — La grande hystérie chez l'homme, 1886.

17. BERNHEIM. — De la Suggestion.

18. BERNSTEIN. — (Annales méd.-psych., 1896.) Le séjour au lit.

19. BEYER (E.). — (Arch. f. psych., XXIII. 1.)

20. BIERNACKI. — L'hypnose chez les grenouilles, 1891.

21. BINET. — (Année psych., 1896, passim.) — Le fétichisme dans l'amour. Paris, 1888.—(Rev. philos., 1889.)—Altér. de la consc. chez les hystériques. — Les altérations de la personnalité (1891).

22. BLUM. — (Rev. phil. 1897.) Le mouvement pédagogique.

23. BOUILLIER. — (Rev. phil. 1883.) Le sommeil et le rêve.

24. BOULANGER. — L'Instabilité mentale. (Thèse de méd. Paris, 1892.)

25. BOURDIN. — (Ann. méd.-psych., 1896.) De l'impulsion; sa définition, ses formes et sa valeur psych.

26. BOURDON. — (Rev. phil., 1895.) Reconnaissance, discrimination, association.

27. BOURNEVILLE et BOYER. — (Arch. de Neur., 1896.

28. BOUTROUX. — Art. Kant (Grande Encyclop.).

29. BRADLEY. — (Mind, july 1894.) — Absence de mouvement dans le sommeil et le rêve.

30. BRAMWELL. — (Brain, 1896.) James Braid. Hist. de l'hypnotisme.

31. BRERO (VAN). — Einiges uber die Geistes Krankheiten der Bevolkerung des malaüschen Archipels (Allg. Zeits. f. Psy., 1896, LIII).

32. BRIERRE DE BOISMONT. — Des hallucinations (Baillière, 1862).

33. BRISSAUD. — (Rev. neurol., décembre 1894.) — (Ibid., 1896.) La chorée variable des dégénérés.

34. BRIQUET. — Traité clinique et thérapeutique de l'hystérie (Paris, 1859).

35. CAJAL (Ramon y). — Estructura del protoplasma nervioso, 1896. Morphol. der nervenzelle (Arch. anat., 1896).

36. CAMUS (Mlle). — (Rev. univ., 5e année).

37. CARPENTER. — Mental physiology (5e édition.)

38. CHAFFARD. — (Arch. de Neur., 1895.)

39. CHARCOT. — Maladies du système nerveux. — Cécité verbale, 1874.

40. CHARON. — Annales médico-psych., 1897, t. I.

41. CHASLIN. — La confusion mentale primitive, 1805.

42. CHRISMAN. — Histoire de la Paidologie (dissert. inaug.).

43. CLAVIÈRE. — (Rev. phil., 1897.)

44. CLOUSTON, MIDDLEMANS, ROBERTSON. — (Journ. of ment. Sc., octobre 1894.)

45. COLIN. — Essai sur l'état mental des hystériques.

46. COMPAYRÉ. — L'évolution intellectuelle et morale de l'enfant, 1894.

47. COPPOLANI et DEPONT. — Les confréries musulmanes, 1897. Alger, Jourdan.

48. COURTIER et BINET. — (Troisième année psychologique. — Articles divers.)

49. Crépieux-Jamin. — L'Écriture et le caractère. Alcan, 1896.

50. Cullerre. — (Arch. de Neurologie, 1896.) — (Ann. méd.-psych., 1897, p. 367.) Les émotions morbides.

51. Czermack. — L'hypnose chez les animaux. (Archiv. f. der ges. phys., VII, 1873.)

52. Dagonet. — (Annales médico-psychologiques, 1895.) Traité des maladies mentales (2e édition 1894.)

53. Daguillon. — (Archives de neurologie, 1894, II.)

54. Dallemagne. — Dégénérés et déséquilibrés.

55. Dana. — Un cas d'amnésie ou de double conscience (Psych. review., t. I, n° 6).

56. Danville. — L'amour est-il pathologique ? (Rev. phil., XXXV.)

57. Le Dantec. — Théorie nouvelle de la vie. Alcan, 1896.

58. Le Dantec. — La sensibilité colorée (Gazette heb. des sciences médicales de Bordeaux 1894).

59. Darwin. — Expression des émotions. — Bibliographical Sketch. of an infant (Mind, july 1897).

60. Dauriac. — Nature de l'émotion (Année philos., 1893). — Le plaisir et l'émotion musicale. Psychologie du musicien (Revue philos., 1896).

61. Déjerine. — Aphasie motrice corticale.

62. Delasiauve. — Tr. de l'épilepsie.

63. Delmas. — Étude étiologique de la paralysie générale. Bordeaux, 1895.

64. Dereux. — La pédagogie d'Herbart (Revue pédagogique, 1890).

65. Despine. — Théorie physiologique de l'hallucination (Annales méd.-psych., 1881).

66. Dodge. — Die Motorischen Wortvorstellungen. Halle, 1896.

67. Dugas. — (Revue philos., 1893, 1894-1897.) — Le Psittacisme, 1896.

68. Dumas. — (Revue philos., 1896.) — Recherches expériment. sur la joie et la tristesse (Ibid., 1895). Les états intellectuels dans la mélancolie.

69. Durand de Gros. — Cours théorique et pratique de braidisme (1860). — Ontologie et psychol. phys. (1871). —Quest. anthrop. et zool. (Alcan, 1895).

70. Durkheim. — Le suicide. Alcan, 1897. — De la division du travail social, 1893.

71. Math. Duval. — Hypoth. sur la physiol. des centres nerv.; théorie histologique du sommeil (Soc. de biol., février 1895).

72. Egger. — La parole intérieure, 1881. (Revue philos., 1895.) —La durée apparente des rêves (Ibid., 1896). — Le moi des mourants (Ibid., 1897.)

73. ESKRIDGE. — (The Alienist., 1892.)

74. ESPINAS. — Les anesthésies hystériques. — Cours inédit à la Faculté des lettres de Bordeaux en 1892.

75. FÉRÉ. — Pathologie des Emotions, 1893. — La famille névropathique. — Fatigue et hystérie.

76. FERRARI. — L'Erotisme (Riv. sper. fren., 1893, fasc. II, III).

77. FLOURENS. — Essai physiologique sur la Folie (Hachette, 1851).

78. FOLSOM. — (The Alienist, 1894.)

79. FREUD et BREUER. — Ueber den psychischen Mechanismus hyster. Phänom. (Neur. Centr., 1893, in-12).

80. FREUD. — L'hérédité et l'étiologie des névroses (Rev. Neurol., 1896). — Westere Bemerkungen über die Abwehr-Neuropsychosen. (Neur. Centr., 1896).

81. GARNIER. — Les Fétichistes pervertis et invertis sexuels. — (Baill., 1896.) — (Communication à la Soc. de méd. lég., 13 mars 1893.)

82. GAROFALO. — L'Educaz. popol. in rapp. alla criminal. in Italia, 1896.

83. GIESSLER (MAX). — (Voir Revue philos., 1889.)

84. GILLES DE LA TOURETTE. — Traité clinique et thérapeutique de l'hystérie (1891).

85. GIROUDON. — Thèse Lyon, 1895.

86. GODFERNAUX. — Le sentiment et la pensée, 1894.

87. GRASHEY. — (Allg. Zeistsch. f. psych., L, 5.)

88. GRASSET. — De l'automat. psych. à l'état physiol. et pathol. — Nouv. Montp. méd., 1896.

89. DEL GRECO. — (Manicomio, 1894.) Sur la paranoïa.

90. HALLAGER. — De la nature de l'épilepsie.

91. HALLOPEAU. — Pathologie générale, 2° édit. Baillière, 1887.

92. HAMELIN. — Cours inédit à la Faculté des lettres de Bordeaux, 1896.

93. HAVELOCK ELLIS. — Mann und Weibe, 1894.

94. HECKER. — (Arch. de Neurol., 1894.)

95. HENRI (V.). — (Année psychol., 3° année.)

96. HIGIER. — Alexia subcorticalis (Saint-Pétersbourg med. Wochensch, 1896).

97. HUGHES —. (The Alienist., 1894-96.) De la neurasthénie.

98. ICARD. — La femme pendant la période menstruelle, 1891.

99. JACOB. — (Rev. de mét. et de mor., 1898.) La philos. d'hier et celle d'aujourd'hui.

100. JAMES (W.). — Principles of Psychology.

101. JANET (P.). — L'Automatisme psychologique, 1889. — Histoire d'une idée fixe, 1894. — Névroses et idées fixes, 1898. —

129. Mac Nish. — Philosophy of sleep. (Glasgow, 1845).

130. Magnan. — (Archives de neurologie, 1894., t. II.)

131. Magy. — De la science et de la nature, 1885.

132. Maine de Biran. — Nouvelles considérations sur le sommeil, OEuvres, édit. Cousin, IIIᵉ p., vol. 2.

133. Manacéine (Mᵐᵉ de). — Hallucinations prémonitoires (Ann. des Sc. psy., 1896). — Le sommeil, tiers de notre vie, trad. Jaubert. Masson, 1896.

134. Mantegazza. — Fisiologia della donna, 1893.

135. Matrat (Mˡˡᵉ). — Rapport sur l'éducation dans les pays scand. (Rev. péd., 1885).

136. Marillier. — Du rôle de la pathologie mentale dans les recherches psychologiques (Rev. phil., 1893).

137. Marion. — La solidarité morale, 2º édit., 1883.

138. Maudsley. — Pathologie de l'Esprit.

139. Maury. — Le sommeil et les rêves (Annales médico-psych., 1853-57).

140. Mayer. — (Jahrbuch. f. Psychiât., XI, 3, 1894.)

141. Mendel. — L'épilepsie tardive (Ann. de psych., 1894).

142. Mesnet. — De l'automatisme de la mémoire, 1876.

143. Meynert. — (Jahrb. f. psych., 1893.)

144. Weir-Mitchell. — Some disorders of sleep (Trans. of the Assoc. of Amer. physic., t. V, 1890).

145. Monroe. — (Ped. Summary, oct. 1894.)

146. Moreau (de Tours). — Du délire au point de vue pathologique et anatomo-pathol. (Acad. de méd., 8 mai 1855). — De l'identité de l'état de rêve et de la folie (Annales méd.-psych., 1855).

147. Morel. — Traité des maladies mentales.

148. Mosso. La circulazione del sangue nel cervello, 1880. — La température du cerveau. — La peur.

149. Mourly Vold. — Expériences sur les rêves (Christiania., 1896).

150. Munz. — Logique de l'enfant (Rev. philos., 1896).

151. Nardelli. — Épilepsie motrice dans l'enfance. Épilepsie psychique de l'âge adulte (Arch. di psych. sc. pen., 1865).

152. Natorp. — Fondements d'une théorie de l'éducation de la volonté (Arch. f. sys. phil., vol. III).

153. Newbold. — Suggestibility, Automatism and kindred phenomena, 1896. — Possession and mediumship. — Illusions and hallucinations.

154. Pagliano. — Troubles de l'intelligence dans la fièvre typhoïde (Rev. de méd., 1894, II).

155. Parmentier. — Histoire de l'éducation en Angleterre.

182. Sollier. — Psychologie de l'idiot et de l'imbécile, 1890. — Genèse et nature de l'hystérie (1897) — (Arch. de neurol., 1895).

183. Sorel. — Contribution psycho-physique à l'esthétique (Rev. phil., 1890).

184. Soukhanoff. — (Ann. méd.-psych., octobre 1896.)

185. Souques. — (Revue neurologique, février 1894.)
Souques et Brissaud. — Nouv. iconogr. de la Salpêt., 1894.

186. Soury. — Les fonctions du cerveau, 1890. — (Rev. phil., 1896).

187. Stefanowsky. — (Arch. de neurol., 1894, t. Ier.)

188. Sully (J.). — Studies of Childhood, 1895.— Outlines of Psychology, II, p. 311.

189. Taine. — L'intelligence.

190. Tarchanjff. — Quelques observations sur le sommeil normal (Arch. ital. de biologie, t. XXI, fasc. 2).

191. Tarde. — Foules et sectes au point de vue criminel (Revue des Deux-Mondes, novembre 1893.) — La graphologie (Rev. phil., 1897).

192. Tissié. — Les Rêves, 1890. — Les aliénés voyageurs.

193. Tolstoï. — La liberté à l'école.

194. Tomlinson. — Journ. of ment. and nerv. disease, 1894.

195. Toulouse. — Amnésie rétro-antérograde à type continu et progress. par choc moral (Arch. de neurol., t. XXVIII, 1894).

196. Vallon et Marie. — (Arch. de neurol., janvier 1897.)

197. Vigouroux. — (Annales méd.-psychol., 1894.)

198. Voisin. — Traité des maladies mentales.

199. Zeinner. — (Arch. de neurol., 1894, t. Ier, p. 190.)

200. Ziehen. — Allgemeine path. des gehirns. Wiesbaden, 1896 (Neurol. Centr., 1896, XV).

201. Weed. — Etude sur la conscience dans le rêve (Ann. J. of Psych., 1896).

202. Weissmann. — Sélection et hérédité, 1891.

203. Werner. — (Jahrbuch f. Psych., t. XI, 3.)

204. John Willie. — Les troubles du langage.

205. Wundt. — Psychologie-physiologique. — Hypnotisme et suggestion, 1891.

INDEX ALPHABÉTIQUE

TABLE DES MATIÈRES

TROISIÈME PARTIE

CONCLUSIONS PRATIQUES

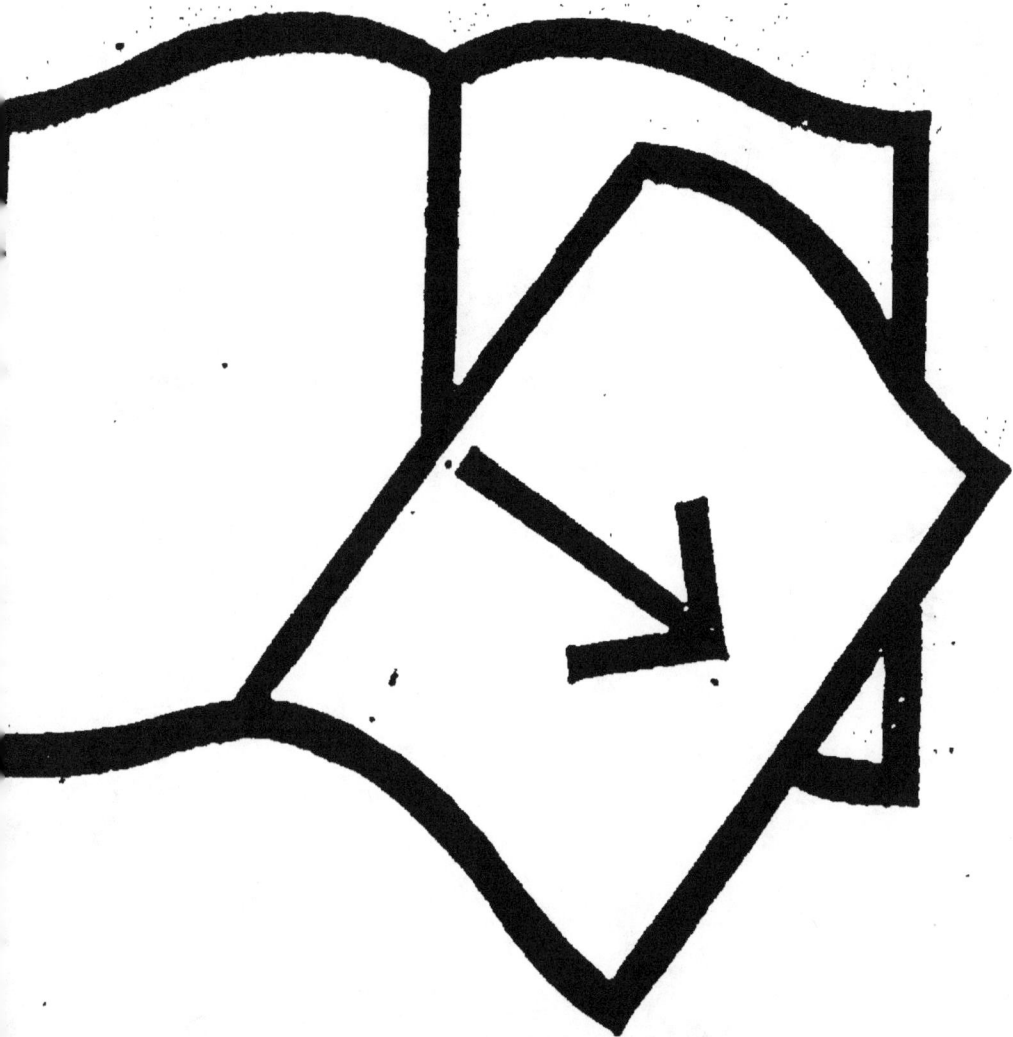

Documents manquants (pages, cahiers...)
NF Z 43-120-13

www.ingramcontent.com/pod-product-compliance
Lightning Source LLC
Chambersburg PA
CBHW050502270326
41927CB00009B/1871